完全詳解
密教占星術奥義

破門殺

脇 長央・著
羽田守快・監修

JN173039

説話社

監修者序言

尊星王流宿曜道について

書店に行くと、実に多くの占いの本が存在する。しかしそのほとんどは陰陽五行や易学原理にもとづく中国占術か西洋占星術の系譜に当たるものである。具体的にいえば、中国系では易占は当然のこととして、四柱推命や紫微斗数がそれである。また日本でできた九星術なども、その基本原理は易学だ。一方、西洋系にはタロットなども含まれる。タロットや西洋占星術は、ユダヤ教のカバラの思想と深く関係しているという。これらのおびただしい占術の中で、宿曜占法は唯一、仏教思想を背景とする占いであるといえよう。

宿曜占法は、弘法大師空海が将来した『宿曜経』にもとづいている。ただし、この『宿曜経』の具体的な内容は、日にちの吉凶、相性の善し悪し、生日による先天運の判断などであって、その他のことには及んでいない。方位術なども載ってはいるが、ごく簡単なコメント程度のものである。

この不足を補うべく、後に七曜の複雑な運行を把握した『符天暦』などがもたらされると、『宿曜経』は西洋占星術的なホロスコープ占術として飛躍的に成長した。これがいわゆる「宿曜道」である。

本書で紹介する内容は、そうした複雑な天体観測的な暦を用いず、しかもなお、宿曜道的占法というべきものである。

私はこれを、研究の中で数々の啓示をいただいていた尊星王菩薩（妙見尊）の名にちなんで「尊星王流宿曜道」と名付けた。具体的には本文にゆずるが、これをもって、従来の日にちの吉凶や相性占いの身に終始していた宿曜占法に新たなる方法論をもたらすことができると確信する。

ただし、本書で紹介する占星術は、初めての人にはもちろん、従来の宿曜占法に接したことのある人にも、かなり特異なものであると思う。特に初心者の方には煩瑣な感じがするかもしれない。しかし、繰り返し占うにしたがってご理解いただけると思うが、実は新暦から旧暦への換算さえできれば、あとは比較的簡単であることに気がつかれると思う。

従来の宿曜占法は、生日を二十七宿に変換することでほとんどの作業はおしまいであった。これに対して尊星王流では、月単位のかわりに十二宮、年単位に十二支を当てはめるが、旧暦の生年月日を正確に出すことさえできれば、これらもすべて簡単に出すことができる。また、曜日にいたっては新暦のままで出すことができるのだ。

そしてこの占法をより早く理解したい方は、巻末の占星盤を活用していただくことである。自分だけでなく家族や友人の人の運気を、これを回して判断試行することにより、より早く深く理解できることと思う。これはいかなる占いでも同じであるが、自分のことだけを見て、他は見ないということでは、本当に深い理解は得られないのではないかと思う（無論それでもいいが、いささかもったいない）。

また、有名人や著名人の生年月日などを調べて判断してみるのもいいだろう。断っておくが、これは他人のことを詮索しろとか、占い師のマネゴトをして占いの内容を人に告げたりすることを勧めていているわけではない。あくまで自分の勉強として、人様の迷惑にならず、無理のない範囲で勉強してもらいたい。

あらかじめ整理しておくと、この占法で算出していただく星は日の二十七宿、月の十二宮、年の十二支、ならびに生日の七曜である。

命宿（生日の二十七宿）……自分自身を表す星
命位（生月の十二宮）……社会の事象や環境とに関わる十二位の中心星
建門（生年の十二支）……運気の変化盛衰を司る十二陣の中心星
本命曜（生日の七曜）……命宿に変化作用を与える星

これらは、本命星の他はすべて占星盤にて展開することができる。密教においては、本命曜と同じ命宿は本命宿、命位は本命宮と呼ぶのが普通であるが、この占星術では、いささか違う呼び方をするのである。

本法に習熟できれば、人事百般のことから、詳しい相性や『宿曜経』では手つかずであった行運（運気の時間的変化）についてさえも、判断することができるだろう。また尊星王流占術のさらなる知識を求める方は羽田守快著『秘密瑜伽占星法（ひみつゆがせんせいほう）』（現在品切れ）を参照されたい。

また、本書の構成は「初伝」「中伝」「奥伝」に分かれているが、初伝では主に従来の宿曜占法で最も重視されてきた二十七宿の解説をはじめ、七曜、十二宮、十二支について詳述している。特に二十七宿においては、七曜そして十二宮との密接な相関関係から独自な解説をしている。まずは自分の宿曜の大要を把握するためにも、ここをじっくり読んでいただきたい。

次に中伝においては、古来宿曜道の得意分野とされてきた「三・九秘要法」による相性や日取りを中心に紹介しながら、まだあまり一般的に知られていない方位占法をも公開している。ここにも当流独自の解説を随所に交えた。

最後に、奥伝において、当流ならではの十二位、十二門、なかんずく破門の秘儀を解き明かした。破門とは、簡単にいうなら27年に一度の大凶運であり、これをいかにして制御し、そこから免れて開運するかが本書の眼目であり、表題にその名を冠する由来でもある。

なお、本書は、私の古参の門下である著者が受講ノートをまとめたものである。

また、密教占星術全般にわたっては本書の姉妹編ともいうべき『密教占星術大全』（学研パブリッシング刊・拙著）を参考にされたい。

他社での版も含め、本書は少部数であるが、今回で第三版目に至る。さらに多くの方が本書にふれることにより、「尊星王流」に親しみ、人生の一助となれば、監修者としてこれに過ぎる喜びはない。

平成29年5月

羽田守快

尊星王流®は羽田守快の登録商標です。（登録番号　第４６７７１３６号）。

前書き

この術は、正確には密教占星術「尊星王流宿曜道」というものであり、初伝、中伝、奥伝とあるその初伝の部分を公開したものである。

宿曜道とは、本来、平安時代の実星占星術であり、いわば現代のイメージとしてはホロスコープ占いに相当するものだが、その技術の多くは室町時代の戦火の中に滅んでしまったと聞く。

この術を「宿曜占術」といわず、あえて「宿曜道」というのは、そうした古の術の香りを残すものだからだと思う。つまり、この術は木星（十二支）と太陽（十二宮）、月（二十七宿）の三つを軸とした簡単なホロスコープを作成するものであるからだ。無論、宿曜経の教えも取り入れてはいるが、世間でいう「宿曜経占い」とはまた別種のものという認識でいいと思っている。思うに、符天暦（てんれき）などの実星の暦などを使用せず、簡略に要点を出す、「宿曜道簡易版」とでもいうべきだろうか。その意味では、他に同じような占いは少なくとも管見にしてみない。

私はもともと占術家ではなく、他の占いに関して決して造詣が深いわけではないが、似たイメージの術として「紫微斗数」を挙げる人が多いようである。

紫微斗数は精密で大変に興味深い術ながら、「生時」がわからなければ作盤できないというのが難点である。また、「四柱推命」も、よくやるように三柱だけでは本当のことはわからないという。時柱は子孫を表す柱だから、子孫のことを見ないならいいのだ、というのは乱暴な話で、四柱推命は五行のバランスこそがその論旨であるから、やはり四柱ともそろってこその、文字通り四柱推命ではあるまいか。

最近では母子手帳に生時が明記されているが、やはり年配の方ともなるとわからないという方が少なくないようだ。

そうした点では、生時を明確に知らなくても結果を出せるという点で抜群に使い勝手がいいのは本法であろうと思う。これはその術を実際に実践していてそう思う。他の占いをメインにしている方でも、この法は知っておくと便利だと思う。

私は25歳の時、天台寺門宗の羽田守快師に出会い、はじめは全く私の他にこの術を習う人はなく、一対一で講義を受けたことが昨日のことのようである。

早いもので、あれからもう30年の年月が流れた。

いつの間にか私も非法人ではあっても寺院を運営する身となっていた。その日常における人生相談などの業務ではいつもこの術が良き相棒である。

そもそもこの書は、私の講義メモのノートを見た羽田師の指示で書籍化したものである。したがって著者ということになっているが、走り書きやメモの類を書籍のような体裁にしていただいて、自分でも「よりこの術に親しむことのできることになった」と当初一番喜んでいたのは、当の私だったかもしれない。

読者のみなさんに本書を通して、どうか密教占星術の世界の一端を楽しんでいただきたい。また、他の占いとは違った世界観を見出せるかもしれない。

何となく初版以来長い年月をダラダラときて、幸い、またここで説話社さんのご縁をいただいて本書を世に送り出すこととなった。

加えて、このような形に至ったことは、少数ながらも根強いこの占いのファン各位の存在による賜物である。

このことを決して忘れてはならないと、改めて深く感謝する次第である。

著者　脇　長央

本書は、羽田守快監修・脇長央著『密教占星法奥義　破門殺　はもんさつ　復刻版』（学研、２０１４年刊）に加筆・修正を加えて再編集したものです。

完全詳解
密教占星術奥義

破門殺

もくじ

初伝

宿曜占法の基礎

本命宿と本命宮 ——旧暦にもとづいて自分の星を割り出す

〔一〕宿・宮とは何か

宿曜占法は、まず〝本命宿〟と〝本命宮〟を割り出すことから始まる。

宿曜、あるいは本命宿の〝宿〟とは、要するに、毎日、月が移動する天の東洋的星座のことだ。日々だいたい1宿ずつ進んでいるので、これは、一日でも誕生日が違えば本命宿は変わってしまう。そこで、毎日の「月のおやど」ということで宿というのである。

実際の占いでは、これに七曜が重なってくるが、この場合の〝曜〟とは、いわゆる曜日のことで、われわれが日ごろ使っているカレンダー通りのものだ。これも、宿と同じく日々配当されるので、一日ごとに異なる。

宿は、われわれそのものを表す星である。だから一番大切だといってよい。一方、曜はこれに少しずつ変化を与える存在だ（なお、東洋占術では、二十八宿を用いる体系と二十七宿を用いる体系があるが、密教占星術に属する本法では、二十七宿を用いる）。

そして、自分の生まれた日の宿は命宿もしくは本命宿という。

これに対して、本命宮は、誕生月の十二宮から選ばれる「社会的な自分」を表す星である。

十二宮は基本的には西洋占星術と同じものなのだが、この占いは旧暦をもとにしているので、実際の占いでは両者はズレてくる点に注意されたい。

この章では、まず宿と宮の理解とともに、尊星王流の骨組みから把握していただきたい。なお、尊星王流独自の秘伝である特殊星については、二章以降で触れていく。

ここで整理しておくと、尊星王流では、占いに際して次のような星を用いることになる。

①二十七宿（日命）	昴、畢、觜、参、井、鬼、柳、星、張、翼、軫、角、亢、氐、房、心、尾、箕、斗、女、虚、危、室、壁、奎、婁、胃
②七曜（日命）	日、月、火、水、木、金、土
③十二宮（月命）	魚宮、羊宮、牛宮、男女宮、蟹宮、獅子宮、女宮、秤宮、蝎宮、弓宮、摩羯宮、瓶宮
④十二支（年命）	子、丑、寅、卯、辰、巳、午、未、申、酉、戌、亥

その他に、九執、北斗七星なども一部用いるが、これらについては後述する。

〔二〕旧暦から本命宿と本命宮を求める

重要なことだが、宿曜占法では、自分の誕生日を含め、すべて原則として旧暦の日付を用い、新暦や節季は用いない。なお、新暦の旧暦への変換については、巻末の「新暦旧暦月日換算表」を参照してほしい。例えば普通、九星術や四柱推命などの占術では、節分（立春）が年の切れ目になる。平成20年なら２月４日が立春で、この日から平成20年度に入る。ところが宿曜術では、この日は12月28日であり、まだ平成19年のうちになる。平成20年度は２月７日（旧暦１月１日）からになる。

そして、もう一つ注意すべきことがある。２月４日が旧暦12月28日なら、７日は旧暦12月31日ではないのかと思う読者がいるかもしれない。

ここで、旧暦というものの性質を知っておかなければならない。新暦（現行暦）では１年は３６５日だが、旧暦はそうではないのだ。

旧暦では、30日まである月と29日までしかない月が、普通６ヵ月ずつ組み合わさって１年を構成している。つまり、31日まである月というのは旧暦には存在しない。したがって、３～４年すると新暦との間に誤差が生じて、まるまる１ヵ月ぐらいの間が空いてしまう。これを補うため閏月というのが入る。要するに１年が13ヵ月ある年廻りもあるということだ。

大変複雑なようだが、閏月の配置については巻末の新暦旧暦換算表を見ればわかるようになっているので、これによれば簡単だ。

なお、29日までの月と30日まである月は、数は６つずつだが、どの月が29日間か例年決まっているわけではないので、それも憶えておいてほしい。

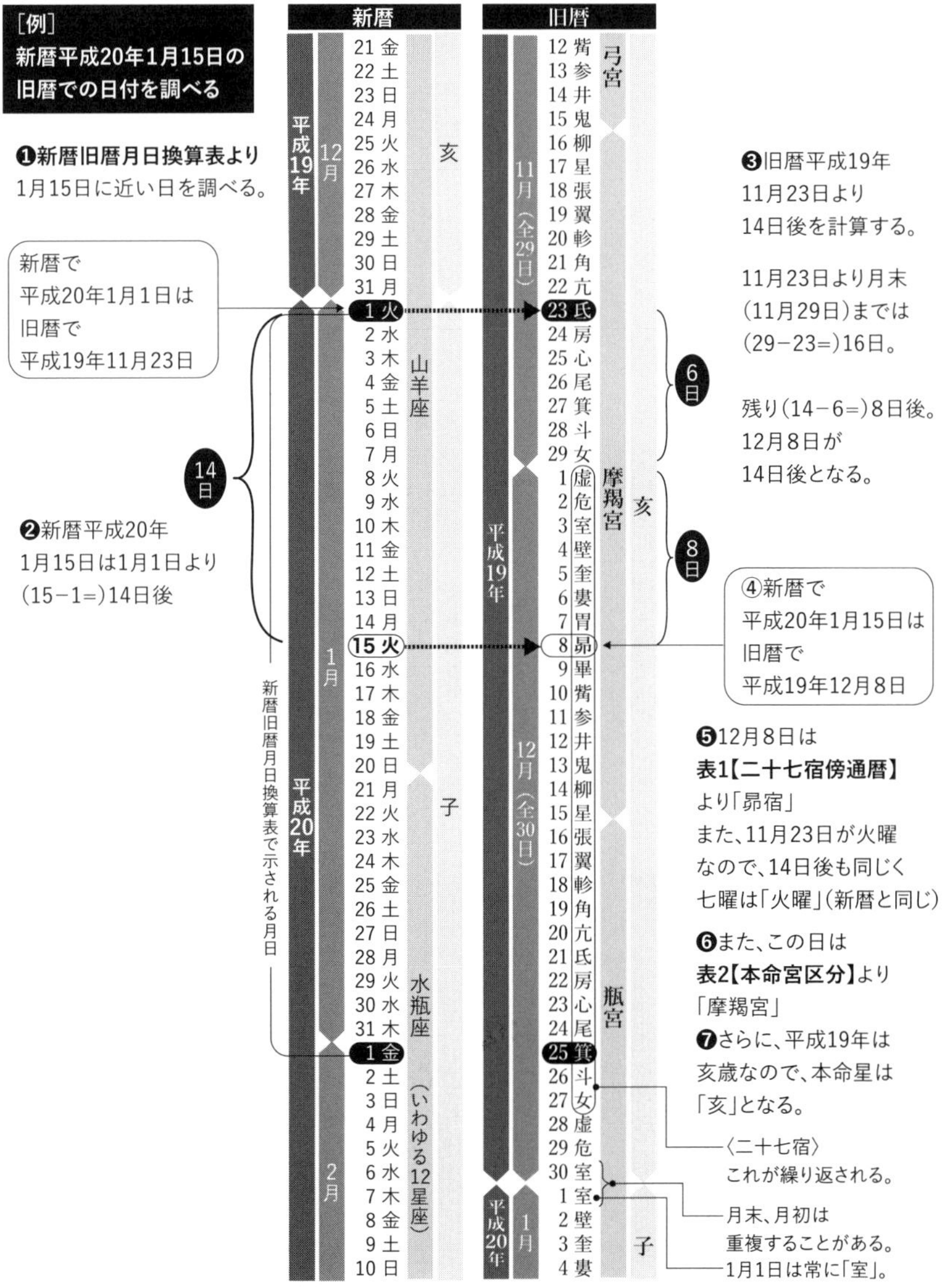
[例]
新暦平成20年1月15日の旧暦での日付を調べる
❶新暦旧暦月日換算表より
1月15日に近い日を調べる。
新暦で
平成20年1月1日は
旧暦で
平成19年11月23日
❷新暦平成20年
1月15日は1月1日より
(15−1=)14日後
14日
新暦旧暦月日換算表で示される月日
新暦
平成19年
12月
21 金
22 土
23 日
24 月
25 火
26 水
27 木
28 金
29 土
30 日
31 月
1 火
2 水
3 木
4 金
5 土
6 日
7 月
8 火
9 水
10 木
11 金
12 土
13 日
14 月
15 火
16 水
17 木
18 金
19 土
20 日
21 月
22 火
23 水
24 木
25 金
26 土
27 日
28 月
29 火
30 水
31 木
1 金
2 土
3 日
4 月
5 火
6 水
7 木
8 金
9 土
10 日
平成20年
1月
2月
亥
山羊座
子
水瓶座
(いわゆる12星座)
旧暦
平成19年
11月(全29日)
12月(全30日)
平成20年
1月
12 觜
13 参
14 井
15 鬼
16 柳
17 星
18 張
19 翼
20 軫
21 角
22 亢
23 氐
24 房
25 心
26 尾
27 箕
28 斗
29 女
1 虚
2 危
3 室
4 壁
5 奎
6 婁
7 胃
8 昴
9 畢
10 觜
11 参
12 井
13 鬼
14 柳
15 星
16 張
17 翼
18 軫
19 角
20 亢
21 氐
22 房
23 心
24 尾
25 箕
26 斗
27 女
28 虚
29 危
30 室
1 室
2 壁
3 奎
4 婁
弓宮
摩羯宮
瓶宮
亥
子
6日
8日
❸旧暦平成19年
11月23日より
14日後を計算する。
11月23日より月末
(11月29日)までは
(29−23=)16日。
残り(14−6=)8日後。
12月8日が
14日後となる。
④新暦で
平成20年1月15日は
旧暦で
平成19年12月8日
❺12月8日は
表1【二十七宿傍通暦】
より「昴宿」
また、11月23日が火曜
なので、14日後も同じく
七曜は「火曜」(新暦と同じ)
❻また、この日は
表2【本命宮区分】より
「摩羯宮」
❼さらに、平成19年は
亥歳なので、本命星は
「亥」となる。
〈二十七宿〉
これが繰り返される。
月末、月初は
重複することがある。
1月1日は常に「室」。

図１　旧暦日付の出し方

さて、旧暦の日付が出たら、それを二十七宿に変換する。

変換には表1「二十七宿傍通暦（ぼうつうれき）」（22ページ）を見る。表を見るとわかるが、これは一定している。旧暦1月1日は必ず室宿であり、7月1日は必ず張宿だ。二十七宿の順列も決まっている。ただし、月末と月初めの宿が同じになっている月が少なくない。こうした月では、前月が30日まであると、そこだけ2日続きで同じ宿となる。29日までしかないと宿がスムーズにつながる月が多く、例えば1月が30日間であれば、1月30日は奎宿、次の2月1日は奎宿となって重複するし、1月29日までであれば、壁（1月29日）↓奎宿（2月1日）とつながる。

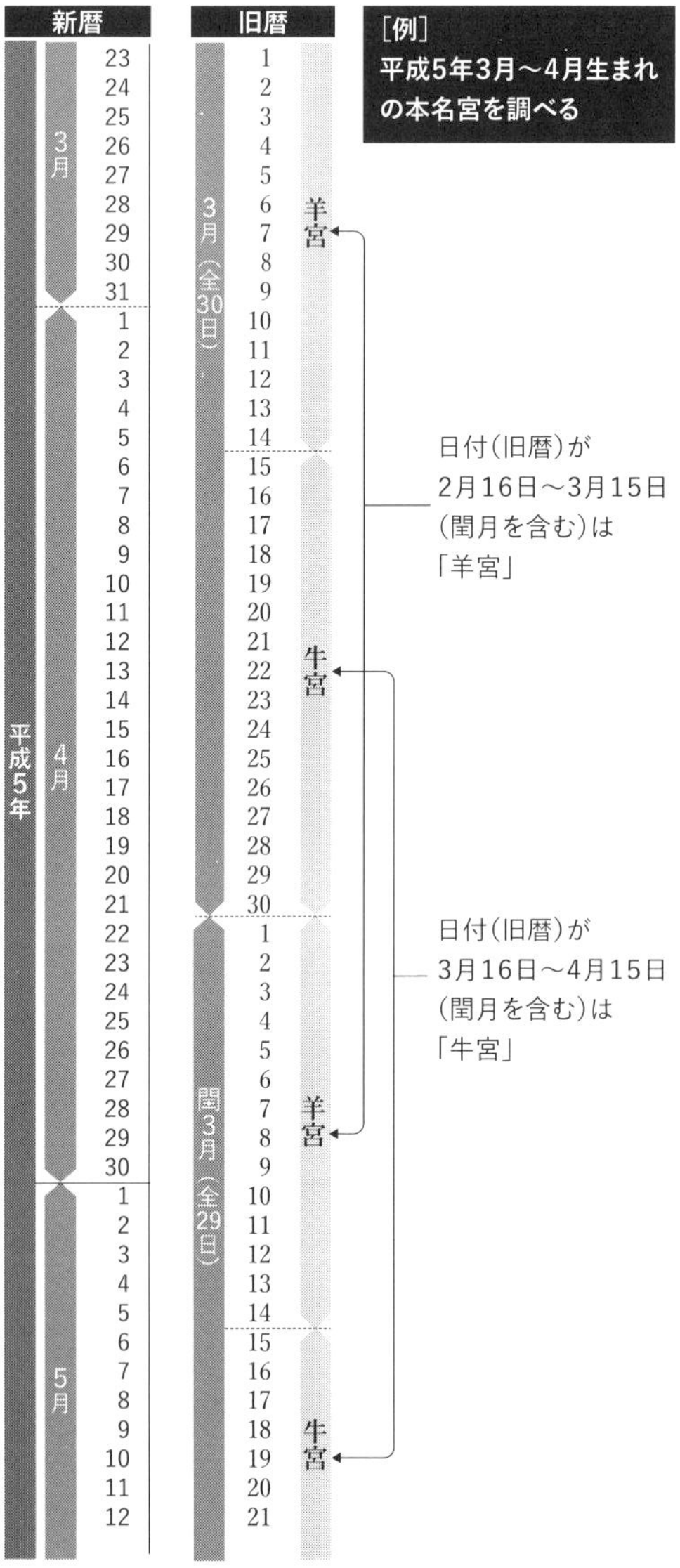

図2　閏月の十二宮

【例題】 平成20年1月15日生まれの人の本命宿は？
【答え】 当日は旧暦平成19年の12月8日なので、**昴宿**

答えは合っていただろうか？

本命宿が出たら、次に本命宮を出すことにしよう。

これについては表2「本命宮区分」（24ページ）を見てほしい。これも旧暦にもとづくもので、旧暦平成19年12月8日は磨羯宮（11月16日から12月15日）の区分に入る。したがって、本命宮は磨羯宮ということになる。

さらに、誕生年の十二支（いわゆる「えと」）を本命星と呼ぶが、この例の場合の本命星はどうだろう。新暦で1月15日でも旧暦では12月8日なので、19年度の十二支である亥が本命星となる。

繰り返すが、あくまで旧暦を用いる。先の平成20年2月4日も、宿曜ではまだ亥年のうちということになる。

ここで注意したいのは、十二宮のうちの瓶宮だ。この宮は旧暦12月16日から1月15日までであるので、年度を越える。したがって、前年度に属する人と新年度に属す人の二つのタイプがある、ということになる。また、年末、年始に二分されるので、同じ年の瓶宮の人同士であっても、誕生日が近いとは限らない。

また、閏月にかんしては、やはり区分表の通りに従う。例えば、平成5年4月21日は旧暦3月30日で牛宮（旧暦3月16日～旧暦4月15日）の区分だが、翌4月22日は閏の旧暦3月1日がめぐり、羊宮（旧暦2月16日～旧暦3月15日）の区分となる。

つまり、この場合は牛宮の後に羊宮がきて、また牛宮という順になる。だから、二十七宿も十二宮も、常に順序通りに展開するとは限らない。この点はよく注意してほしい。もう一度整理しておこう。

◎すべて旧暦を用いる。まず生年、月、日をすべて旧暦に直す。

◎そのまま各表に忠実に変換すれば、間違いない。ときに宿が飛んだり、重なったり、宮が前後することがあるが、間違いではない。

表1　二十七宿傍通暦

	1日	2日	3日	4日	5日	6日	7日	8日	9日	10日
1月	室	壁	奎	婁	胃	昴	畢	觜	参	井
2月	奎	婁	胃	昴	畢	觜	参	井	鬼	柳
3月	胃	昴	畢	觜	参	井	鬼	柳	星	張
4月	畢	觜	参	井	鬼	柳	星	張	翼	軫
5月	参	井	鬼	柳	星	張	翼	軫	角	亢
6月	鬼	柳	星	張	翼	軫	角	亢	氐	房
7月	張	翼	軫	角	亢	氐	房	心	尾	箕
8月	角	亢	氐	房	心	尾	箕	斗	女	虚
9月	氐	房	心	尾	箕	斗	女	虚	危	室
10月	心	尾	箕	斗	女	虚	危	室	壁	奎
11月	斗	女	虚	危	室	壁	奎	婁	胃	昴
12月	虚	危	室	壁	奎	婁	胃	昴	畢	觜

11日	12日	13日	14日	15日	16日	17日	18日	19日	20日	21日	22日	23日	24日	25日	26日	27日	28日	29日	30日
鬼	柳	星	張	翼	軫	角	亢	氐	房	心	尾	箕	斗	女	虚	危	室	壁	奎
星	張	翼	軫	角	亢	氐	房	心	尾	箕	斗	女	虚	危	室	壁	奎	婁	胃
翼	軫	角	亢	氐	房	心	尾	箕	斗	女	虚	危	室	壁	奎	婁	胃	昴	畢
角	亢	氐	房	心	尾	箕	斗	女	虚	危	室	壁	奎	婁	胃	昴	畢	觜	参
氐	房	心	尾	箕	斗	女	虚	危	室	壁	奎	婁	胃	昴	畢	觜	参	井	鬼
心	尾	箕	斗	女	虚	危	室	壁	奎	婁	胃	昴	畢	觜	参	井	鬼	柳	星
斗	女	虚	危	室	壁	奎	婁	胃	昴	畢	觜	参	井	鬼	柳	星	張	翼	軫
危	室	壁	奎	婁	胃	昴	畢	觜	参	井	鬼	柳	星	張	翼	軫	角	亢	氐
壁	奎	婁	胃	昴	畢	觜	参	井	鬼	柳	星	張	翼	軫	角	亢	氐	房	心
婁	胃	昴	畢	觜	参	井	鬼	柳	星	張	翼	軫	角	亢	氐	房	心	尾	箕
畢	觜	参	井	鬼	柳	星	張	翼	軫	角	亢	氐	房	心	尾	箕	斗	女	虚
参	井	鬼	柳	星	張	翼	軫	角	亢	氐	房	心	尾	箕	斗	女	虚	危	室

表2　本命宮区分

十二宮	期間
瓶宮※	旧暦12月16日〜旧暦1月15日
魚宮	旧暦1月16日〜旧暦2月15日
羊宮	旧暦2月16日〜旧暦3月15日
牛宮	旧暦3月16日〜旧暦4月15日
男女宮	旧暦4月16日〜旧暦5月15日
蟹宮	旧暦5月16日〜旧暦6月15日
獅子宮	旧暦6月16日〜旧暦7月15日
女宮	旧暦7月16日〜旧暦8月15日
秤宮	旧暦8月16日〜旧暦9月15日
蝎宮	旧暦9月16日〜旧暦10月15日
弓宮	旧暦10月16日〜旧暦11月15日
摩羯宮	旧暦11月16日〜旧暦12月15日

※瓶宮は年末、年始にまたがる。
閏月も上記にそってそのまま換算すること。

先ほどの平成20年1月15日生まれの人は、次のようになる。

本命宿：**昴宿**
本命宮：**磨羯宮**
本命星：**亥**

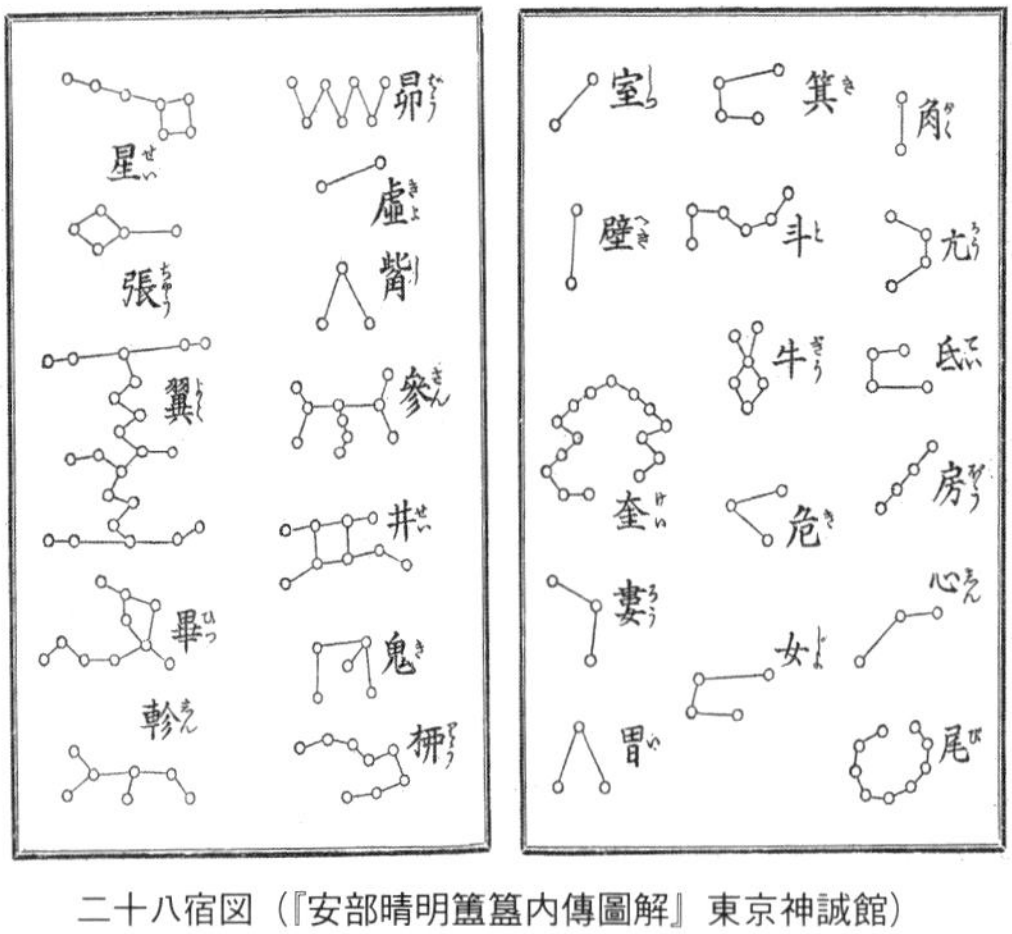

二十八宿図（『安部晴明簠簋内傳圖解』東京神誠館）

〔三〕占星盤を合わせる

宿曜占法においては、われわれの命理の縮図である占星盤を活用すると便利だ。

ここで、巻末に付けた占星盤を、説明書きに従って、切り抜いて作成してほしい。なお、この盤に十二位の盤（第三輪）があるが、十二位については奥伝で詳説するので、現在の時点ではあまり気にしないでいてほしい。

占星盤では、日に二十七宿、月に十二宮、年に十二支を当てて各々の星を出す。

先の平成20年1月15日生まれの人を例に挙げると、占星盤上で、本命宿である昴宿を命宿（第一輪の「命」）に、本命宮である磨羯宮を「命位」に、本命星である亥を「建門（けんもん）」に合わせる。

これでこの人の命式は出来上がりだ。慣れれば、これぐらい簡単な占法はない。そのわりに的中率は抜群だ。

普通十二支は右めぐりに、つまり時計回りに並べるが、本法は左めぐりだ。

どうしてだろうか。実は右めぐりに書かれる十二支は、太歳（たいさい）といって木星（歳星）の影を投影したものとされている。つまり、天体の木星とは鏡像対象の関係にある。

したがって本法では木星の位置を追って、子と午は同位置だが、他はすべて鏡面対称となって逆旋するように配置してある。

ここまでいえばわかると思うが、つまり建門は木星の位置を示すのである。

この十二宮は西洋占星術のものによく似ているが、少々違う。もとは同じものだが、月の位置をもとに

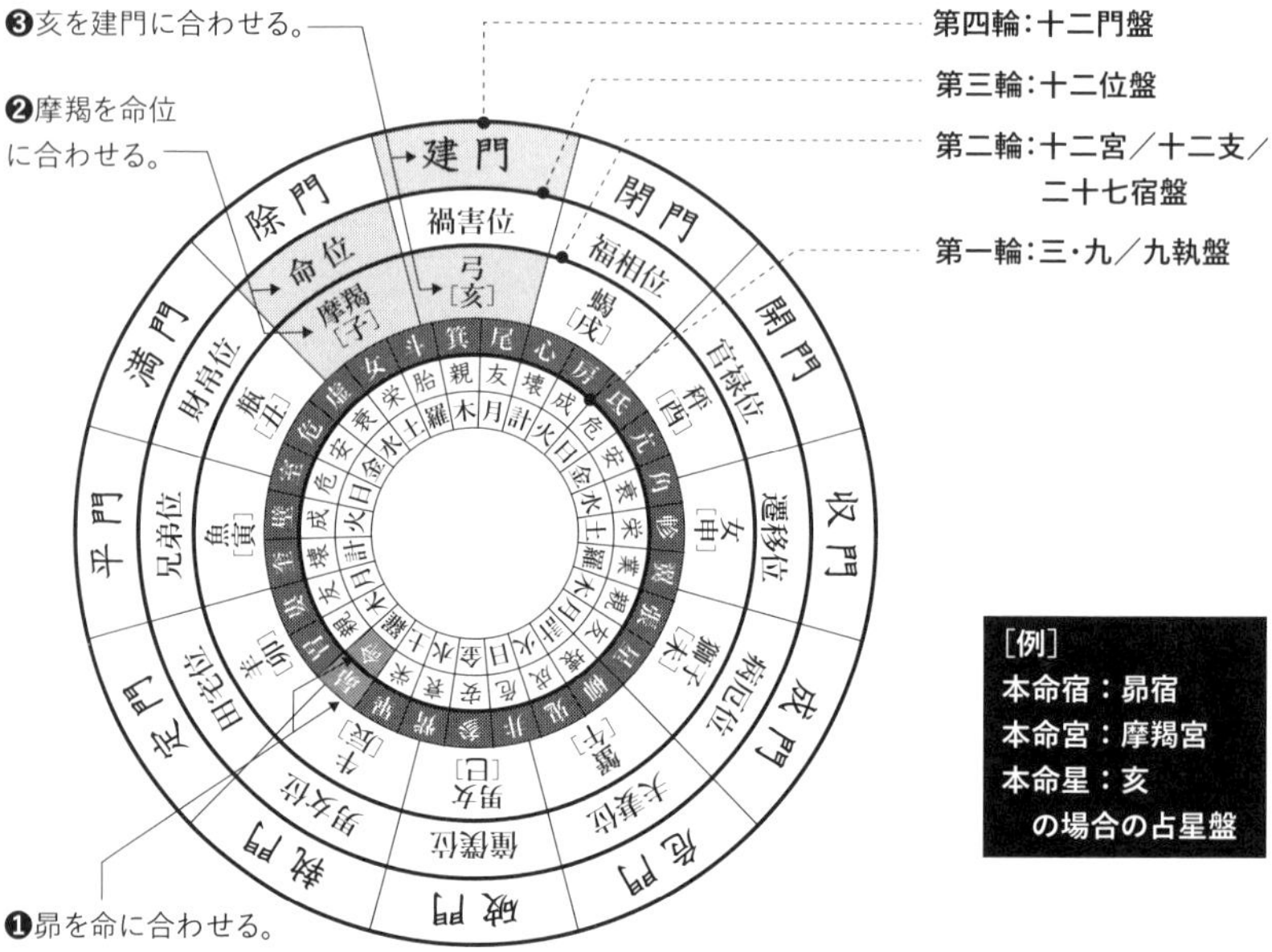

図３　占星盤の名称と合わせ方

算出しているので、実測とはやや異なる。

本命宿は、月の位置だ。二十七宿は別名、白道二十七宿といって、月の軌道（白道）上の二十七の星座のことだ。

つまり、この占いは、月、日、星（木星）の占いなのだ。世間で行われている宿曜占法は、このうちの月だけが用いられているものがほとんどなので、尊星王流の方がはるかに応用が利く。この点で、尊星王流は宿曜経占法ではなく、宿曜道というべきだろう。

さて、あなたの三つの星を出して作盤してほしい。盤は必ず宿、宮、門の順に合わせること。そうしないと、ズレてしまうことがある。生日の曜日も巻末の換算表を参照して調べ、盤とは別に記して覚えておきたい。

できただろうか？

もう一度作盤法を整理しよう。

1 巻末の「新暦旧暦月日換算表」を参照して、生年月日を旧暦に直す。
2 本命宿を表1「二十七宿傍通暦」を使って誕生月日から割り出す。
3 同じく本命宮を出す。これは、旧暦の誕生日を含まれる期間を表2「本命宮区分」から探して決定する。
4 生まれ年のえと（十二支）を出す。これは簡単だが、区切り目は節分や新暦の元旦ではなく、あくまで旧暦の1月1日である。新暦の1月や2月生まれの人は巻末の表で旧暦年の切れ目を確認されたい。ここまで算出したら、これらの星を占星盤に合わせる。
5 まず二十七宿や十二宮・十二支を記した基本盤（第二輪）の生日の宿に三・九盤（第一輪）の「命」と書かれた部分を合わせる。
6 前に合わせた第一・二輪を動かさないようにして第三輪の「命位」と書かれた部分を生月日から出した第二輪の本命宮に合わせる（十二位については奥伝で解説する）。
7 最後に今まで合わせた盤をズラさないように基本盤の本命星（生年支）を第四輪（最外の盤）の建門と書かれた部分に合わせる。

これでオーケーである。

このうち、本命宿は自分そのものを表す。本命宮は他の人々や環境との関わりを示すものだ。建門は持って生まれた禍福を支配する。

さて、本書の目的は、行運の大凶星である大運破門殺を伏（ふく）することだが、これには尊星王流の基礎から説き起こす必要がある。そこで、次に二十七宿、七曜、十二宮、十二支を順を追って説明していこう。

二十七宿の星情と命理 ——27通りの性格と相性を読み解く

〔一〕二十七宿と七科分宿

東洋占術では、普通二十八宿を用いるが、宿曜占法では、実際には二十七宿を用いる。要するに天を二十七分割するのだが、七星四余などの中国占術では二十八宿を用い、その占める度数は宿の大きさにより一律ではないとされている。

だが、当流は弘法大師空海が中国から持ち帰ったという『宿曜経』を根本としているため、同径の「凡そ、天道二十八宿に闊きあり、狭きあり、四足均しく分つときは……」という言葉にもとづき、1宿が4足（4単位）からなるとして、周天百八足を二十七宿、十二宮に分かつ説を採る。おいおいわかると思うが、二十七宿と十二宮の分岐点は必ずしも一致するものではない。丸々1宿が一つの宮に入るものもあれば、2足づつ分かれるもの、前半1足と後の3足、前の3足と後の1足で分かれるという4パターンがある。『宿曜経』にも、「天と説とを験ずるに差互同じからず」と説くように、経の説は実際の天体運行とはやや異なっているが、それはそのままでよいとする。なぜなら、この占法は、西洋占星術のような完全な実測よりも、天の周期律（サイクル）の方を重んじるからだ。知りたいのは天の周期律であって、天体の運行そのものではないのだ。

それでは、なぜ天体を見る必要があるのだろうか。

それは、天体の運行がいわば森羅万象の水鏡だからだ。天体があって運気があるのではない。天体は運気をみる鏡にすぎないのだ。

さて、まずはじめに二十七宿を大ざっぱに分類した七科分宿について説明し、次に各宿を解説してみたい。

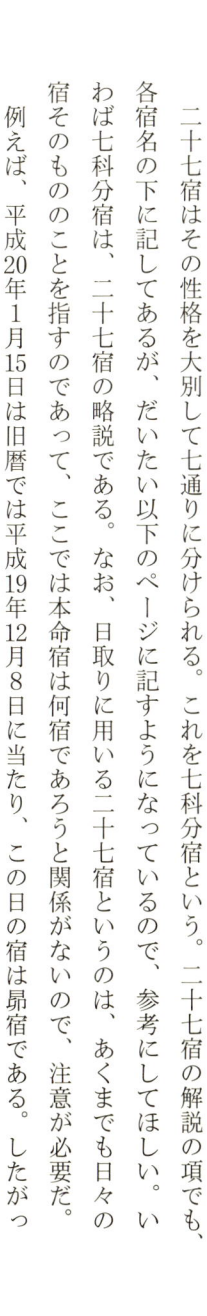

図4　十二宮・二十七宿と百八足の関係

二十七宿はその性格を大別して七通りに分けられる。これを七科分宿という。二十七宿の解説の項でも、各宿名の下に記してあるが、だいたい以下のページに記すようになっているので、参考にしてほしい。いわば七科分宿は、二十七宿の略説である。なお、日取りに用いる二十七宿というのは、あくまでも日々の宿そのもののことを指すのであって、ここでは本命宿は何宿であろうと関係がないので、注意が必要だ。

例えば、平成20年1月15日は旧暦では平成19年12月8日に当たり、この日の宿は昴宿である。したがって、この日そのものの吉凶を宿の属性からみて、結婚・葬儀などの人事百般の日取りを判断する、というのが、「宿を日取りに用いる」という謂(いい)である。この場合、行動する人自身の本命宿は日取りとは別次元の問題となるわけである。

安重宿(あんじゅうしゅく)

畢 翼 斗 壁

安重は安定を指す言葉だ。いわば常識的で仕事熱心であり、よき家庭人、社会人タイプだ。インテリで理論的にものを考える。理が先行する時は一種の唯物論的な人物となるが、社会性を大切にする宿なので、大きな悪因縁を作ることは少ないだろう。理知に偏らぬようにすれば、なおよいだろう。上分の命で、リーダー性を有する。しかし、良くも悪くも無理矢理にゴリ押しするような剛直さはない。

日取りに用いる場合は、地鎮祭、建築、就職、開店、園芸、美容などによく、総じて吉祥(きっしょう)のことに用いる。争いごとや秘密のこと、金銭上の談判などにはよくない。

和善宿(わぜんじゅく)

觜 角 房 奎

『宿曜経』の上巻では角と房は抜けている。しかし、他の六科のところには出ていないので、通常下巻の説を採って和善宿とする。

温厚で品位がある。自由を愛し、開放的であり、安重宿のような安定性には欠けているが、奔放なぶん、変化には強い方だ。これらの人々も悪因縁を作ることは少なく、善業（ぜんごう）を納め、善良の質であり上分の命とする。着想やアイデアで勝負するに利がある。

日取りに用いる場合は、物事の習いはじめ、上位の人に面識を得る、金銭関連、交友、芸術を楽しむ、結婚式、開店などによく、不向きなことは前の安重宿に準じる。

軽躁宿（けいそうしゅく）

井　亢　女　虚　危

基本的には、庶民的だ。ただし、正直な人と人情薄い人の二つのタイプがあるとされている。軽躁とは前の安重の反対であり、やや変化に富んだ人生ということになろうか？

待望や名誉を求めず、自分なりの生き方に準じた方が有意義な人生となる。中分の命。

日取りに用いる場合は、レジャー、人間関係の修復、医療、造園、趣味を楽しむに吉日。

急速宿（きゅうそくしゅく）

鬼　軫　婁

物事の成就が早いとされている。初年運ということでもある。頭脳派で頭の回転が速く、臨機応変に対応する。また、インスピレーションの鋭い人もいる。軽々しく見えて実際はかなり粘り強いものを秘めている。飄々（ひょうひょう）としてとらえどころのない人。中分の命。

日取りに用いる場合は、急ぎのこと、金銭取引、売買、医療、動物の調教、学問の吉日。

毒害宿（どくがいしゅく）

参　柳　心　尾

内面には激しいものを秘めている。敵、味方をハッキリ分けて行動し、戦闘的に人生を展開する。しかもイヤな奴には手心を加えない。ただし、謀略家だが、そうした面は表に出さず、しかも着実に行動する。悪運、逆境に突如として見舞われるが、持ち前の強さで乗り切る。

必ずしも社会的な悪人ではなく、成功者となる例も少なくないが、悪業（あくごう）を作る可能性が大なので、一応、下分の命とされている。

日取りに用いる場合は、謀略、敵へ攻め込む、殺生などの荒事、秘密事によく、善事には用いない。

猛悪宿（もうあくしゅく）

星　張　箕　室　胃

善人、悪人の差が激しいが、根源的には自己中心的な性格で、これが過ぎれば反社会的行動に及んで刑罰を科せられることもある。善人でも一種、変人的で奇行があり、人生もスムーズには展開しにくいものがある。

毒害宿に比べると大概、スケールは小さく、しぶとさも一段落ちる。運ははかなく、末を遂げぬ暗示があるが、むしろ才能家として芸術、学問などの分野に生きるときは、個性の強さが活きてくる。悪業を作らず、僧となるによいとされている。下分の命。

日取りに用いる場合は、処刑、処分、公的な争いごと、訴訟、祈禱（きとう）祈願によいとする。

剛柔宿（ごうじゅうしゅく）

昴
氐

剛柔宿とは剛と柔があいならという意味だ。つまり女性は、外は激しく見えて内は慈愛あり、男子は外は優しく見えても内に剛直なものを秘めている。プライドの高い宿で、下劣な振る舞いはしないが、人によってはかなり荒々しい人格となる。物事についてのセンスには独特のものがあり、一種の哲学を持っている。

なかなか口うるさく、親しい人には自分の尺度を押しつける。妥協性は少ない。アクが強いのでサラリーマンより自営業や自由業の方がよいだろう。

日取りに用いる場合は、日曜大工的な仕事、工作一般、小規模の増改築、金属加工、転居、法事などによいとされる。

〔三〕二十七宿の解説

いよいよ二十七宿の実践判断に入るわけであるが、宿は再三述べるように、最も判断の核となる部分なので、しっかりおさえておきたい。

世間の宿曜占法などは、ほとんどがこの部分だけでやっているわけだが、それでも一般に、宿曜占法は性格占いがよく当たるという定評があるそうだ。だが、七曜との組み合わせに言及する術者はなかなか少ないようである。今回は七曜すべてについて述べることはページ数の上から割愛したが（曜と宿の組み合わせの詳細に興味のある方は、拙著『密教宿曜占星術』（学研）を参照されたし）、それでも従来のものに比べてかなり奇抜なものとなっていると思う。そもそも『宿曜経』は密教経典だから、その心得がないと読みこなすことは難しい部分があるのが本当のところだ。

また世間には「日蓮二十八宿日割鏡」というものがあるが、宿曜は使用するものの、その吉凶においては『宿曜経』の諸説とは大きく隔たっている。

日蓮上人は宿曜の秘伝をもって蒙古襲来を予言したという伝説もあるように、古来『宿曜経』と日蓮や法華経信仰を何かと結びつけようとする俗説がある。『法華経』は全部で二十八品であるから、その辺で二十八宿と相関関係ができたのかもしれない。実際には日蓮の予言の根拠は『宿曜経』ではなく駿河の実相寺で閲覧した『仁王経』や『最勝王経』であったことが指摘されている。

また、経典史の上からも『法華経』と『宿曜経』は直接の関係はないが、ともあれ『法華経』などの大乗経典を読むこと自体は、運気の上がるたいへん効果的で喜ばしいことである。

各二十七宿の説明は、まず『宿曜経』の上巻の一部（国訳）を載せて（冒頭の太字部分）、それを解説している。これはもちろん、その宿の日に生まれた人、つまりその宿を本命宿とする人の命理を説いたものだ。

次に当流の口伝を載せ、また、参考までに各宿星の相性断定の一覧も用意した。×印は中伝で説明する。宿曜占術で定番の相性判断法である三・九秘要法では凶だが、吉としてある場合もある。この場合には融和関係にはなりやすいことを表している。つまり、たとえ凶であっても、仲のよい星はあるわけである。ただし経済的なことをともにしたり、結婚をすることなどにはよくない。×印に関しては、あくまで別個に独立した人としての交際においての吉凶である。それ以外については、吉は親和性が高く、凶は低いと考えてよい。

なお、最後にその宿に当たる日の吉凶を説いてある。日の吉凶は、『宿曜経』の所説を中心にしたが、民間の古伝も載せてある。なかでも、葬儀に関する部分は後者によるもので、経典の所説ではない。

また、宿は曜によってかなり左右される。『宿曜経』では次の四つのパターンを説いている。

七曜陵逼日	二十七宿と不適合の七曜の組み合わせをいう。27通りある。
甘露日	二十七宿と七曜による吉日。7通りある。
金剛峯日	二十七宿と七曜による剛猛の日。7通りある。
羅刹日	二十七宿と七曜による凶日。7通りある。

これらは本来、日取りの吉凶のために用いられるもので、中伝の第一章で本来の使用法を教示するが、当流ではこれを宿命に採る。つまり、これらの日に生まれる人々は特殊命理である。詳しくは文中に説いてある。なお、『宿曜経』の訳文は『国訳秘密儀』第三巻所収『宿曜経』（「文殊師利菩薩及諸仙所説吉凶時日善悪宿曜経」）を底本としたが、筆者の解釈にもとづき、句読点、用字、読み仮名、送り仮名などに一部修訂を施した。さて、それでは、本論の各二十七宿の解説へ移ることにしよう。

昴宿（ぼうしゅく）　剛柔宿

この宿直に生まるる人は法として善を念じ、男女多く学問を勧め、容儀あるべし、性は慳渋にして詩弁足るに合す。

▼性格と基本命理

昴宿は基本的に善良の質であるとされている。「男女多く」とは、子供が多いという意味。男女関係のことではないので勘違いしないこと。

「学問を勤める人」なので、勤勉。しかし、いわゆる博学のインテリではなく、自分の興味のあるところをグッと深く、狭く研究する。

「容儀あるべし」とは、男女ともに美形というより、容姿に品位があることをいう。性は「慳渋」でもったいぶったところがあり、「詩弁足」りて論客である。

▼口伝

さて、この宿は4足（4単位）のうち、前1足が羊宮に属し、後の3足は牛宮に属す。

これは、一日を4単位に分けて考えると午前6時までが羊宮、それ以後の3足が牛宮に属すということなので、出生時に分けてその命理を考察する。

【午前6時までに生まれた人】　ケチと言うのではないが、お金に細かい性分。貸しも借りも嫌いだし、貸せば約束通り返してもらいたい、自分も借りれば必ず返したいという性分である。

人をよく慕う人だ。特定の人に私淑することを好み、その他の人に対しては多少排他的に出る傾向もある。遊び好きだが行いは上品。剛柔宿に属すゆえだろう。決断力があって変わり身の早い人が多く、目上の人の愛敬を得る。

どちらかというとお喋りで騒々しいが、どういうわけか、肝腎なことを行う時には人に話さず独行し、しばしば失敗する。色難の暗示がある。人はよい方なので、だまされぬようにしなくてはいけない。

【午前6時以降に生まれた人】　住居、勤めがしばしば変わる命。人生の出直しをする暗示がある。結婚においても女子は再婚の可能性が少なくない。男子は養子になる因縁もある。たとえ、養子にまでならなくても、妻の家族と一緒に暮らしたり、妻の実家で生活することも考えられる。長い下積みが必要だが、尻上りの運気なので、じっくり構えること。

志高く、指導力もあるが、トップというより、よきリーダーの次席、補佐役として頑張った方がはるかに真価を発揮する。後ろ盾を失うと急に不安になり、弱気、臆病さが出る。人生の目標を行き当たりばったりにならぬようしっかり立てること。安易な路線変更は好ましくない。人生上のくせになるからだ。

【特殊命】　水曜日生まれの人は金剛峯日という格を作る。自我が剛く、才智に長けていて弱音を吐かない。

木曜日は七曜陵逼に当たる。反発し合う曜と宿の組み合わせだ。人生に波乱多く、運気拙い傾向だが、智力に勝れた人である。

民間の古伝では日曜日生まれの人とは有徳の貴人となるが、凡庸の人は気位が高く扱いづらい人物となるという。

また、火曜日生まれの人は学問の才ありとするが、これは午前6時以降生まれの人に顕著だ。いずれにしても、昴宿の人は剛柔宿に属し、君子の徳ありとされている。

つまり、汚いことはせず、人格が高潔であることをいうわけだが、したがって、正直で明朗な性格の人を佳命(かめい)とする。陰気な人はこの宿のよさが失われている。

また、父親と折り合いがよくない人が少なくない。なかには父子間で訴訟にいたることもあるようである。

なお、色難にも注意が必要だ。

▼相性

大吉	軫宿・女宿・箕宿・張宿・胃宿
吉	星宿・角宿・奎宿×・翼宿
小吉	觜宿・室宿・鬼宿・壁宿
半凶	畢宿・井宿・房宿
凶	尾宿・婁宿・虚宿・氐宿・斗宿・昴宿
大凶	心宿×・柳宿×・亢宿×・危宿×・参宿×

要注意の奎宿は昴宿から見れば大人の星、長く付き合ううちに馬鹿(ばか)にされているように思えてくる。

▼日の吉凶

食物を煮たり、煎ったりするように、火を使うことによいとされる。この他、経典では、家畜の小屋を作ることや、薬品の調合をすること（あるいは、してもらうこと）、種まき、新居へ入居すること、悪人の治罰、剃髪するのによいとする。剃髪は単に髪を剃ることだけではなく、出家得度、つまり僧侶になることも含む。インドでは剃髪することが即僧侶になることではない。正しくは日本でもそうなのだが、沙弥という僧侶見習いになる第一歩なのだ。

また、この日、衣類を裁つと火で焼く羽目になるとする。

民間の古伝では、この宿の日は大吉日であり、何事も積極的に出てよいとする。ことに、神社や仏閣へ祈願を込めれば、願望が成就しやすいとする。

ただし、葬儀を出すことは大凶であり、続いて死者を出すとしてこれを忌むという。

畢宿（ひっしゅく）

安重宿

この宿直に生るる人は、法として財産多く、男女足り、性聡明にして布施を好み、心路あり、口語を省き、心意翻動せず、行歩するに牛王のごとく容儀有るに合す。

▼性格と基本命理

この宿の人はお金持ちで、よい子供に恵まれるとされる。利口で、公益的な心を持ち合わせている。安重宿なので、基本的に善良の人とする。「心路あり」とは、心中に密かに決心するところあり、しかも「口語を省」くので、それを人に語らない。「心意翻意せず」で、冷静沈着の徳分があり、牛宮に属するゆえ、立ち居振る舞いも堂々として優雅だ。
また、「容儀有るに合す」なので、美男美女の多い宿星ということになる。

▼口伝

口伝によると、『宿曜経』に説かれているような、堂々として頼りがいのある大人風の宿星というイメージとは少々異なる。もちろん、そうした雰囲気はあるにはあるのだが、例えば、「心意翻動せず」というのは、この宿の人が大事に遭遇してもあまり驚くことのないわりに、小事には結構、あわてる性分であり、元来、小心の質であって、大事には驚かぬというよりは、最初ピンとこないのだということとされている。「財産多く」というのは、不動産購入のような形で資産を残しやすいことをいう。

この宿の人は家庭を大切にする宿なので、子供をよく可愛がるし、教育熱心だ。

また、聡明とされているが、これは名より実を取り、平凡な生き方を選ぶ人が多いということである。もっとも、なかには愚鈍な人もあるが、いずれにしても自分で独立するよりも、実力者に従っていく方が生き方としては楽である。

畢宿は牛宮のど真ん中の宿なので、牛宮の性格を強く受けている。牛は家畜であり山野にいるので、牧童に従っていくのが無難である。職務忠実の人。

ただし、この傾向が悪く出ると、付和雷同型の小人物と化すので注意してほしい。

また、民間の古伝では火災の厄に遭いやすいとされている。

【特殊命】 金曜日生まれの人は、七曜陵逼。勢いに乗ってことをなすタイプだが、ややその場しのぎ的な傾向がある。月曜日生まれの人は、甘露日に当たる。生家が豊かな人が多く、やや陰性でマイペース型。外には朗らかに見えるが、内に憂慮を含んでいる。

畢宿の人は家庭を大切にする人を佳命とする。そうでない人は凶命と判断する。

▼相性

大吉	氐宿×
吉	虚宿・斗宿・箕宿・張宿・胃宿・亢宿・参宿・尾宿×・婁宿×・星宿×
小吉	危宿・心宿・柳宿
半凶	角宿・觜宿・昴宿・翼宿・壁宿・畢宿
凶	房宿・鬼宿・奎宿・女宿・軫宿
大凶	室宿×・井宿×

大吉の氐宿は、実は裏に大凶を持っている。付き合うほどに氐宿のストレートさは畢宿には粗野に映るので注意が必要。

▼日の吉凶

経典では、畑を耕して、種まきなどによいとする。

また、水路を治したり、道を作ること、つまり安久のことといって、一時的ではなく、ずっとそのままにしておくことを実行するのによいとする。増築、建宅などはその最たるものだろう。

一方、お金を出したり、借金を支払ったりするにはよくないと考えられている。ズーッとお金が出っ放しに出てしまうと考えるからだ。

また、穀物の収納を忌む。

この日に衣類を作ると、女性は器用で多才になるとする。

裁衣（衣類を作ること）の記述については、単なる日の吉凶というより、呪術的な結果を期待するものと思われる。『宿曜経』では二十八宿についてすべて、裁衣の吉凶を説く。今日では、衣類を作ることはそんなに大事とは思えないが、古代インドのことなので、一般の人にとっては、やはり衣類や布は高価な品であり、大事の部類に属し、吉凶が問われるようになったのではないだろうか。

その他、民間古伝によると、移転、不動産や田畑の購入によろしく、葬儀や婚礼も差し支えなしとする。また、火急の交渉事には不適合の日とされる。

觜宿（ししゅく）　和善宿

この宿に生まるる人は、法として名聞景行あり、容貌うるわしく、心胆、鎮静にして薬を服することを愛し、必ず力を得、心口、隠密にして挙動軽躁ならじ、人となり法用を好み、礼儀を愛するに合す。

▼性格と基本命理

この宿の人は、世間的な評価を高く受ける。「名聞景行あり」とは、このことをいう。

美男美女が多く、「心胆、鎮静」なので、精神的にも落ち着いている。これは所割の牛宮の影響である。

インドでは、牛は諸畜の王とされ、最も美しく立派な生物とされているからだろう。

「薬を服することを愛し」とあるが、これは今日の医薬品ばかりのことではない。嗜好（しこう）品一般をいう。お茶なども、もとはと言えば薬とされていたから、このことを考えれば理解しやすいと思う。仏典では時折、薬を仏様に供養するなどというくだりが出てくる。大乗仏教では、仏様が病になるとは考えにくいので、健康によい嗜好品の類や果物も薬の類に入れていたと思われる。

「必ず力を得」とは、裏を返せばこうした嗜好品が必需品であることをいう。よく煙草（たばこ）を止めたはよいが、かえって体の調子が取れなくなる人があるものだ。

「心口、隠密」なので、お喋りではない。行動も「挙動軽躁ならじ」なので、慎重派であり、法律や決まり事を大切にして、礼節をわきまえた人とされている。

性は和善宿で、善良の質とする。

▼口伝

『宿曜経』に説くところを表の性格として、その裏を明かすのが、尊星王流（そんじょうおうりゅう）の口伝である。

この宿の人は、表面上、実におとなしくできのよい人なのだが、経中の「心口隠密」はよい意味ばかりではないとする。表では平然としているようでいて、親しい人には愚痴（ぐち）を人一倍言うのがこの宿だ。また、内心は非常に負け惜しみが強く、それでいて人に頼むのは嫌い。「礼儀を愛する」というのも、ひねって考えれば、そうした形式を借りてことを運ぶのが、この人にとっては一番楽なのであり、誠意や心情をむき出しにして人に当たるという性分ではない。

よくいえば、スタイリストであり、もったいぶった人なのである。

それでいて、かなり図々しく無理なことも言う。和善宿なので、強欲やむさぼりからするのではないのだが、普段、取り繕っているので、いったん本音を出すと、程がわからないところがある。

攻撃的な人ではないが、向こうっ気は強い方だ。実力のない人はただの生意気な人物として冷遇を受ける。自分から主張せず、謎をかけるようなところがあり、無視されてしまえばそれまでで、言いたいことも言えず、困り果てることとなる。

また、色情の因縁の強い星で、女性はことに下らない、どうにもならないような男性に引っかかって恥も外聞もないようなことになるので要注意。一方、仕事はソツなく、そういう点のだらしなさはない。

古伝では、内心、臆病であり、血や刃を嫌うとする。また、酒で失敗する人が多いので、いかに嗜好品に縁のある宿でも深酒は厳禁だ。水難を忌む宿星とする。

後半は男女宮に属すので、午前生まれに比べると午後生まれの人は無邪気で愛敬があり、とっつきやすいと言えるだろう。交際も午後生まれの人の方が上手だが、午前生まれの人々と比べると、堂々としたところは割り引きになる。

【特殊命】　土曜日生まれの人は、七曜陵逼の生まれとなるので、勇敢だが運気に波乱が多く、親とも縁が薄い人が多くなる。また、舌禍（ぜっか）があり、喋ったことが災いとなりやすい。

觜宿の人は落ち着いた人を佳命（かめい）とする。能弁の人であっても、そうした雰囲気がある。キャーキャーうるさい人はいけない。運を損なう。

▼相性

大吉	女宿・軫宿・鬼宿×
吉	室宿・房宿×・箕宿×・張宿×・胃宿×
小吉	井宿・奎宿・星宿・翼宿・昴宿・角宿
半凶	亢宿・危宿・参宿・畢宿・觜宿
凶	斗宿・氐宿・心宿・柳宿・尾宿・虚宿・婁宿
大凶	角宿×

鬼宿は大吉だが×印なので要注意、意外な奔放さや身勝手さにあとで辟易(へきえき)することにもなりかねない。

▼日の吉凶

経典では、舎屋を作り、軍旗や帳、家具を作るのによく、新居への入宅、結婚、沐浴(もくよく)し装束をつけて入壇(にゅうだん)するによいとする。ここでいう沐浴や装束は、単なる生活習慣ではなく、宗教的なものをいうと思われる。

入壇とは、密教で行う灌頂(かんじょう)の儀式をいう。これは、インドの王者の即位の例にならって法水を頭頂にそそいで秘法を授けることをいい、仏縁を結ぶための結縁(けちえん)灌頂、秘法の一法を伝えるための持明(じみょう)灌頂、密教を学び終えた人を一人前の密教僧（阿闍梨(あじゃり)）にするための伝法(でんぼう)灌頂の3種がある。

また、星曜を祭り、除災を祈禱(きとう)するにも良い日だ。衣を裁つとネズミの害を受ける。

吉伝では、相談、交渉事はよくないとする。かえって結果は取り返しのつかぬものとされる。金銭の出し入れ、葬儀も凶であり、病を得れば長引いたり、重くなったりするとする。

参宿（しんしゅく）　毒害宿

この宿に生まるる人は、法として猛悪梗戻、瞋を嗜みに好むに合す。口、毒害心硬くして、事に臨みて怯れざるに合す。

▼性格と基本命理

「猛悪梗戻」というのは難しい言葉だが、要するに荒々しい性分であるということだ。

「瞋を嗜み好む」というのだから、喧嘩好きで、口が悪く無遠慮な物言いの人である。しかし、何かあっても物怖じせず、勇敢の人とする。

▼口伝

毒害宿の性格として内面に激しいものがあり、敵対者に対しては情け容赦のないところがあるものの、社会的悪人とは限らない。ただし、人に謝ることができず失敗することが多いようだ。力量あっても運の流れに乗れず埋没してしまう人も少なからずで、基本的に変転の多い宿だ。

交際も上手のようだが、割合と長続きしない。問題が常に参宿の側にあるとは言わないが、なぜかそうなる傾向にある。思うに、はじめは受けがよく、腹芸もでき、はったりも利くので人が過大評価するのだが、次第に地である気難しさが出てきて障るのだろう。

また、大言を吐いたり、何でも一過言を呈さずにいられない性分なので、たとえ知恵者であるにしても、この宿の人にまとまりかけた話を持っていくと壊されてしまうことがある。まず、素直にウンと言わない。肯定する場合にも前置きが長く、自分なりの理屈を言ってからということになる。

また、人を欺く性の人や逆に欺かれたりすることがあるので、この点、注意せねばならない。いずれにしても癖の強い策謀家だが、大風呂敷で猿山のボス的人物である。

人の面倒見はよい方なので、人気があるし、男女宮の所割なので、無邪気で憎めないところがあるのも無関係ではないだろう。元来、派手で賑やかなことが好きだ。

この宿の人は、先祖に戦死者や非業の死を遂げた人のいる暗示がある。もしわかっていれば、しっかり供養しておくことが開運の基だ。

なお、火難、盗難にも注意が必要。盗難といってもドロボーばかりとは限らない。うまい話には眉につばを塗ってほしい。

古伝では、悪行を行おうとしても遂げない、才気走ってかえって身を破る宿とし、あまり利潤追求に走らぬよう戒めている。

【特殊命】 日曜日生まれの人は七曜陵逼にして、生家が豊かであると逆に運気が振るわない。散財に注意すること。

水曜日生まれの人は、羅刹日生まれ。文字のごとく鬼の生まれであり、酷薄の命。しかし、「辛難、汝を玉にする」の言葉の様に、末に功成って安泰となる人もいる。

なお、参宿の人で知ったかぶりをする人はよくない。はなはだしくは虚言壁がある。何事も性急を忌むことだ。

▼相性

大吉	室宿・虚宿・角宿・奎宿×
吉	氐宿・女宿・軫宿・畢宿・壁宿・鬼宿・心宿×・柳宿×・斗宿×・井宿
小吉	胃宿・觜宿・尾宿・婁宿・危宿
半凶	星宿・張宿・箕宿・亢宿
凶	房宿・参宿
大凶	翼宿×・翼宿×

奎宿は大吉だが×印。コロコロと自分の都合で変わり身が早く、参宿は追いつけない。

▼日の吉凶

財を求め、地を穿(うが)ち、乳酪(にゅうらく)を売り、牛酪(バター)を作ったり、油を搾るのによいとされている。「財を求め」とあるので、何かを売り込むにはよいだろう。「地を穿ち」は、基礎工事のことと思う。衣類を裁つとネズミの害がある。

古伝では、蔵を作ること、物の収納、養子を迎える。その他、入学、開店、売買、契約ごとによいとする。交渉事はこちらから仕掛けて有利とされる。

井宿（せいしゅく）　軽躁宿

この宿に生るる人は、法として銭財、或いは有り、或いは無く、情に声明を愛し、人となり官に利あり、縦え官厄あれど還って解説を得る。性を受くること病多く、亦、男女多く、古儀に高しとし急難有り。若し景行を論ずれば、稍、純直に似たるに合す。

▼性格と基本命理

「銭財、或いは有り、或いは無く」で裕福な人もいれば、貧乏な人もありと解釈してはならない。それはどの宿にでもいえることだ。これは、ある時とない時の差の大きいことをいう。

「情に声明を愛し」で、富と名誉かといえば、名誉を取るタイプということ。

「官に利あり」で、役人向きであり、また官厄、いわゆる公難にあっても大事にいたらないとする。ただし、多疾で、頑健でない。子供には恵まれるが、問題はその次の「古儀に高し」という文面だ。これは一見したところよくわからないが、「古儀」でなく「故議」と書いたものもあり、「議の故に高し」と読んで、議論を重んじて災いを呼ぶなどという妙な解釈もある。しかし、これでは何だかわからない。ただ、相当、理屈に強い宿ではある。「急難」は文字通り、急に災いが降りかかることだ。「景行を論ずれば、稍、純直に似たる」とあるのは、行いは純直であるようにみえる、つまり極端に言えば、内心は必ずしもそうではないが、純朴で親切のごとき振る舞いをするということだろう。

▼口伝

軽躁宿に属し、普通中分の命ということになるが、なかなか油断ならない宿であり、猛悪宿に近いものがあるが、そこまでの図太さのないためだろうか、一応、軽躁宿ということになっている。軽躁宿は度を超えた親切心と薄情さの入り混じった複雑なところがある。この宿も3対1の割合で男女宮と蟹宮に別れている。生時では午後6時を境に二分されると考える。

【午前6時までに生まれた人】　表面的には礼節をわきまえ、言葉も選んで語る。腰も低く申し分のない紳士だが、心中には激しい批判精神を秘めているので、この宿の人には面と向かっては誉められていても、他所(よそ)ではどう言われているかはわからない。反面、おだて上手で、人を喜ばすコツも知っている。その意味では、対人技術は二十七宿中随一に列すべきだろう。しかし、なかには心中ひそかに悪計をめぐらすような人がいないでもない。

昨日まで親しくしてきた人に、掌(てのひら)を返すがごとく冷たくなれるのもこの宿の特長だ。人に多くを語られないが、好奇心は強い方で、いろいろなことを修得しており、情報通だ。また、頭の回転は大変に速い宿だ。

【午前6時以降に生まれた人】　こちらの才智の程は、男女宮に所属する前半の生まれるに比べると専門的で深くなる。家庭には縁薄く、親和性がない、部下や後輩の人にも恵まれず、孤独である。

旅行などを好むが、これはこの宿の持つ放浪性のゆえだろう。住居も変わりやすい方だ。財運薄く、将来への希望もこれといってないような人が少なくない。

一種奇人的でよほどの才能がない限りは、一般に大きい成功は難しいだろう。火災を忌む。

しかし、どちらに属しても井宿は災いに強く悪運が強い星だ。ときには普段になく義心を起こして人を救い、金銭を投げ打っての善行もあるが、それも頼まれてというのでなく、自分の気分一つで行うことが多く、この宿の複雑さを表現している。

[特殊命] 月曜日生まれは陵逼の命で、身に才芸を備えるが、社交下手。色難を忌む。

木曜日生まれは金剛峯日に属し、大変な力量があるが、やや独創的でワンマン、酒を過ごしやすいので注意すること。

井宿の人は地道にいく人を佳命とする。最もよくないのがバクチ型の人生を歩む人だ。

▼相性

大吉	鬼宿・星宿×・女宿×・軫宿×
吉	房宿・角宿・奎宿・室宿
小吉	昴宿・觜宿・箕宿・胃宿・張宿・翼宿
半凶	亢宿・危宿・参宿・壁宿・斗宿・井宿
凶	虚宿・心宿・柳宿・氐宿
大凶	尾宿×・婁宿×・畢宿×

星宿・女宿・軫宿が要注意の宿。いずれも表面のソフトさに惑わされて、相手のペースに乗せられては危うい。

▼日の吉凶

この宿の日は人に施しをするによいとする。いささか打算的だが、そうしておくと必ず後によいことがある、『宿曜経』では説いている。

また、天を祀(まつ)るによいとする。天とは空のことではない。インド古来の神々のことだ。よく知られているところでは、弁才天や大黒天、毘沙門天、帝釈天などがある。結婚や財を納めることにも吉とする、しかし、薬を調合し服用することはよくなく、裁衣すれば人と別れることとなる。

古伝では井戸掘り、土を動かす作業に吉とする。

鬼宿（きしゅく）

急速宿

この宿に生るる人は、法として分相端正、邪僻なく、心力足るに合す。多聞にして妻妾あり、財宝は豊饒なり。能く検行処分し、又親しむに合す。

▼性格と基本命理

「分相端正」とは容姿が整っていること、「邪僻なく」とは無邪気で悪心を含まず、精神力も強いとする。「多聞にして」というのは、多く名声を得ることで、妻も妾もあるというのだから、なかなかモテる人だ。お金持ちで、「能く検行処分し」とは、事務能力に優れていることを示す。人好きのする人であるとされている。

▼口伝

『宿曜経』にはよいことづくめで書いてある鬼宿だが、当流の口伝ではそうとばかりはいえない。たしかに二十七宿中、最高の吉祥星というためか、文人肌の人が多く、上品でおおらかに見える。

しかし、実際、人の好き嫌いは激しく、一般社会とのそりも合わない人が少なくない。また、なかなかシャイで、よその馬鹿騒ぎに加わるなどというのはできない芸当である。サバサバとしていて女性は活発、ベタベタしたところはあまりない。

基本的にどこかヘソの曲がったところがあり、時流と迎合することは嫌いである。流行を追うなどということ自体に何の価値も見出さない。流行（はや）っていようがいまいが、好きなものは好き、嫌いなものは嫌いとハッキリしている、芸術や文学の素養がある。

男性は、女性に比べるとやや陰性で孤独性である。

一般に裕福な人が多く、そのため貴族的なのだが、この宿の人が過酷な環境に生まれると悲惨だ。元来、そんなにたくましい星ではないので、自分を売り込むとか、人を押しのけてでもというところはなく、長期間のストレスには致命的に弱いので、全く打ちのめされてしまうか、持ち前のヘソ曲がりに磨きがかかり、一種独特の変人として生きていくかになってしまう。

この宿の人はたとえ男性でも、肉体労働的なものや荒々しい職業には不向き。事務系の仕事には強いので、そうした方面で行くか、独自の才能を活かす、芸術の世界へいくのがよいだろう。

古伝では、上位の人の引き立てがあるとするので、あまり心配はいらないが、ややせっかちであり、病には弱いとする。急速宿なので、何事も先んずることを好む。

【特殊命】　月曜日生まれの人は羅刹日で、鬼宿にあわぬ強烈な性格であり、負けず嫌い。力量があるが、成功、失敗の差は大きいだろう。

火曜日生まれは陵逼に当たる。利潤追求にはあまり向かない。一度失敗して後、成功する暗示があり、公益的な仕事に向く。

木曜日生まれは、甘露日生まれ。生家は豊かであったり、名門の出身である場合が多いだろう。注意しないと先細りの運だ。また、色難に注意すること。

鬼宿の日とは環境の恩恵にあずかるところが多大だ。孤立していると真価を発揮できない。周囲を大切にすることを第一に心がけねばならない。

▼相性

大吉	柳宿・心宿・井宿・氐宿
吉	奎宿・室宿・亢宿・参宿・尾宿・婁宿・觜宿×・房宿・角宿×
小吉	翼宿・昴宿・鬼宿
半凶	女宿・軫宿
凶	危宿・星宿・斗宿・畢宿・壁宿
大凶	張宿×・胃宿×・箕宿×・虚宿×

觜宿・角宿が要注意。両方とも頑固で鬼宿の自由奔放な特性は理解しがたい。

▼日の吉凶

『宿曜経』では百事何事をなしても吉とされており、ことに為政者が政（まつりごと）を行うこと、拝官すること、密教の灌頂（かんじょう）を執行（しゅぎょう）することなど、およそ大切なことはこの日に行うべきとされている。栽衣にも吉祥のことがあるとされる。

古伝では、旅立ち、造宅などは凶、交渉、縁談などは吉としている。

なお、「日蓮二十八宿日割鏡（ひわりかがみ）」によれば、鬼宿は大悪日（だいあくじつ）とされている。これは尊星王流宗家の言だが、この鬼宿大悪日説は密教に対抗して日蓮宗の一部で作られた全くの妄説であり、鬼宿の大悪日とする論拠はいかなる経典、もちろん日蓮宗の所依（しょえ）の経典である『法華経』にもない。

また、はなはだしきは、二十八宿の説は、『法華経』より出たなどという珍説もあるが、『妙法蓮華経』28巻のうちのどこにも二十八宿の説はない。繰り返しになるが、日蓮上人は蒙古襲来などの予言に宿曜を用いたなどというのも伝説の域を出ない。上人は、『仁王経（にんのうぎょう）』や『金光明最勝王経（こんこうみょうさいしょうおうきょう）』を研究して、国難襲来説を唱えたのであり、占星法とは関係ないと知るべきである。

これは、別段、日蓮上人を排撃するわけではない。上人の予言の多くは一種の予知能力の発現であり、彼の見た数々の国難を説く経典と一種の共時性関係が生じていたのだろう。また、たとえ日蓮上人の説でなくても、『日割鏡』は内容的にどうかといえば、およそ密教経典の説に逆らうために作られた感があり、信頼に足るようなものではない。本法を学ぶ上では何ら参考とならず、混乱のもととなるので区別するように注意してほしい。

密教では、本尊を描くのには多く、鬼宿の日を用いる。特に宿曜とゆかりの深い愛染明王（あいぜんみょうおう）などは、この日に描くべく『瑜祇経（ゆぎきょう）』に明記されている。

柳宿（りゅうしゅく）

毒害宿

この宿に生る人は、法として輭の眼、眠り多く、性霊梗戾、瞋を嗜みて人の欺くに伏せず、又、布施を好み、亦、解脱を好み、情事に耽著し、心腹を得難きに合す。

▼性格と基本命理

「輭の眼、眠り多く」というのは、一説には、しおらしい目のこととされているが、むしろやさしい目とした方がいいだろう。この宿の人は目が大きく美しい人が多く、男性でも姿やさしくハンサムな人が多いものだ。わかりやすくいえば、少女漫画タッチとでもいえようか。

しかし、「性霊梗戾」であり、荒々しく、向こうっ気が強く激しい人。人にごまかされるような甘い人物ではない。

しかし、一方において妙に面倒見のよく親切な面もあり、また宗教縁があるが、色情の強い一面もありで、なかなか正体がつかめない。ゆえに、「心腹を得難き」人ということになる。

▼口伝

なかなかスケールの大きい人物の出る星だ。社会では指導者の立場に立ちやすく、特に女子は実力派だ。ゆえにこの宿の女性は働き者でバリバリとやるし、物怖じしない。言いたいことはドンドン言う。一方において、芸術、芸能に縁深く、風流、風雅の心もあって、なかなかの粋人。これが過ぎると道楽で失敗することもしばしばだ。強い心を持っているが、したいことを我慢するという点では、大変モロいものがあるからだ。

常人にはいささか荷の重い宿であり、これという才智のない場合には、わがままな変人に堕すこともしばしば。

善にも悪にも強い人だが、悪性の人の場合は邪智に長けた大悪人になることがある。このゆえに、かえって公益性や社会性、宗教性のある仕事がよいとする。

つまり、この人のエネルギーはプラスの方向に向けておかないと危ないというわけであり、それだけ強烈な宿なのだ。毒害宿に属すが、毒害宿というのは、いわば戦国大名のような宿。敵をやっつけることにためらいは何もない。勝てればよいという考えに近いものがある。プライドも高いのだが、かなりご都合主義的で、路線変更は否定しない。むしろ変わり身は早い方だろう。

この点、猛悪宿は同じ強烈な宿のグループであっても、毒害宿の星々ほどタフでもなく、運も強くない。今一つ器が小さいのが猛悪宿と考えてよいだろう。柳宿は毒害宿なので、スケールは大きいのだが、だからといっていつまでも運を保てるわけではない。したがって、調子に乗ってアグラをかいていると、あれよ、あれよという間に零落する怖れもある。こういう時、日ごろ、天に向かってツバを吐くような生き方をしていた人に救いはない。

この宿は幸い、人の面倒見は大変よい。同情心にも篤く、変な言い方だが、困った人を助けることが好きなのだ。ただし、気まぐれだから、今までせっかく面倒を見ていても急に嫌気が差して放り出したりもする。この点はかえって怨みを買う。一貫性を大切にしなくてはいけない。恋愛についても同様で、熱くなるのも冷めるのも早い方だ。ボンヤリしている人がこの宿と恋愛をすると、こっちが夢中になるころには柳宿はもう冷めてしまっていることになりかねない。

［特殊命］ 水曜日生まれは陵逼と甘露日が重なる。なかなか学芸の才や特質の才能がある人だ。世の中に認められるには多少時間がかかるが、大いに努力すべき命。ただし、孤独命だ。
土曜日生まれは羅刹日、柳宿の中でも特に自我が強く、基本的に一人でたくましく生きていくタイプだが、幼少期に親元を離れたり、過酷な目に遭いやすく、これが人生観に大きな影響を残す。悪くすると酷薄非情の人となる。また、口を慎むべき人だ。

▼相性

大吉	壁宿・鬼宿・斗宿×
吉	尾宿・婁宿・室宿・奎宿・危宿×
小吉	氐宿・角宿・虚宿・女宿・軫宿・畢宿・心宿・亢宿×・参宿×
半凶	星宿・房宿
凶	井宿・箕宿・胃宿・張宿・觜宿
大凶	翼宿×・昴宿×・柳宿

斗宿が要注意。柳宿の口達者をもってしても斗宿には矛盾点を看破（かんぱ）されてしまう。危宿とは手をつないで転落の暗示。

▼日の吉凶

剛悪、断決（だんけつ）のことによいとする。すなわち、悪人を除き、城を攻め、賊の討伐、天下取りなどを決行するのに用いよとある。

『宿曜経』は占星術のテキストだが、あくまでお経である。お経に戦争によい日というのがあるのは首をかしげたくなるものがあるが、思うにインドでは13世紀にイスラム勢力がなだれ込み、一時仏教の根絶にまで至っている。『宿曜経』の成立は7世紀ごろだろうが、古来、異教からの迫害の危険が絶えずあった時代背景を考えれば、仏典にこうしたことが説かれていてもあながちおかしくはないだろう。

また、「衣を裁てば必ず失う」とされている。古伝では口論や争乱が起こりやすいので、新規のことにはこの日を忌む。ただし、結納、入宅、旅行は差し支えないとしている。葬儀は大凶で、七難を呼び起こすとして大いにこれを忌む。全般に大悪日とする。

星宿（せいしゅく）　猛悪宿

この宿に生まるる人は、法として諍競を愛し、圧捺すること能わず、瞋怒を嗜み、父母生存せるには孝養すること能わずして死して後、宗餮追念す、奴婢畜乗、資産足り、名聞善知識あり、亦、悪知識多く、一生の間神廟を祈禱するを好むに合す。

▼性格と基本命理

「諍競を愛」すから、何事もライバルがいると発奮する。この競争心は「圧捺」、つまり、抑えることが難しいくらい激しいとされる。怒ることが多く、親孝行のことはできないというより、今日ではしないと考えるべきだろう。死んでから、生前のことなどを思い出して供養に耽るなどとするが、手遅れであり、自己満足の域を出ない。

「奴婢」は召使い、「畜乗」は現代でいえば乗り物である自動車などと考えてみると、なかなかの資産家のイメージだ。また、名を上げる人であり知識人だが、悪知識も多いとする。

これは悪知恵のことというより、物の考え方が誤っているのだ。しかし宗教には縁のある生まれである。

▼口伝

まずこの宿は、猛悪宿に属す。猛悪宿というといかにも強烈に聞こえるが、それはむしろ毒害宿の方であり、こちらはもっと線の細い星であり、ことにこの宿は表面的には紳士的でさえある。しかし、その一方で大変に冷たいところがあるのが、猛悪宿たる所以なのだ。

ことに、親の苦労はあまり感じない。子供が親に面倒を見てもらっても当たり前ということで、逆に面倒でも見させようものなら、ことあるごとに恩着せがましく言ったり、はなはだしきは罵(ののし)るような人もあるようだ。もちろんこれは極端な例だが、それでも親孝行という人は少ないようだ。それでいて外面はよいようで、だいたいおとなしくしているので、一見、常識家のように誤解される。しかし、だいたいにおいてケチであり、そのくせ、自分ぐらい、しっかりした考えを持っている人はいないくらいに思っている人が多いようだ。

この宿の人のうち、若いうちに苦労した人は、逆に大変実り多く、豊かな人徳を養う。

しかし、多くは比較的恵まれており、親も子供可愛さに無理を重ねてしまうので、経典にあるような人物に堕してしまう。この宿の子供が生まれたらあまり溺愛せず、厳しさも愛情と思って接すべきだ。恵まれた家の場合、この宿の人が生まれると多くは衰微する。

また、この宿は男女によって性分が二分される。どちらかというと、女性の方がキレ者で利発だ。外面は柔和だが、内心は情が剛く、人の好き嫌いは激しい方で、嫌いな人は全面的に否定する。いわゆる、毛嫌いするということだ。

金銭感覚はあるが、悪くするとケチ、学才があるが、男性運には恵まれない。

男性の方は、対外的には正直で公明正大であり、社会的には何ら問題ないようだが、人の正邪を見分けることができず、知らず知らずのうちに悪人を重く用い、善人を退けることがあるので、注意せねばならない。また、ひそかに邪心を起こして自滅したり、異性への執着が強いため、大きな恥をかくことがある。また、人に欺かれて金銭を損なうこともあるので、注意すべきだ。

古伝では、独立するより俸給者でいる方が経済的に豊かであるが、ストレスが多く、独立すれば、たいして儲からなくても精神的に満足することができるとする。また、養子命であり、他家へ縁組する人もいる。

【特殊命】　木曜日生まれは、七曜陵逼日。頭脳明断で名声を得るが、運に安定性薄く、保ちにくい難がある。楽天的だが、裏を返せば、読みの甘いところがあり、また決断力不足によりチャンスを逸する。

星宿の人は、言い古されたことではあるが、「孝は百善の基」と考え、親を大切にすることが、人柄を養い、成功への道であると考えてほしい。

▼相性

大吉	張宿・胃宿・箕宿・畢宿×
吉	壁宿・房宿・斗宿・井宿×
小吉	柳宿・奎宿・心宿・昴宿・翼宿・虚宿・危宿
半凶	觜宿
凶	鬼宿・角宿・亢宿・参宿・尾宿・婁宿
大凶	女宿×・軫宿×・室宿×・氐宿×・星宿

畢宿が要注意。一見、ソフトなようで星宿以上にガードが堅い畢宿の本心に踏み込むのは至難。しまいには無縁の人と思うようになる。

▼日の吉凶

この日は雑穀をまくとよく、五穀（豆類、アワ、麦、米、キビ）をまくのによろしくないとされる。家屋の修築、先祖供養には吉日、衣を裁てば後に損失するとされる。

古伝では、悪日とされており、物事に間違いが多く、それが発端となって人と争いになるとされている。

また、交渉は決裂し、目上の人に逆らって損失を受け、埋葬をなせば死者や不祥事が続出するといわれている。

また、裁衣については、喪服になるであろうと、ただならぬことが言われている。

こうした極端な内容についての信憑（しんぴょう）性については、どの程度のものか、何とも言えないが、一応、参考のために述べておくことにした。ただし、こうしたことも中伝に述べる三・九秘要法で吉日に当たっていれば、たいして気にする必要はないことになっているので、心配な場合は、三・九の方で確認してほしい。

張宿（ちょうしゅく）　猛悪宿

この宿に生(うま)るる人は、法として妻妾(さいしょう)足り、男女(なんにょ)多く、語(ことば)を出すに人の意(こころ)にかない、甚だ人の愛を得、資財少なく、智策あり、亦(また)、多業ならざるに合(あわ)す。人の財を得るに合す。

▼性格と基本命理

「妻妾足」る人でモテる人が多いとする。また、子供は多く、喋れば説得力があり、また憎めないところがあるが、財運はあまり強い方ではない。ただし、策謀家で活きた知恵の持ち主だ。器用だが、いろいろな仕事をするより一業を守った方が運はよい。

▼口伝

なかな弁舌(べんぜつ)巧みな宿。あり方はいろいろで、滔々(とうとう)と理論智を展開する人もあれば、「語を出すに人の意にかない」と『宿曜経』の文にある通り、情に訴える者もありだが、いずれにしても悪い言い方をすれば、うまくまるめ込むことができる。それでいて、相手は欺かれているのではない。この宿の人と喋っているうちに、「まあ、いいや」という寛大な気持ちになってしまうのだから、一瞬の魔力といってもいいだろう。

社交性があるが、広く浅くで調子がよいのも特長。それでいて、あまり協調性はなく、面倒なことから逃げるのも得意技の一つ。悪く言えば、調子のよい自己本位の人間というイメージだ。

したがって、トコトンまで付き合う人も、この人は最後に見離され、大変な悪評を受けることとなる。これが拡大して、気がついた時には、すっかり信用を失って孤立無援となることも深く戒めなければならない。

何事もはじめはよく、末を遂げない。ただし、物事の成就習得は早い方だ。

猛悪宿なので、たとえ悪事が八分通りうまくいっても、終わりには悲惨なことになる。困り果てると、チョロリと悪いことをしてしまう人もあるのだが、これは絶対にいけない。この宿の人は、先の述べたように割合、抜け駆けのできる人なので、考えが甘くなりがちなのだ。

しかし、「天網恢々（てんもうかいかい）、疎（そ）にして漏らさず」ということを忘れてはならない。もともと智策ありとされるこの宿は、真面目に努力すれば、他の宿星の人々よりいち早く成功を収める実力がある。本来は心やさしく、愛敬（あいきょう）のある宿なので、しっかりとした人間関係を基にできれば、恐いものなしだ。それには一にも、二にも、誠実な対応が大切。

獅子宮に所属しているので、旅行好き。獅子宮は「軍旅（ぐんりょ）の星」だからだ。また、海外縁もある。

この人は運の上昇している時は、ほうぼうへ忙しく飛び回る。したがって、家へジッと引きこもる仕事では、この宿の本当のよさは発揮しづらいだろう。また、ある期間の海外生活はこの宿の運を上昇させる力がある。海外に興味がある人は、チャンスがあれば、ぜひとも留学なり、ホームステイなりをしてみてほしい。

また、この宿の人は色情で失敗しやすい傾向にある。いい加減な恋の火遊びは、ときとして、その人の信用から財運にいたるまでを焼いてしまう。心してほしい。

【特殊命】 金曜日生まれの人は陵逼日で、金剛峯日を兼ねる。人に取り入ることは上手で、商人的。上位の愛顧にかなって出世するが、しばしば分限にあらざることを考えてすべてを失うようなことにもなりかねない。策士、策に溺れるということを忘れてはならない。

張宿の人は、何事も不徹底で逃げ足が速いのが難となる。特に、親しい人の面倒をしっかりみることが徳と信用を養う近道といえるだろう。

▼相性

大吉	斗宿・昴宿・翼宿・虚宿×・觜宿×
吉	星宿・畢宿・房宿×・壁宿×
小吉	箕宿・井宿・危宿
半凶	婁宿・尾宿・胃宿・参宿
凶	奎宿・心宿・柳宿・女宿・軫宿・室宿・氐宿・亢宿
大凶	角宿×・鬼宿×・張宿

慎重な虚宿・觜宿から見れば張宿は利口なようでぬけている、信頼するには不足な相手と感じやすい。

▼日の吉凶

この日は吉慶のことによいとされる。

結婚、家屋の修築、新衣の作製あるいは、密教の受法、仙道の学習にも用いる。

なお、前文と矛盾するが、経典には「衣を裁つと官難を招く」とも書かれている。

古伝では、種まき、蚕の飼養をはじめるによいとされるほか、万事順調にみえて、油断すると凶に変じる日とされ、十分な注意が必要であるとされる。

また、この日は、敬愛法（きょうあいほう）を行う吉日とされている。敬愛法とは、人との和合や愛情を祈る祈禱である。密教ではおもに愛染明王や千手観音などを本尊としてこれを行う。

良縁を求める人は、この日にそうした本尊を祀る霊場へ足を運び、祈禱してもらうのもよいだろう。

翼宿（よくしょく）　安重宿

この宿に生（うま）るる人は、法として鞍馬（あんば）に騎乗し、車牛の馭駕（ごが）するを愛し、喫用（きつよう）を布施し、処（ところ）にふれて遊従（ゆうじゅう）し、人となり穏やかに口語し、性（しょう）を受け、音楽を愛するに合（あわ）す。

▼性格と基本命理

乗り物好き。「鞍馬に騎乗し」とあるが、現代で言えば、いうまでもなく自動車だろう。「喫用」とは、煙草のことと限らない。人に食事を振る舞うことなどを好む。また、「処にふれて遊従」するとあるように、機会があれば人と同道して楽しむことが好き。よい意味で遊び上手であり、また話し方が穏やかであり、ことを荒立てない方法を知っている。音楽ばかりでなく、芸術一般を愛する。

▼口伝

とにかくマメで働き者が多く、自分の仕事に自信と誇りを持っている。如才(じょさい)ない性格で、人の顔色や思惑をいち早く悟って適切に対応できるという特技がある。なかにはインスピレーションが発達した霊感的人物もいるが、これが悪い方へ出ると、わずかなことにも過敏に反応し、ノイローゼ的になる人もある。

いずれにしても、人の評価は大変気になる方だ。礼儀正しいので、目上の人からの評価は、たいがいは悪くないが、することがおざなりで、心がこもっていないため、ボロが出て、かえって心象の悪いものを与えてしまうことがあるので、注意が必要。外出しがちで出かけることが苦にならない。海外縁のある人も少なくないようだ。

この宿は午前6時を境として前方は獅子宮の所割であり、この時間帯に生まれる人は女性でもやや男性的。悪くすると、殺伐(さつばつ)としたタイプもある。後の大部分は女宮の所割の当たる。この時間帯に生まれる男性は逆に女性の徳である優しさがあるが、一方においてお金に細かく、やや嫉妬(しっと)が強い傾向がみられる。

いずれにしても負けず嫌いの宿で、表面的にはしっかりしているが、内心は常に動揺している傾向がある。しかし、公益的な性格で、しっかりとした社会観を持っている人が少なくない。

後輩、部下をよく可愛がるので、味方は多い方だ。喧嘩しても孤立無援にならない。この人が生まれると、家を再興する命を帯びているので、家運は上昇してくる。

ただし、基本的にノンビリしているので、油断から失敗することは節々ある。

しかし、そんな場面でも、取り返しのつかないような大事に至ることはあまりなく、安重宿としての徳分がうかがえる。

安重宿と和善宿に属する宿星は、一応、善星ということになっているが、安重宿は名誉型で、荒っぽいことを嫌う。押しもそれほど強くない。和善宿の方は気に入らない相手との一戦もあえて辞さない。自由主義者で、安重宿より奔放で開放型である。

なお、翼宿は恋愛運はあまりよくないようだ。借金をすると増えていく傾向にあるので、この点、注意しなければならない。

古伝では、辛辣（しんらつ）で人に憎まれるようなことを口にしやすいので、注意しなくてはいけないとされている。闘争を忌むとされており、争いになれば翼宿は損をするとされるが、この宿は決して弱い宿ではない。この注意がなされているのは、たいして根もないのに毒のあることを言って、思わぬ怨みを受けることを無益とするからだろう。

［特殊命］ 火曜日生まれは羅刹日に当たる。仕事などが変わりやすく、他の翼宿が家運再興の命であるものと対称的に、家族衰亡の命。剛情で独善的であり、いわゆる酷薄の命とする。女性には、男性を喰いものにする悪女型の人間もある。

土曜日生まれは、七曜陵逼日に当たるが、いわゆるしりあがり型の成功運を秘めており、野心家で下克上の命。人生はドラマチックでいつも活動的だ。実力不足の人は自我が強いだけで、無軌道な人間になる。

翼宿は総じて、社会性や公益的な心を持ち合わせていない人は命理的に崩れており、佳命とはしない。

▼相性

大吉	軫宿・女宿・張宿・胃宿・箕宿・奎宿×
吉	星宿・角宿
小吉	翼宿・觜宿・鬼宿・室宿・斗宿・昴宿
半凶	畢宿・房宿・井宿
凶	尾宿・婁宿・虚宿・壁宿・氐宿
大凶	亢宿×・危宿×・参宿×・柳宿×・心宿×

奎宿が要注意。双方紳士的と見えて、親しくなるにつれて結構図々しく、強引なのでいずれは衝突に至る。

▼日の吉凶

『宿曜経』には、「所作、皆吉也（みなきちなり）」とあるが、とりわけ、田宅（でんたく）、つまり土地や家屋に関すること、垣根をつくり、堀を作るなど、半永久的なことをしておくのによいとされる。

また、裁衣すれば、多くの衣類を入手する。

古伝では逆に、この日を悪日としている。とりわけ、争いごとや積極策は禁物としており、種まき、旅行などを吉とするのみだ。

しかし、安重宿として、この宿を見れば、経説の方を採るべきだろう。

軫宿(しんしゅく)

急速宿

この宿に生る人は、法として諸の宝物あるに合す。州県を遊歴し、性を受くること嫉妬す。人となり、小病にして能く功徳をたて兼ねては車乗を愛するに合す。

▼性格と基本命理

「諸の宝物ある」というが、財運はよい方ではない。ここでいう宝とは、無形の能力であると解釈した方が実際に適合する。

「州県を遊歴し」というように放浪性がある。長男や家督を継ぐべき任にある人でも、生家を離れて遠方へ出ていることが多く、結局は家督の任を果たさぬことが多いようだ。

嫉妬深い人が多く、表面は何でもない風を装うが、内心はかなり激しいものがある。この傾向は男女を問わない。

嫉妬は女性的感情と思う人があるようだが、これは大きな誤りだ。男性の嫉妬の方がひどくなると手に負えない。ストーカー殺人というのも、一種の嫉妬からくるものが多いようだ。

体は丈夫であり、基本的には穏やかな気質。自我はどちらかといえば強い方かもしれないが、思いやりのある優しさを秘めており、ことに困っている人に同情的である。

乗り物を愛する人もいるが、それによって遠出することの方を好むという意味もある。海外縁のある宿でもある。

▼口伝

この宿の人は、いかにも利口そうに弁舌をふる人はそれほどでもなく、阿呆を装う人の方が怖いとする。本来は芸術、学問、宗教などの精神的分野に生きる人だが、実利方面も悪くない。

ただし、この人の出た家は大きく傾いて斜陽化する運命にある。この人の責任ではないが、そういう家に出生する因縁があるということだ。

飄々としていて、変転の多い人生を送ってきたせいか、何があっても割合ケロリとしているしたたかさがある。このしたたかさが過ぎると、鉄面皮で恥知らずの人格を形成する。なかなか卓見卓識があり、批判眼が鋭く、反面、増上慢になりやすい傾向にある。口を開くと、悪意はなくとも容赦ない言葉を発する。

経説のところでも述べたが、この人は生家を去る因縁。生家の家督相続には縁が薄いと思ってほしい。また、財的なものをあまり追求し過ぎると、かえって運を潰してしまうので、何事もほどほどにした方がいいだろう。

かなり不安定な運を秘めているので、自己過信からポンポンと転職、転業を繰り返すうちに、どうにもならなくなってしまうことがあるので、あまり生意気にならないこと。人によっては、大きい野心を持っているが外にはそれを語らない。

また、一種の二重人格性を持った宿だ。色恋への執着は強い方で、嫉妬に狂う時は見境ない。これは、経典に説く通りだ。この宿の人で意志の弱い人は、惰弱な社会不適応者となる可能性が多大だ。若いうちから享楽的に偏らないよう、志を高く持つべきだ。

【特殊命】　日曜日生まれは陵逼日であり、甘露日生まれでもある。

物欲が強くわがままで、生家は豊かだが、家を亡ぼす可能性がある。自ら修養を常に心がけるときは、精神的方面の指導者として成功する可能性がある。

軫宿は全般的に精神性の強い職業に就く人の方を佳命とする。何でも極端に走りやすいので、その点を注意してほしい。

▼相性

大吉	觜宿・昴宿・翼宿・井宿×
吉	角宿・参宿・亢宿・室宿×・氐宿×・婁宿×・尾宿×
小吉	柳宿・心宿・房宿
半凶	虚宿・斗宿・奎宿・鬼宿・軫宿・女宿
凶	張宿・胃宿・箕宿・危宿・壁宿・畢宿
大凶	星宿×

井宿が要注意。口先では調子を合わせやすいが双方、疑いの目で見合う。

▼日の吉凶

経典では、「火急（かきゅう）のことに用いよ」とある。また、国外へ出かける、衣類の修理、芸術の学習、諸芸の修得、婚姻、造園などに吉日とする。栽衣も吉とされる。

古伝によると、不動産の売買を急ぐ場合には、この日を使うべきとされている。こちらから積極的に買いに出た場合は吉とするが、勧められるもの以外は不良物件であるとして嫌う。

この宿は急速宿なので、何事も急いですることにはよろしく、グズグズしているとチャンスを失う。

角宿（かくしゅく）　和善宿

この宿に生るる人は、法として善く経営し、六畜多く、所作の事多きに合す。
又、手巧みにして所作、人の情にかなうに合す。

▼性格と基本命理

「善く経営し」とは広く、事務能力のあることを言う。必ずしも会社や店の経営に限らない。いわゆる小才の利く人だ。

「六畜多く」とあるが、六畜とは、牛、馬、羊、犬、亥（ブタ）、鶏のことで、家畜類の総称。角宿の人が必ずしも動物好きとは限らないが、自然に親しむことの好きなアウトドア派であることは確かだ。

「所作の事多」くとは、いろいろなことを手がけ、また器用で善良だが、今一つ大器でないという意味。ところで、こうした多岐性や器用さは、女宮の所割である午前中生まれの人のものだ。午後生まれの人は秤宮の所割に入る。こちらの方は才を表面化させず、物事をなすのに計略的であり、やや剛直の生まれである。詳しくは口伝で明らかにする。

▼口伝

【正午までに生まれた人】 生地を離れて開運する暗示がある。

気持ちにやや迷いが多く、常にいろいろなことで頭を悩ませる。いずれも細かいことが多いのだが、人に相談することがあまりなくそれが鬱積（うっせき）するとノイローゼ気味となる人もあり、この傾向は女性に顕著だ。

万事に器用で、気の利いた人物だが、大事には不向き。堂々として落ち着いたところがない。比較的、人生に変遷の多い生まれで、晩年にようやく落ち着きを得る。

ときに、ちょっとした怠け心から大失敗をすることがある。家庭運は薄く、なごみの少ない傾向で離婚する可能性がある。だいたいにおいて自己表現が下手。その点をもっと改善すれば、人生全体が輝かしいものとなるのだが、そういうことを努力するのが億劫（おっくう）のようだ。

【正午以降に生まれた人】 細かいことにこだわって大事がなおざりとなる傾向がある。他人から見るとたいしたことではないのだが、本人からすると妙に思い入れがあって、そうした点は頑固である。結果として、万事が後手に回って、みすみすチャンスを逃す羽目となる。

また、割合ぼんやりとしているので、油断から大失敗するのは午前中生まれと同様だ。

計算が先に立つのは、秤宮に属するゆえだが、これに迷うがゆえに、かえって決断がつかないということになる。

住居、職業などに変化が起きて、苦労の末に安泰をみる。どちらにせよ、角宿は自己表現が下手で損をする。専門職や技術職向きで、そうした仕事の部署を得れば大きく開花するが、一般の営業や販売などではパっとしない。

また、無用の迷いやこだわりを極力排除する精神的なトレーニングを積むことが、この宿の人にとっては大変有益である。

【特殊命】 火曜日生まれは七曜陵逼で、午前中生まれの人は迷いが多く、家庭内に憂苦あり、人間的にいささか未成熟の傾向がある。

芸道などの特殊な分野では実力を出すことがある。

午後生まれは苦労多く、才はあれども埋もれやすく、財運にも恵まれにくいが、午前・午後どちらかの生まれも、ときとして偉才を出す人もいる。

陵逼日はどの宿もそうだが、えてして、人並み優れた実力があって、ときとして常人のおよびもつかぬ成功をする人がある。ただし、その場合も私生活面に憂慮することを抱えるとか、あるいは結婚せずに孤独な一生を送るとか、プライベート的には、どこかに悪さが出やすい。

古伝では、角宿の人は性は剛情であり、丈夫だが急の病難や水難を忌むとする。実際、この宿は川で溺れかけたりすることがあるので、注意がいる。

子供は3人ありとするが、数はともかくとして子煩悩（ぼんのう）の宿で、かつ家族を愛するゆえに妻子宿の別名がある。性は善良とする。

▼相性

大吉	亢宿・参宿
吉	女宿・軫宿・昴宿・翼宿・井宿・鬼宿×・昴宿×・觜宿

小吉	角宿・室宿・氐宿・柳宿・心宿・尾宿・婁宿
半凶	危宿・畢宿・奎宿
凶	斗宿・星宿・虚宿
大凶	壁宿×・胃宿×・張宿×・箕宿×

鬼宿・房宿は角宿から見れば、付き合うほどに何を考えているのか、さっぱりわからない星、いいかげんな人としか映らない。

▼日の吉凶

経典では、室内や身を飾ることや、衣類、宝物、織物を作るによいとする。あるいは、身分ある人は閲兵（えっぺい）したり、神々の祭典を行い、将軍や士官を賞するによいとする。

裁衣すると逃亡するようになる、というが、何が逃亡するのかは説かれていない。

古伝では、裁衣は安穏を得るとし、神仏の祭祀、酒造り、柱立て、手斧（ちょうな）はじめ（家の建て始め）、婚礼などの祝い事一切によく、造作をなすに吉とする。しかし、葬儀は3年以内に災いを重ねるとして忌む。

亢宿（こうしゅく）

軽躁宿

この宿に生る人は、法として頭主を統領し、弁口、詞を弁じ、能く経営し、財物多く、装束を浄潔し、喫用を愛し、功徳を造り、心力足り、家風を益するに合す。

▼性格と基本命理

『宿曜経』では、この星を頭領運として、能弁で一切の切り盛りがうまく、資産家であるとする。「装束を浄潔し」というのは、衣類を改めることなので、今日ではおしゃれということになる。かなりスタイリストが多いのも事実で、身なりや服にはなかなか気を使う。

翼宿のところでも触れたが、「喫用」は食物や嗜好品を指すので、グルメで酒や煙草にも好みのうるさいこの宿の性格を表す。

割合、信心家が多いので先祖供養や神仏詣りなどは嫌いではない。また、公益的な心もあり、一種独自の正義感の持ち主だが、怒りやすく度量は大きくない。

かなりの実力者や大物を出す宿であり、この人が生まれると家運が向上するとする。

▼口伝

実力派の人は何をやってもやっていけるが、本来は芸術、宗教、学問などがよく、芸能縁もある。この人が企業経営などをすると、やはり、どこかにその芸術性や好みが強く出て特徴的だ。ただお金を儲けるためだけに、馬車馬のごとく働くということは否定するタイプ。

性格は激しく、怒れば語気荒くものを言い、またプライドが高いので、たとえ落ちぶれていても、腐っても鯛といった風情がある。

人の好き嫌いはハッキリしていて、嫌いな人は徹底的に排撃する。主張がハッキリしているのはよいのだが、好んで敵を作る必要はないので慎むこと。

この宿には、いささか手前味噌のからい潔癖な心があり、これを正義として振りかざしてすべてを裁断する。それでいて案外、私生活面ではわがままが強く、親しい人には理屈で固めた無理を言う。

かなり負けず嫌いの星だが、性格の激しさのゆえに頑張り抜いて、大きな成功を勝ち取ることもあるので、あながち悪いとばかりはいえない。むしろ、こうした宿の特性を上手に活かすことが大切で、角を矯(た)めて（切って）牛を殺すようなことになっては、開運もありえない。

【特殊命】 土曜日生まれの人は羅刹日に当たる。親分肌で肚(はら)が太いのだが、何事も分限というのを越え、無鉄砲。これがために、しばしば痛い目に遭うが、懲りない。自滅しないためには程を知るべきだ。

水曜日生まれは陵逼に当たる。絶えず新しい方向を求めて進展を企てる。努力家であり、また衆望を集める。良いことづくめのようだが、陵逼生まれなので、孤独の影がつきまとう。女性は論客だが、やはり縁づきの悪い人が多いようだ。

古伝では、「亢宿は諸の悪業を作る人也」とある。この宿は、独善主義の星といってもよいくらいだ。人間は悪いと知って悪を行うのと、善いと思って悪を行うのでは、後者の方がその被害は大きいものだ。ナチスがユダヤ人の虐殺を正義として行ったことを思い起こせば、このことは明らかだろう。

亢宿の人も自分独特の正義感からかえって人を泣かせ、困らせることが応々にしてあるので、義の前に温情を大切にすることを忘れてはならない。また、求めて騒動になるようなことをする傾向があるので、自重しなくてはならない。

人を愛するのも、憎むのも極端になりやすい傾向があるので、これも注意してほしい。女性は陽性で騒々しく、男性は陰性だが、表面は柔和な印象を与える。

▼相性

大吉	室宿・角宿・虚宿・奎宿×
吉	氐宿・壁宿・鬼宿・危宿・柳宿×・心宿×・斗宿×・女宿・軫宿
小吉	参宿
半凶	亢宿・井宿・觜宿・尾宿・婁宿
凶	星宿・張宿・胃宿・箕宿・畢宿・房宿
大凶	昴宿×・翼宿×

奎宿が要注意。似たもの同士で、両者頑としてゆずらない性分。親しい間柄も向こう意気の強さが出たら盟友一転して波乱の仲。

▼日の吉凶

象や馬の調教、軍用太鼓の練習、交際はじめや婚礼、種まきによいとする。裁衣すれば、財を増す。今日では、古代インドのように馬はともかく象の調教は一般的ではないが、犬や猫のようなペットの調教、しつけにはよいかもしれない。古代では、動物の飼育、お金の出納、川ざらえ（河川の掃除）を吉とし、ことに金銭関係や結婚には大吉とする。

また、新しい服を着用すると、美食の接待にあずかれるといわれている。ただし、増改築、旅行などの遠行は凶とする。

氏宿（ていしゅく）　剛柔宿

この宿に生るる人は、法として分の相好あり、天、仏を供養し、心性、事を解し、性を受くること良善にして君王の優寵を承け、財物を富饒にし、利智にして家口足るに合す。

▼性格と基本命理

「分の相好あり」といい、そこそこの美人、美男の星だ。天と仏を供養するということで、割合と信心家が多いようだ。「天」とは、すなわち、空のことではなくて、神々のことである。

「心性、事を解し」とあり、洞察力は優れている。

「性を受くること良善」とされるが、かなり気難しい宿だ。しかし、上位の人には不思議と引き立てられる。同輩とはうまくいかないようである。

蓄財能力があるとされるが、実際に金満家になるか否かは少々別問題だ。

しかし、働き者なので、よく家人を養う。経中に「利智」とあるのは、理論智ではなく、一種の直感智であり、この宿は霊感の強い人も少なくない。割合と人の面倒見がよいので、「家口足る」の中には一時的に他人の世話を含むこともある。

午後6時までの生まれの人は秤宮の所割、それ以後の生まれは蝎宮の生まれ。

▼口伝

【午後6時までに生まれた人】　まず、家庭運があまりよくない人が多いようだ。はなはだしきは、生家と絶縁状態に陥っているケースもある。人生に何度かチャンスが来るが、何らかの理由で見送ってしまうことが多い。もし、何事もスムーズにいくときを待っているなら、それは無理というもの。都合をつけてチャンスを活かしてほしい。

外に対しては割合と明朗に振る舞うが本来は陰性であり、人との親和性は薄い方だ。気難しく、一緒にいて気持ちがリラックスできる人が少ないので、付き合いは自然に控えめになる。人の誘いにもあまり乗らない。したがって愛想が悪いと思われがちだ。

共同で人と組んで仕事をすることは、やがて物別れに終わるので、短期間ならよろしいが、長期展望では無理だろう。住所についての悩みがついて回る生まれである。

【午後6時以降に生まれた人】　この生まれも誠実だが、社交的ではない。付和雷同的に人に調子を合わせることは嫌いで、一種偏屈人的な印象だが、実のところを言えば、人と付き合って傷ついたり、嫌な思いをしたくないので、それだけナイーブな宿星だ。

基本的に保守的な考え方の人が多いようだ。人生に苦労多く、努力が実りにくい難がある。割合に厳しい人生を送らなくてはならない宿と言えるだろう。

親類縁者とは、前半の生まれ同様に折り合いのよくないことが多いようだ。生家にも縁薄く、逆に他家を継ぐことがある。また、自分自身にも子供縁が薄く、結局、養子を迎えることになるケースもあるようである。

なお、氐宿は昴宿と並んで剛柔宿に属す。君子の星と言われているので、汚いことはしないフェアな星と言われているが、昴宿の人よりいっそう気難しく、好き嫌いもハッキリしている。われわれはどうも君子というと、大人しい文人肌の温厚な人物を想起しやすいのだが、もともとの君子のイメージは違うようだ。よく言われる「君子豹変」という言葉があるが、これくらい間違って使われている言葉はない。普通には、表向きは立派な紳士がにわかに劣悪な本性をむき出しにして、化けの皮を剥いだときなどをいうように誤解されているが、もともとは君子の才覚というものは、機に応じて豹が木陰に隠れて見えなくなったり、また急に出現したりするように自由自在である、ということをいうものだ。

したがって、ただ大人しいだけの温厚な人物は君子ではない。才智を持って機を見るに敏であり、活殺自在の人のことだ。このイメージは今日では武人的ですらあるが、氐宿、昴宿とはそうした君子の星であり、温厚で紳士的な星ではない。

つまり、この宿も見ていないようでいて人をよく見ており、その観察眼や対応には、他の宿にはない深いものがうかがえる。

【特殊命】 木曜日生まれを陵逼日、羅刹日とする。6時までに生まれた人は学才があり、物事に精励するが、苦労が多い人生。ただし、最後に成功するという可能性がある。

それ以降に生まれた人は、もっとよくない。住居、生活とも安定性を欠き、怒気強く運を自ら破壊する。古伝によれば、氐宿の人は愛情が深過ぎるゆえ、かえって疎まれたり、お金を貸すと返してもらえないなどといわれる。厳しい性格も愛情の裏返しかもしれない。

▼相性

大吉	壁宿・鬼宿・女宿×・畢宿×・軫宿×
吉	室宿・亢宿・危宿・角宿・虚宿・奎宿・婁宿×・尾宿×
小吉	参宿・心宿・柳宿・斗宿
半凶	房宿
凶	氐宿・井宿・觜宿・張宿・胃宿・箕宿・昴宿・翼宿
大凶	星宿×

女宿・畢宿・軫宿が要注意。これらの3宿はいずれも表面、ソフトに見えて口と腹の違う星。氐宿には癪（しゃく）の種。

▼日の吉凶

五穀の種まき、果実酒造りによく、家屋の移築、車馬に関してよからずとする。栽衣すれば、知人と再会する。古伝では出陣、築城に大吉。新規事業をなすに大凶。栽衣すれば、お金を旧知の人に借りられるとしている。

房宿（ぼうしゅく）　和善宿

この宿に生るる人は、法として威徳あり、男女足り、餞財饒きに合す。快活に本族を紹ぎ、家風を榮かすに合す。

▼性格と基本命理

「威徳あり」とは、この宿に力量あることを示している。必ずしもパワフルというわけではない。和善宿ゆえの徳分で、落ちるところまで落ちぶれるということが少ない宿であるといえよう。

「男女足り」とは、子供が比較的多いことをいう。しかし実際には数の上ではそんなに子だくさんというわけでもないようで、むしろ親孝行な子供と言った方が現実的だ。

房宿の人は調合、自由というより奔放な性分の人が多い。その分、子供の方がしっかりしているし、また、親をよく鑑みてその性分を理解しているようだ。親不幸ならぬ子供不幸？　にならぬよう注意したいものだ。

この宿は古代、「餞財饒きに合す」という一句から、金満家の星であるごとく言われているが、これも実は商才のあることをいうもので、お金持ちだとは限らない。むしろ持ち前の奔放さでポンポン使い、なくなってきてから慌てて心配することの繰り返しをしている人も少なくないはず。

あれば使ってしまうので、この間まで贅沢な食事をしていた人が、次の月には一食減らさなくてはというまでになっていることもあるくらいだ。しかしだいたいにおいて明朗な宿星なので、それでもお金のことでめげてしまうことはあまりないようだ。「快活に本族を紹ぎ」というのは、言葉の意味としてヘンテコだが、『宿曜経』全体を通してこうしたヘンテコな悪文はかなりあって、読解者を苦しめる。私はむしろ「快活に、して」だと思っている。つまり、この房宿の調子のよさをいうものであり、次に「本族を紹ぎ」とあり、この宿が家督に縁の深い生まれであると示しているのだと解釈している。

「家風を榮かす」とあるが、それはかなり世の中に揉まれて鍛えられてからの話で、若いうちは気ままで、むしろ家風を傷つけるのではないかと思われるが、したがってこの宿は人生経験が大切なポイントとなる。お嬢様、お坊ちゃま育ちではこの宿のよさは出ない。

房宿のお子さんがいるのだったら、可愛い児には旅をさせろ、ということが肝心。特に、お金の大切さをよく教育してあげてほしい。未来の経済的センスが大きく成長する可能性が大だ。

▼口伝

口伝によると、房宿はなかなか海外縁の強い星。海外旅行が好きで始終行くというより、放浪性があるというべきで、国内でもここにいたかと思えば今度はとんでもない遠方に行って以前と全然違ったことをしていたりする。

義侠心があり、人の面倒もよく見る方だが、飽きやすく尻切れトンボになりやすいところなどをみると、本来、親切というより、一種の気慰みのようなものかもしれない。身内意識は普段は薄いようでいて、いざとなるとかなり強い方だ。

剛に見えて柔であり、常に内心、揺れ動いている。淋しがり屋なのだが、また勝手者であるわけで、この点、人と組んで仕事をしたりしても、まず長続きしないことの方が多いだろう。

持ち前の奔放さは異性関係にも発揮され、好きとなると一方的に熱を上げて押し寄せる。熱くなっている時は、もう、想う一心でいくのだが、これが後に噂になったりして人目を忍ぶような羽目にもなりかねない。恋愛の仕方も自分本位だが、熱烈で純粋である。

この星は志あってもなかなか遂げがたく、何度も変更や再出発を余儀なくされる。商人の他に、公益や福祉関係の仕事に向いている。また、信仰心は厚い方であり、根は善良な人が多いという。

【特殊命】 金曜日生まれは、陵逼日でかつ甘露日。気位が高く、我が道を突き進むが、これは一種の世間知らずのゆえでもあるのだ。才覚はあるのだが、望みが高過ぎるきらいがある。

房宿の人はいずれにしても、自分が見えないでいて突っ走る傾向にあり、この点を注意せねばならない。

▼相性

大吉	奎宿・室宿・胃宿×・張宿×・箕宿×
吉	井宿・星宿・角宿×・鬼宿
小吉	昴宿・翼宿・女宿・軫宿・觜宿×
半凶	柳宿・心宿・氐宿・房宿
凶	参宿・危宿・亢宿・尾宿・婁宿・斗宿・畢宿・壁宿
大凶	虚宿×

胃宿・張宿・箕宿の3宿が要注意。調子は合わせやすいが、実は房宿などよりずっとシビアな星。元来が臆病な房宿は、すさまじい一面を見たらもう信用できなくなってしまう。

▼日の吉凶

婚礼やその他、祝い事に用いて吉とされる。また、仏教の戒律を受けて仏弟子となったり、密教や仙道などの修行や行事にも吉とされている。衣類を作れば倍加することとなる。その他、盟約を結び、交友を深め、技芸の習得や官職の設置、使者を送ることにも用いよ、と説かれている。

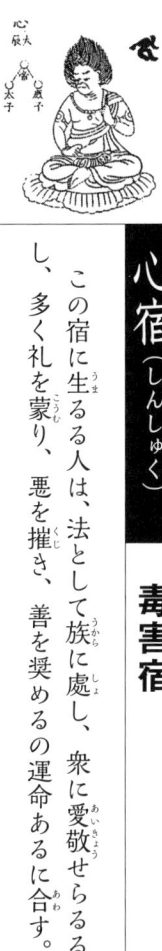

心宿（しんしゅく）　毒害宿

この宿に生(うま)るる人は、法として族(うから)に處(しょ)し、衆に愛敬(あいきょう)せらるることを得、君王の承事(しょうじ)し、多く礼を蒙(こうむ)り、悪を摧(くじ)き、善を奨めるの運命あるに合(あわ)す。

▼性格と基本命理

この文もなかなか難解な悪文だ。「族に處し、衆に愛敬せらるる」とは、どのような人のグループに対しても愛敬を受けるというわけだが、これは心宿に適応能力があるためではない。むしろ心宿くらい、適応性の応用の利かぬ宿はないくらいだ。ただ、いかにも適応している素振りができるにすぎない。悪く言えば芝居の打てる宿なのだ。

芝居なので長くは持たない。あまり長くやっているとノイローゼになってしまう。したがって、入社して数ヵ月、ニコニコやっていた人が急に辞表を出すという時には、ひょっとするとその人は心宿かもしれない。ニコニコしていたように見えても、本当は嫌で仕方なかったということは、この宿にはよくあることなのだ。

「君王の承事し」とは、秘書のような役目のことだ。したがって、この宿の人には秘書のような仕事ならうってつけ。無論、本当は人間関係に過敏に反応する心宿のことなので、自分のボスとうまが合わなければ仕事もできるわけはないが……。

この宿の人はリーダー次第の部分が少なくない。経典には、「礼を蒙り、悪を摧き、善を奨める」と、正義の味方のように書いてあるが、これは指導者が人格者で立派な人物だった場合のこと。例を挙げて説明すると、上司が常に目を光らせている分にはよく働き、「陰日向」はないが、放っておくと、とんでもなく軌道外れになる可能性がある。はなはだしきは、会社の金をチョロッと使い込むといったことすらやらかす者もいる。

したがって、この宿の人は、若いうちにキチンとした教育を受けていれば、勧善懲悪の正義感となって社会を益する人となるが、そうした人格教育が十分なされないと、逆に極端なケースでは反社会的人物や悪人と化すことがある。

▼口伝

なかなかスケールの大きい人物もいるが、多くの人は基本的に小器であり、トップより次席の方が本人にとってもラッキーな宿だ。

しかし、一方において内心、なかなか野心がある人が少なくない。表面上、うまくカバーできる特技があるので、この二つが合わさると、とんでもない悪人や、そうでなくても腹の知れぬ人物となることもある。頭の回転は鋭い方だが、それが自他を活かす本当の知恵に至るには、年季がいる。

女性は愛想が少なく、反面やはり智に長けた人が多いようだ。家庭運はあまりよい方でない。陰の気が大変強い宿星だが、貯蓄の才があるので、少額でもコツコツ貯めてみると面白いだろう。何事も徐々に進むによろしく、一挙にことをなしとげようとすれば果たせない。若いうちに辛抱した人の方が後に大器となることが多いのも、特徴。佳命の人はなかなか重みがあり、無言の圧力を有する。

心宿は中国占術でいう大火星、天文学では蠍座の一等星、アンタレスのことであるとする。蝎宮は医療の星なので、この宿の人は、医療や人を癒す仕事、心理療法士やカウンセラー、宗教者などに向いている。いずれも直後、人を相手にして癒す分野がよいので、本を相手の学問に終始してはよさが出ないだろう。

仏教では、「変毒為薬」ということを言う。蝎の毒も変ずれば薬だ。この毒とは、苦労、苦辛のことである。若いうちの苦労は買ってでもしろとは、この宿のためのあるような言葉だ。逆に若年中、愚痴を言い、不満を言って過ごせば、わざわざ自分の人生を潰すようなものだろう。

【特殊命】　土曜日生まれは陵逼日となる。一種、奇人変人的で人の好き嫌いが極端。基本的に人間を信じない人種だ。若いうちはなかなか苦労するが、中年期より開花する。

つまらぬ異性と付き合って運を損なう暗示があるので、注意すること。また、自分が興味のない人に対しては冷淡であることを改めるべきだ。

▼相性

大吉	鬼宿・壁宿・斗宿×
吉	尾宿・婁宿・室宿・奎宿・危宿×
小吉	氐宿・女宿・軫宿・畢宿・虚宿・角宿・柳宿・亢宿×・参宿×
半凶	星宿・房宿
凶	井宿・張宿・胃宿・箕宿・觜宿
大凶	心宿・昴宿×・翼宿×

斗宿と心宿、いずれも人の言葉をそのまま信じない同士、テレパシー的な腹のさぐり合いから不信感は増大の一途へ向かう。

▼日の吉凶

王者の執務を行うべき日とされている。また衣装を飾り、官位に就き、人材を登用すること、乗り物を習うこと、諸の功徳をなすによろしい。お金を支払ったり、借金を返すのに用いてはよくない日で、この日、衣類を作れば、盗賊に遭うか、死亡するという。

また、髪を飾り、マッサージなどにもよいとする。乗り物である象や馬などの入手にもよいとしているので、現代でいえば自動車やバイクなどを買うのによいだろう。また、この日、葬儀をすれば死人が続くとされて忌まれる。

尾宿（びしゅく）　毒害宿

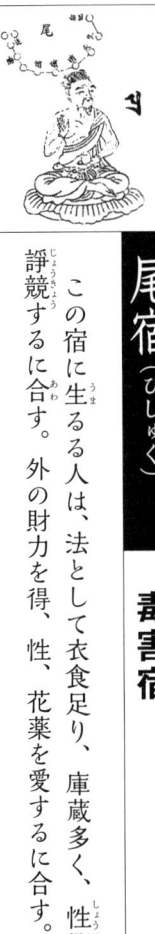

この宿に生るる人は、法として衣食足り、庫蔵多く、性慳渋にして志悪戻なり、諍競するに合す。外の財力を得、性、花薬を愛するに合す。

▼性格と基本命理

「衣食足り、庫蔵多く」で資産のある星だ。

「性慳渋」とは、気難しいことを指す。一見するとそうは思えないのがこの星で、別に苦虫を噛み潰したような顔をするわけではないのだが、意外とこだわりが強く、人の好き嫌いもハッキリしている方だ。

「志悪戻」とは、荒々しいことをいう。これも、外見からはそう見えないが、向こう意気は強い方だ。誰かがこんな批判をしていたなどと、尾宿の本人に告げようものなら、しょげるどころか、口角泡を飛ばして相手の非をあげつらう性分である。

「諍競するに合す」で、なかなか論客でもある。たとえ言い負かされても、首は縦に振らない頑固さがある。

「外の財力を得」とあり、財テクに対する興味が強い宿で、資産運用についてあれこれ考えるのは好きな方だろう。海外に土地や建物をもっているなどというケースもある。

「花薬を愛する」とあり、風流と健康に対しては関心が深い方だろう。もっとも、この花というのは色欲の表示でもあり、色に弱いところがあるのもこの宿の特徴の一つといえなくはない。

海外縁のある点で前の房宿と少々共通点があるが、財運に関しては尾宿の方が安定したものを持っているようだ。尾宿は弓宮に属すが、医療などにも縁深い宿である。

▼口伝

気難しいわりには、寂しがり屋の星。またにぎやかなことを喜ぶ。スマートで上品なことを好むので、好みは洗練されているが、それでいて気取ったところはなく、よく衆に和す性分だ。同じ毒害宿でも、前述の心宿よりスケールは大きいものがある。

風流人で、外見も野卑な感じはしない。ものを学習することは好きで、語学などの習得は早い方だ。したがって、尾宿の子供は概して勉強はあまり心配しないでよい方。ただし、好き嫌いがハッキリしているので、偏りのある学習をする。

尾宿の人は、たとえ家業があっても、子供に継がすのはいささか考えものだ。次代で滅亡の暗示がある。本人が望むのなら別だが、無理やり継がせても失敗する。また、仕事を拡大したり、とかく物事を広げていく特性があるが、基本的には自らの手の届く範囲におさえておく方がよい。

内心は剛情で、一度嫌いになった人物は許さない。また、嫌と言ったら嫌で通すようなところがあり、一種の意地っ張りだ。

弓宮に属すため、執着したら矢が一直線に行くように、ズーッとしばらくそのまんまだ。諦めの悪い性分。子供っぽい部分もあり、一種のないものねだりをしてすねるようなところが多分にある。

【特殊命】 日曜日生まれは、陵逼、金剛峯日に当たる。家庭的で温和であり、対人技巧に長じている。男性は一芸に徹し、女性は良妻賢母だが、結婚運はあまりよくない方で、独身のまま終わる人もいる。

火曜日生まれは、甘露日に当たる。慈善心の深い人だが、目先の小言に執着して大事にしくじることがある。生家は豊かなことが多く、元来は頭脳明晰な人だが、修養がないと世間知らずのボンボンになってしまう。弁舌に巧みで、人生の途上で方向転する暗示がある。ただし、酒色で身を持ち崩さぬよう、注意がいる。芸術や文学を愛好する。

一般に尾宿の人は、仕事に対して遊びというか余裕をもってしないと、真価を発揮しない。あまり肩に力を入れず、忙中閑(ぼうちゅうかん)ありといった態度ができてくると、本来のパワーが充実して、よい仕事ができるもの。そうした余裕は仕事のうちと考えることだ。学問好きの生まれでもある。

▼相性

大吉	奎宿・女宿×・軫宿×・畢宿×
吉	柳宿・心宿・鬼宿・壁宿・斗宿・室宿×
小吉	婁宿・角宿・虚宿・氐宿×・危宿
半凶	張宿・胃宿・箕宿・亢宿・参宿
凶	房宿・昴宿・翼宿・星宿・觜宿・尾宿
大凶	井宿×

女宿・軫宿・畢宿は尾宿から見ればいいかげんで杜撰(ずさん)な星。大真面目に相手をしてるとついにキレる時がくる。

▼**日の吉凶**

『宿曜経』原文には沐浴、厭呪（おまじない）をしたり、樹を植えて、薬を調合すること、密教の灌頂に入って修業を始めることを吉とする。裁衣すると、その衣類はボロボロになってしまうとされている。

また、原文には愛喜のことによしとしているので、デート、交友にもよいと思われる。また、剛厳のことにもよしとしている。つまりいかめしく、厳かなことなので、閲兵などにこの日を用いたのかもしれない。

箕宿（きしゅく）　猛悪宿

この宿に生まるる人は、法として江山に遊渉し、利潤を経営し、人と為り辛苦に耐え、性を立つること婦女に婬逸することを好み、病饒く、酒を愛すに合す。

▼**性格と基本命理**

「江山に遊渉し」とあるので、外出好き。目的がなくてもブラブラしたがる。これが一種のストレス解消法になっているのだろう。

「利潤を経営し」とあって、サラリーマンなどよりは自営業の方が、気性のうえからは向いている。「人と為り辛苦に耐え」というのは迷文だが、私はこれは「本来は辛苦に耐えて人と為る」ではないかと思っている。

というのは、この宿の、特に男性は、半分くらいはノンビリしすぎて、むしろ怠慢さが特徴になっているからだ。辛いことからズーッと逃げていては人間に成長はない。

この宿は我慢が肝要だ。辛いところはグッと耐えて頑張ってこそ、社会の一員としてしっかり機能するのである。箕宿は自由を愛する宿だが、これをはきちがえると約束は守らない、時間も守らない、どうにもならない人間となってしまう。自由と規律の二本立てでキチッといきたいものだ。

また、「婦女に婬逸する」ということから、この宿の男性は色に耽る傾向にある。おまけに病がちで、丈夫でもないのに酒まで飲むとあっては、いわばくだらぬ人間の見本のようなものが出来上がってしまうのだが、事実、ヤクザやチンピラの類にまで落ちてしまう人もある。

これに対して、女性はテキパキとしていて、しっかり者が多いようだ。

▼口伝

この宿の人には先代の悪因縁があるので、跡目を継ぐと苦労することがある。

本来はかなり力量があって強い宿なのだが、どういうわけか、はみだし型人間が多いのは前述の通り。たとえしっかりした善良の人でも、内には何かしら憂苦を持って回る。女性は気が強く、夫を克害する。結婚せずに一生を終わる人もあるようだ。

箕宿の人は、男性はだらしない享楽的グウタラ人間か、コワモテの裏街道型か、表面は立派であっても、内に苦悩ある3タイプで、これに対し女性の方はテキパキとして快活なタイプとなる。したがって、女性の方が評価できるのだが、これも幾分、剛に過ぎるところがある。

箕宿は猛悪宿に属すので、本来はあまり佳命でないのが基本的な姿だ。まれに重厚で貫録があり、大企業の経営者タイプの人もある。このタイプは黙っていてもだいたいすべてわかっている人が多く、そうしておいて要点をズバリとつく、かなりのやり手となる。口数は少なく、余計なことを喋らない。パワフル経営者という感じとは違うが、底の知れないところがある。

それから、この宿は不倫や三角関係に陥ることが多いとされている。これは男女を問わない。三角関係や不倫に陥ったら、もつれた糸をほどくようなことをしても埒(らち)が開かないのがこの宿星だ。快刀乱麻(かいとうらんま)を断つごとく、バッサリやって清算しないと、どこまでも後を引いてよくないだろう。

【特殊命】 月曜日生まれは、七曜陵逼に当たる。組織型人間で、箕宿に似合わぬ一面を持っている。交際は広く、住居を転々とする暗示がある。芸能人的な才能を秘めていることもあるが、成功・不成功は人の引き立て次第で決まってしまうことが多いものだ。

箕宿は弓宮に属すので、やはり一直線に進む、強くためらいのない部分があり、言い換えれば決断力のある星。しかし、これが裏目になると、日々、いい加減な生活をしていても同じく反省もためらいもないということになる。また、大酒も禁物だ。

▼相性

大吉	昴宿・翼宿・斗宿・觜宿×・虚宿×・星宿
吉	畢宿・房宿×・壁宿×
小吉	危宿・井宿・胃宿・張宿

半凶	箕宿・尾宿・婁宿・室宿
凶	亢宿・女宿・軫宿・柳宿・奎宿・心宿・氐宿・参宿
大凶	角宿×・鬼宿×

觜宿・虚宿からは厳しい見方をされがち、わがままで身勝手とうつりやすい。

▼日の吉凶

地を穿つによいとするので、地鎮祭などに用いてもよいだろう。建築、土木、溝を作ること、田畑の修理など、土に関することがよいようだ。また、農作物を植えるのによいとする。また、橋を作り、酒を醸すのにも吉日とする。衣類を作れば病になるとする。葬式は大凶で、3年のうちに災いありとする。

斗宿（としゅく）　安重宿

この宿に生る人は、法として鞍馬を愛し、山林を歴、祈禱、祀りを愛し、交を賢良に結び、技能多く、銭財足るに合す。

▼性格と基本命理

基本的には、騒がしさのない文人肌の静かな宿である。外からはちょっとよくわからない印象を受ける。

「鞍馬を愛」することは遠出や外出を好むこと、あるいは乗り物を好むことと解釈する。放浪癖のある人もいる。

「祈禱、祀りを愛し」とあって、宗教性のある人物も多いのだが、逆に無神論の極みのように理詰めでしかものを考えない人も結構いるようである。「交を賢良に結」ぶので、友人、知人には好人物や実力者があるが、実際は親友という程でもなく、知り合い程度の類が一番多い。

仕事に関しては、技術系の人。接客や営業はどちらかといえば下手だ。押しの強い売り込みができないのがこの宿である。しかし、本来、気性は激しく人の好き嫌いもハッキリした宿だ。

「銭財足る」というのも、そうした技術系の仕事をしていてこその話であり、一般論としてはそれほど強力な存在ではない。安重宿なので、それなりの徳分を持って生まれているため、だいたいはそれほど困窮するに至らないようだが、逆に運を得てから落ちぶれてしまったら、毒害宿・猛悪宿のような強烈なところがないだけに、立ち直りにくい面がある。しかし「腐っても鯛」で向こう意気やプライドはかなり強い宿とされている。

▼口伝

【午前6時までに生まれた人】 兄弟仲の良し悪しが極端なタイプ。それというのも、かなり口うるさく、その上、物事を大げさにいう悪癖があるからだ。

逆に口下手で、うまくものを言うのが苦手な人もあるが、いずれにしても頑固で負けず嫌い。弁舌については、両極端な二つのタイプがあると覚えておいてほしい。

この生まれで本当に力量がある人は、むしろ多弁ではなく無言の説得力が漂う。

変にハッタリが強いところがあるが、内容はたいしたところのない場合が多い。少々意地が悪く、嫌いな人は無視する。妥協性には乏しいので、共同事業は向かない。

愛敬に乏しく、女性は離婚命、男性は表面の真面目さに似ず、色情で失敗することがある。

【午前6時以降に生まれた人】　才能はあるが、なかなか世の中に出ない。下積みはかなり長い方。発明の才があって晩成型の成功運を秘めている。しかもなかなか粘り強く頑張るので、かなり難しいことでも、ついに成就する。

ただし、一本調子なので人にだまされたり、計略にはまって苦しむ。何事も出だしは不調で難問が続出しやすい人。晩成型だ。方向を決めたら、退くことなくコツコツと頑張ることが成功へ鍵となる。移り気はいけない。

【特殊命】　火曜日生まれは、陵逼となる。気性に激しいものがあるが、仕事熱心だ。才能型の人物だが、運は人間関係に左右されて浮き沈みがある。

いずれにしても、斗宿は自分でバリバリやるというよりは、周囲の人間関係によって良くも悪くもなるという傾向がある。また、人にものを頼むのは下手なので、孤立すればますます不利だ。また、あまり飾り気がない性分なので、言いにくいこともスラリといってしまう点が欠点でもあり、長所でもあるといえよう。

▼相性

大吉	張宿・胃宿・箕宿・亢宿×・参宿×
吉	畢宿・尾宿・婁宿・星宿・危宿×・柳宿×・心宿×
小吉	虚宿・斗宿・氐宿
半凶	女宿・軫宿・壁宿
凶	角宿・觜宿・室宿・房宿・井宿・鬼宿・昴宿・翼宿
大凶	奎宿×

亢宿・参宿はいずれも斗宿と劣らぬタヌキやキツネであるが、直接対決となれば斗宿のストレートさで撃破できそう。

▼日の吉凶

衣類の着はじめによいとされる。半永久的なことの始まりによい日でもある。蔵造り、園林の修理、土地や家屋に関すること、兵器作りも吉、衣を裁つと美食にありつけるとしている。また、乗り物に関することもよいだろう。

牛宿（ぎゅうしゅく）

この宿に生（うま）るる人は、法として福徳ありて所作求めざるに合（あわ）す。

▼性格と基本命理

伝統的な密教占星法の公伝において、牛宿は日に配当せず、午（うま）の刻（午前11時より午後1時）に生まれた者の命理とされている。

この牛宿を配当するかしないかで、二十七宿説か二十八宿説に分かれる。『宿曜経』上巻に出てくる「唐の月建図（げっけんず）」には、日としても配当されているが、これは今は用いないと注されている。当流は二十七宿を用いるが、この牛宿については独特の見解がある。

しかし、実践上では、なぜ牛宿を用いないかということはあまり関係がないので、今はこれを用いないということだけを憶えておいてほしい。

なお、牛宿を午の刻に当てる伝統的な説は、二十七宿は星の光がハッキリしている時に最も力を発揮するのに対し、日中の正午には日光の力が最大になるため、星の光は最も弱くなる、という考えによるものだと思われる。

しかし、元来はインド占星術が正午を日の切れ目としていることから考えて、そうした源流の名残りを示すものなのではないかという気もする。

女宿（じょしゅく）　軽躁宿

この宿に生(うま)るる人は、法として心力足り、病少なく、布施を好み、法律を守り、道業を勧め、祖宗を榮(かかや)かすに合(あわ)す。

▼性格と基本命理

「心力足り」ているというが、実際は必ずしも長期のストレスに耐えられるほど強い宿星ではない。こういった、まるっきり逆なことを説いてあるのが、いかにも密教の占法らしいといえよう。実際、密教の修法を書いた私記などには、随所にこうした隠しの手法が見られる。ただし、精神力という意味ではなく、深い考え方をするといった精神性ということでは、たしかに足るものがある。

一名、軍師の星といわれるのがこの星。「病少なく」とあって、大病はしないが、かといってそれほど丈夫でもない。

「布施」は必ずしも、お寺へ出す「お布施」のことではない。広く施すことをいうのが本来の意味だ。「法律を守り」とあるが、法律のことをなかなかよく調べている人もいる。「道業を勧め」る人なので、基本的には律儀だ。「祖宗を榮かす」とは、この生まれの人はよく家を再興せしめる因縁というか、使命を持っているからである。

▼口伝

表面は人当たりはよいのだが、かなりクセのある宿。不思議と年上の人の引き立てがあるのがこの宿の福分といえよう。

弘法大師空海もこの宿の人であり、彼は嵯峨天皇の絶大な支持を受けて真言宗を広めた。ただし、体裁屋なので、恰好(かっこう)をつけてついつい難しいことを引き受けたりして、後悔することも少なくないようだ。

文化的なことに造詣が深くなる傾向にある。情は深い方だ。敵味方がハッキリしていて、敵と決めたら冷たい態度で接する。策略家だが、策士策に溺れるの類で、やりすぎて失脚したり、肝心の自分のことがなおざりになって思わぬ恥をかいたりする。

論客なので、理屈の言い合いになると大変にやりにくい相手だ。しかし、粘り強さに欠け、一度崩れてしまうと後は弱いもので、いっぺんに陥落してしまうことも珍しくない。小才は利いても将たる器としては、いささか器量に欠けるので、次席や番頭として幅を利かした方が本人も楽だろう。

孤立すると弱いものだ。虎の威を借りる狐にならないよう注意したい。決断力はよい方である。

【特殊命】　月曜日生まれは、金剛峯日に当たる。小事業や商売に向いているが、人生は不安定になる傾向にある。努力家なのだが、私的な悩みや家庭の問題を持って回りやすい傾向にある。志は高い人だ。

水曜日生まれは陵逼、人気者で、よく人心の機微を掌握している。人気商売に向く。芸能人、政治、宗教、小商売などに才能を発揮する。アピール性がある。

なお、女宿の人は情が深いのか、異性問題でかなり振り回される人が多く、特に女性はどうにもならないような男性と縁が切れないで苦労する。この点は觜宿の女性に共通するものがある。

▼相性

大吉	觜宿・昴宿・翼宿・井宿×・氐宿×
吉	角宿・亢宿・参宿・室宿×・尾宿×・婁宿×
小吉	房宿・心宿・柳宿・軫宿
半凶	虚宿・斗宿・鬼宿・女宿・奎宿
凶	張宿・胃宿・箕宿・危宿・壁宿・畢宿
大凶	星宿×

一句一句言葉を選んでくる井宿・氐宿は、女宿から見れば扱いづらい星。女宿は相手の言葉をそのまま信じられない。かえって疑心暗鬼の塊となる。

▼日の吉凶

ピアスなどをするのに穴を開けることは古代インドから行われていたようで、この日はそれによいとする。他にも理髪、マッサージを受けること、公的なこと、城造り、出兵、兵器作り、技芸の修得に用いる。新衣を着たり、衣を裁つことは不吉で死を招くことすらあるとされている。また、葬儀は不吉とする。

虚宿（きょしゅく）　軽躁宿

この宿に生(うま)る人は、法として穀足り、貯蓄多く、命長くして冨み勝(すぐ)れ、君王の寵愛を蒙(こうむ)り、又(また)、好んで神廟(しんびょう)を饗禱(きょうとう)し、終いに快楽(けらく)多きに合(あわ)す、辛苦には合せず。

▼性格と基本命理

「穀足り、貯蓄多く」とあるように、おおむね、ある程度の資産を持つ家の出身者が多い。

また、自らにも倹約の心があるが、これが過ぎるとケチな人と見られることもある。チマチマした性分で、これはいくらお金があっても変わりない。金のある人ほど倹約家だというのも、うなずける話だ。

「命長くして冨み優れ」で、福分、長寿を二つながら手に入れることができるとされる。

「君王の寵愛を蒙り」とあるように、上位の人の引き立てがある。また、信仰心もある。

この宿はお金に執着の強い傾向があるが、かといって現世利益一辺倒の信仰をするかというと、そうではない。むしろそうした物資欲とのバランスを取るため、もっと純粋に哲学的な信仰をする。

「終いに快楽多きに合す」というが、終わりに至るまでは、むしろ難儀なことや意の如くならぬことが多く、一種の諦感を持って世の中を見るようになる。それでもトコトンまで落ちて「おしまい」になることは少ないようで、生活の上では困窮するまでには至らない。

なお、色に弱い傾向があり、その方面で大変な恥をかくことがあるので、注意すべきだ。

▼口伝

［正午までに生まれた人］ 分家の命。人間的には誠実で慈善心があり、また忍耐力のある人。しかし、身に病をもって苦しむ、慢性病持ちの人が多いとする。

生家や故郷を離れる命だ。この場合、むしろ自然に任せてそうした方が、身心ともに結果的には良好をみるものだ。

秘密事を作る人。特に愛憎面では、そうした、あまり人に知られたくないことが生じやすい。不倫や道ならぬ恋に陥る可能性が大きい宿だ。色に耽溺（たんでき）しやすいのだが、これという人とはめぐり会えず、結婚に至るまではかなり回り道をするか、終生、独身で終わる人もある。酒にも注意すること。全く飲めない人は別だが、酒量はついつい増える。また、飲めばしくじりの多い方なので……。

ポーカーフェスでいて、よく人を観察している。悪人ではないのだが、人の虚をうかがって利を占めようとする癖がある。物質的には不足することはそうないかもしれないが、精神的にはストレスの多い人生となる可能性を秘めている。

［正午以降に生まれた人］ 親子の中に何かしらの軋轢（あつれき）が生じやすい暗示がある。必ずしも当人が悪いわけではないのだが、かなり我が道を通す姿勢の強い人だ。しかし、これがかえって災いのもととなることが多いので、注意しなくてはいけない。身内だけでなく、外でも人間関係に波乱がある。

一般に虚宿の人は、基本的には善人だ。そして人を割合、簡単に信用してしまう。自分ではかなり用心深い方だと思っているはずだが、欲心が絡むとたやすくだまされる。このため、努力が徒労に終わってしまったり、果ては裁判、訴訟に至ることもある。

虚宿は、「君王の寵愛を蒙り」と『宿曜経』にあるが、この後半生まれの人は、逆に上司などにいじめられることが少なくない。これは、反骨精神が旺盛で媚びるのが嫌いな潔癖な性格から出るものと思われる。重要なポストや人を指導する立場に立つことによっても、かえって苦渋をなめる。つまるところ、人間関係で苦労するのがこの宿の後半生まれの課題ということになりそうだ。

虚宿の人全体を通してそうなのだが、普段は真面目なのに何かの折にチョロッと悪心や狡さが出る。これは戒めてほしい。

【特殊命】　木曜日生まれは陵逼の命。弁舌巧みで学才がある。人の好き嫌いがハッキリしており、好きな人はアバタもエクボ、嫌いな人には近寄らない、何か大きな能力を持っている人には憧れる。

物質運はある方なので、生活自体に困るというまでには至らないと思うが、浮き沈みはかなりあるかもしれない。

▼相性

大吉	亢宿・参宿
吉	危宿・氐宿・壁宿×・張宿×・胃宿×・箕宿×
小吉	斗宿・柳宿・心宿・尾宿・婁宿・星宿
半凶	女宿・畢宿・軫宿・虚宿
凶	昴宿・翼宿・室宿・奎宿・井宿・角宿・觜宿
大凶	鬼宿×・房宿×

壁宿・張宿・胃宿・箕宿、付き合ううちに彼らのいいかげんさに、ついに爆発する時がくる。

▼日の吉凶

急用に用いるとする。また、学問を習うこと、城を築き、軍事を整えること、新衣を着し冠帯を厳飾する（冠帯を厳飾するとは進官や成人式の祝い事）、また借金を返したり、家畜を売る、商売全般によいとする。経中に「婆羅門に供養する吉日」とあり、この法の淵源が仏教起源とせず、それ以前のバラモン教にもとづくことを指す。求子の法、つまり子供ができるよう祈禱するにも吉日とされている。

危宿（きしゅく）　軽躁宿

この宿に生まるる人は、法として酒を嗜み、辛苦に耐え、心膽硬く、人と交を結ぶに、必ず久長ならず終始なし、又能く、事務を処分し、薬を解し、性、瞋多きに合す。

▼性格と基本命理

酒色に耽る命とされている。もちろん真面目な人も多いのだが、こうした要素は強く持っていると思った方がよいだろう。何かのきっかけで酒びたりになったりすることは否めないからだ。というのは「辛苦に耐え」とある通り、かなり苦労や辛難の多い生まれなので、このため、たびたび腸の煮えくりかえるような思いをする。これにより、ますます「心膽硬く」なるわけで、放っておくと一種の悪循環となる。それもこの宿の人は、どこかで自分くらい偉いものはないと思っているからである。

つまり、慢心のいたすところといえるだろう。これは、「事務を処分し」とあるように、この人にはかなりの事務処理能力など、優れたところがたくさんあるためだ。しかし、だからといってあまり増上慢になっては、「交を結ぶに、必ず久長ならず……」となってしまう。

つまりは、周りに誰もいなくなり、くだらないイエスマンばかりに囲まれ、自己満足に終始する羽目となる。「薬を解し」とあるように、医療には大変興味を持つ。

▼口伝

この宿の人は、何よりも温厚篤実（おんこうとくじつ）の人を佳命（かめい）とする。危宿でこういう人は、必ず修養が足りている。地位や名誉を得やすく、組織向きの人。独自の哲学や教養、技術を持ち、それがこの人の強い自信となっている。

交際は広く浅くで、必要以上に他人に接することは嫌いだが、常に人の尊敬を集めていたい願望があり、軽んじられると激怒する。いったん怒ると自分でも抑えが利かない。尊大無礼さにまかせれば、しまいには人に嫌われる。

多情で色情深く、ことに男性は女性について悩みを持つ。女性の場合は、男性ほどきつい性格とはならず、社会的にステイタスの高い人との縁がある。

美術、文化的なことに関心を示す。また、美食をしたり、高級感にあふれるものを強く志向する。大酒は自己破滅への道だ。それから、この宿は水難に遭いやすい命なので、水には十分注意してほしい。元来は力量のある星であり、智性もすぐれているので、世の中おたがいさまという考えさえあれば、かなり人生は良化するはず。交際はある程度、距離を置いた方が長続きする。

急に接近しては、しまいにトラブルとなって反発する、というパターンは避けること。

【特殊命】 金曜日生まれは陵逼命。人から尊敬を集めたり、名声を得ることに対しては強い執着、関心がある。家人に対して愛情深いというより、支配し、執着する。

ただし、人心をよく掌握しており、人を喜ばすことも上手。好色なため失敗することがあるので、この点強く戒めねばならない。

▼相性

大吉	氐宿・心宿×・柳宿×
吉	虚宿・参宿・亢宿
小吉	畢宿・壁宿・尾宿・婁宿・星宿・張宿・胃宿・箕宿・斗宿×
半凶	危宿・室宿・井宿・角宿・觜宿
凶	女宿・軫宿・房宿・鬼宿
大凶	奎宿×・昴宿×・翼宿×

心宿・柳宿は危宿の口先にはごまかされない。さすがの弁舌上手も矛盾点をつかれてタジタジとなる。

▼日の吉凶

治療・治病によい日。池を作り、麻を植え、商人の出入りにもよい。財を納めたり、造船、酒造りなどを吉とする。裁衣すると、毒に当たる羽目となるとされている。

また、財を出すことはよくない。

室宿（しっしゅく）　猛悪宿

この宿に生る人は、法として猛悪を決し、性、瞋を嗜み、劫奪を愛し、能く夜行するに怕れず、性、処するに軽躁、毒害にして慈悲なきに合す。

▼性格と基本命理

「猛悪を決し」とは理解に苦しむ言葉だが、つまりは決断力が強く、善にも悪にも強いことをいうものと思われる。気難しい性格であり、些細なことでも立腹して気分を悪くする。

「劫奪を愛」するとは只事ではないが、これは何も泥棒を働くというのではない。いわゆるお株を奪う人であり、人に音頭を取られるのは大嫌いで、自分のペースへ巻き返そうとすることをいう。もっとも古代においては、経文そのままに盗賊になった人もいただろうが、いずれにしても猛悪宿に属すので、凄まじいところがあるのは否定できない。

「夜行するに怕れず」というのは、この人に勇気があって腹のすわったところがあるのを表現するものだが、一方において夜遊びを好むことを暗示する場合もある。

軽躁宿的なところも持っているとされているので、割合あっさりしたところもあり、猛悪宿のしつこさの部分は少々薄められている。最初はあれだけ執着していたことも、駄目となるとサッと頭を切り替えることができる。

ただし、基本的にはやはり妥協性の少ない宿だ。

▼口伝

とかく人の噂や批判の材料となりやすい人だ。住居や職業にも変転が多く、ともすると波乱万丈の人生となりやすい傾向にある。性は剛直で頑固だが、公明正大にして一種古武士にも似た義直の人。

人の好き嫌いは大変ハッキリしていて、嫌いな人は何がどうしたからというより、生理的に受け入れない。要職にあると、大久保彦左衛門のようなご意見番として幅を利かすタイプ。難儀に遭ってもギリギリで切り抜けることができる徳分を持っている。

逆に、チャンスはよいところまでいって、失ってしまう。正義感は大変に強いのだが、親子仲は悪いというより、縁が薄くなる傾向にある。感情の激しい性格なので、部下に逃げられることがある。嫉妬や怨念は大変強く、忘れることはないが、諦めはよいので、形としては駄目なものは駄目と割り切れる知恵を持っている。女性は男性を克する命。

このため、後家になったり、再婚する人もいる。この星の人は「一将功成りて万骨枯る」（いっしょうこうなりてばんこつかる）といったところがあり、本人は強運だが、周囲は衰えてしまうことがある。これはこの宿の人のエネルギーが大であり、自然と周囲が克されてしまうからだろう。借財は嫌いだが、すれば増えやすいので極力やめておくべきだ。

【特殊命】 土曜日生まれの人は陵逼命。徐々に運を開くによく、一躍出世すると運を破る。神秘的な占術や祈禱、宗教などに縁深い人、学芸の才あって、ものを学ぶに上達の早い人である。

午後6時以降の生まれの人は魚宮の所割となるが、基本的にはあまり差異はない。

午後6時以前生まれの人の方が金運はよいようだが、午後6時以降の生まれの人は上位の引き立てという福分がある。

なお、女性は容姿が美しく、男性も見栄えがする。

▼相性

大吉	房宿・亢宿・参宿・尾宿×・婁宿×
吉	鬼宿・觜宿・柳宿・心宿
小吉	角宿・奎宿・昴宿・翼宿・女宿×・軫宿×
半凶	壁宿・危宿・井宿・氐宿
凶	虚宿・張宿・胃宿・箕宿・斗宿・室宿
大凶	星宿×・畢宿×

尾宿と婁宿は室宿から見れば八方美人の星。自分一人に注目してもらいたい室宿には頭にくる。

▼日の吉凶

剛猛のことをするのによいとされている。つまり、悪人を捕えたり、悪事を暴くなどのことによい。和合のことやおめでたいことには吉日とはいえない。今日でいえば、会社などで無能な人材を追放し、一新するのによいだろう。栽衣は水難を呼ぶとしている。葬儀は古伝で大凶とされる。

壁宿（へきじゅく）

安重宿

この宿に生るる人は、法として君王の恩寵を承け、性となり親密慳渋、男女の愛あり、天神を供養し、亦、布施を好めども多からず、典教を習うことに愛するに合す。

▼性格と基本命理

本人自体は必ずしもそうではないのだが、地位、力量ある人の愛顧を受けることができる。考えは知恵のある人。「男女の愛あり」は、別本では「男女饒く」とあり、そちらの方が正しいようで、子だくさんだ。これは必ずしも同一の異性との子供と限らない。また、再婚して相手の連れ子さんが増えることもある。思慮は深く知恵も勝れていて、一種の先見の明を持つ。

宗教縁はあるが、どちらかといえば理科学的な考え方が強く、必ずしも信仰深いとは限らない。学校が宗教系だったり、生家が寺や神社だったりすることもある。「布施を好」むので、人を喜ばすことは好きだが、これは自己満足レベルであり、必ずしも本当に親身になって人の世話を焼くというほどでもないことが多い。仕事に対しては非常に熱心で、常に仕事に就いての研究を怠らない。一見、真面目そうで、色情深いのが難点だ。

▼口伝

外剛内柔だが、対人技術は優れている。慈悲深く、基本的には博愛性のある宿。

目上、長上の引き立てがあるのが、この星の最大の武器だ。また、人の世話事や後を任されることもよくある。

しかし、誠意がないわけではないが、人の世話は尻切れトンボになりやすい傾向にある。しばしば分限にないことを夢想して、身にあまることを企てては窮地に立つ。策謀家なのだが、ついつい気が大きくなって大言壮語をしているうち、そういう気になってしまうので、注意すること。

しかし、基本的には世情によく通じ、着眼点もよく、現実的、理論的に物事を考える卓見の持ち主だ。先にも言ったが、色情に弱いのがこの人のウィークポイント、男性はことに注意を要する。気の強い女性を配偶者としやすい傾向にあり、家庭では小言の多い人だ。

女性は殺伐としており、色気の乏しい傾向があるが、経営の才があり、大胆で力量があり、男性のような甘いところはない。割り切り型だ。

［特殊命］　日曜日生まれは陵逼命。弁舌に長けており、内に慈善心厚く善良の人だが、生涯のライバルや仇敵を持つ暗示がある。ことをなすには剛直にして、細かいところにも手を抜かぬ丁寧（ていねい）さがある。気風さわやかだが、色難に注意すること。

壁宿の人は合理主義だが、信仰を持つことによって安定を見る。合理の世界と非合理の世界は二つで一つ。このことを念頭に置いて、理性的に信仰心を持つ時は福分が増長する。

なお、安重宿なので、ピンチに陥ってもよほどのことのない限りは、何とか打開できる福分を持っているが、気が大きくなってことをする時は大禍必死なので、厳重に注意すべきだ。

▼相性

大吉	柳宿・心宿・氐宿・張宿×・胃宿×・箕宿×
吉	参宿・亢宿・尾宿・婁宿・星宿
小吉	危宿・虚宿×
半凶	奎宿・室宿・井宿・畢宿・斗宿・壁宿
凶	女宿・軫宿・昴宿・翼宿・鬼宿・房宿
大凶	角宿×・觜宿×

手前味噌の辛い壁宿は、付き合ううちに張宿・胃宿・箕宿に対していいかげんな奴というイメージを持ってしまう。

▼日の吉凶

城造りのほか、婚礼やめでたいことに用いる。裁衣は得財の暗示。また延命、息災、増益のために祈禱をする時は成就するとしている。ただし、南に行くのはよくないとされている。

奎宿（けいしゅく）　和善宿

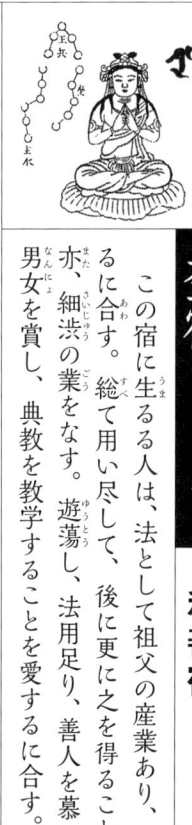

この宿に生る人は、法として祖父の産業あり、及び経営することありて銭財を得るに合す。総て用い尽して、後に更に之を得ることに合す。性、布施を好むと為し、亦、細渋の業をなす。遊蕩し、法用足り、善人を慕い、貴勝律義の事を作し、終始無く、男女を賞し、典教を教学することを愛するに合す。

▼性格と基本命理

中興の祖たる命にあって、過去世で行った仕事をもう一度したり、先祖の職を後任する任にあるとする。商売気もあるのだが、経済観念が一貫していないため、結局、損なのか得なのかわからないような商売になってしまう。回っていればよいというのなら、それでもよいのだが、「終始無」しで飽きやすく永続性がない。えてして生家は豊かであったり、いわゆる由緒ある家であることも多い。

宗教、教育、公益などに縁のある人、手先が器用なので、美術、工芸の才能がある。遊び好きで、仕事一辺倒の人ではない。本人としては怠ける気ではないだろうが、マイペースでないと動けない。これが往々にして怠けていると見られてしまう。しかし、力量を出す時は大きいものがあり、一息にことをなしとげる。気に入ると人助けもし、パトロン的な役割もするが、これも永続性がなく、途中で止めてしまうため、物議をかもすこともある。

「男女を賞し」とは、教育業に縁があることをいう。また自らも研究熱心で、自分の好きなことを仕事にすると、四六時中そのことを考えている。やや手前味噌の強い傾向がある。

▼口伝

スケールの大きいことが好きで、チマチマしたことが嫌いだが、そのためか、することなすこと大ざっぱとなる傾向があり、これは悪くするといい加減という評価を受けることになる。

剛健の質で行動力抜群だが、先にも述べた通り、自分のペースでないと動けない。自尊心は強く、尊大ですらある。人の師となる命だが、やや人を侮（あなど）り、下に見る癖がある。頑固で自分のやり方は絶対に変えない。また、この人とは議論はするだけ無駄ということの方が多いようだ。二足のわらじを履くのが好きで、何かしら副次的な仕事を持つ。

また、対抗意識の上から、無理とわかっていることを押し通そうとするところがある。

上位の人の引き立ては大変大きく、これがこの人の福分といえよう。根は庶民的で気取ったことを面倒がるが、一面、貴族的で洗練された側面がある。何をやるにも途中で投げ出さずにすることと、一貫性のある言動を大切にすることが大切。女性は奔放の命。

[特殊命] 月曜日生まれは陵逼の命。諸国遊行の命で、外回りの多い仕事に縁がある。営業職などがよいかもしれない。金運はよい方だが、女性は色難の暗示だ。また、何かしら秘密を抱える暗示。

金曜日生まれは羅刹日生まれとなる。勇敢だが、心の定まらぬところがある。言葉に責任を持たないと、後で責められる。世智に通じていて融通性があるが、善人に見えてなかなか駆け引き上手だ。

芸術的才があり、新規開拓者の命。若年中は孤立、流浪にて苦労する。女性は色情因縁あり、要注意。

▼相性

大吉	婁宿・尾宿・房宿・昴宿×・翼宿×
吉	鬼宿・氐宿・亢宿×・参宿×・柳宿・心宿
小吉	奎宿・室宿・觜宿
半凶	星宿・壁宿・角宿・女宿・軫宿
凶	井宿・張宿・胃宿・箕宿・虚宿・畢宿
大凶	斗宿×・危宿×

昴宿・翼宿の2宿とは共鳴できるが、双方で表面上の付き合いにした方が無難と感じやすい。一朝ことあって争えば、龍虎（りゅうこ）相打つ形。

▼日の吉凶

倉庫や家畜の小屋を作るのによいとする。酒造り、冠帯（成人式）、遠行の吉日とする。その他、薬を作り、バターを作ること、善事の成就を急ぐことに用いる。栽衣は宝物を得るとしている。また、衣類の着はじめにもよい日とする。民間の古伝では、葬を出すによからず、人の世話事や開店を忌むとする。

婁宿（ろうしゅく）　急速宿

この宿に生（うま）るる人は、法として技能多く、疾病少なく、好んで医方を解し、性として公務を勤め、志を稟（う）くること慎密なるに合（あわ）す。

▼性格と基本命理

技術系のトップ。しかも料理のようなものからコンピュータまで何でもこなす。体も丈夫であり、健康法を自分なりに持っていて、上手に体のバランスを取る。

「公務を勤め」とあり、組織向きの人間。考えていることで大切な部分は、あえて口にしない。「志を稟くること慎密」とは、そういう意味だ。

▼口伝

男性は雄弁にものを語るが、屁理屈の類か、講談ばなしのようなもので、必ずしも理論的でなく、感情に訴えるような説教調のものなので、感情論を除いての理づめの討論となると、必ずしも得手ではない。

また、あまり喋りまくる人はこの宿では逆に不誠実な人物であり、無口な人の方が人物としては信用に足るといえよう。「もの言えば唇寒し秋の空」だ。しかし、おおむね剛宿で屁理屈でも押し通す。このへんに大器の人物とはなりくい弱さがある。

食物に縁が深いのは羊宮の所割である由縁だが、男性でも器用に料理を作るし、また味にはうるさい人物だ。遊び好きで芸術性もある。決断力のよい方ではあるが、物事の後先をあまり考えずに行動し、ときとして大きくしくじる。

羊宮は本能的な官位なので、妻宿も食欲、性欲、睡眠欲を主導とした行動パターンを取る。ことに色には弱いので、この点も注意しないとしくじる。

一方、人物にほれ込むと、その人にズーッとついていき、腹心のような重要な役どころをする。したがって、独立するよりは、これはと思う人についていき、出世を果たした方が得策といえるだろう。親族とはあまり縁がないし、縁があればあるで、もめごとが絶えない。また、無用の他人との付き合いもしない。

ただし、飲んだり食べたりは好きなので、その時ばかりは例外となる。

中堅どころとなるような人望はある。いわば、小グループのリーダーといったところだ。ただ、よくないのは、多少自信ができるとわがままで、人の忠告は頭から聞かないし、ことにおいて侮りを生じて大失敗する恐れがある。火災に遭う暗示もあるので、火の元には十分注意すべき。

女性は果断の人だが、愛想はない。男性に比べるとお喋りではないが、もっと剛直だ。上司と喧嘩をしても一歩も引かない。またその結果が悪く出ても反省の少ない性分だ。

【特殊命】　火曜日生まれは陵逼に当たる。一種、偏屈な人物で何かと難儀が多く、事故や不時の災いに注意しなくてはならない。住所、職業も安定を欠く傾向にある。ただし、まれに苦労を経て修養のできた人は、一代の財を築き、衆多の尊敬を集めることもある。人生の苦労を肥やしとするか否かで、運は二分されると考えてほしい。

▼相性

大吉	奎宿・女宿×・軫宿×
吉	心宿・柳宿・壁宿・鬼宿・斗宿・室宿×
小吉	角宿・危宿・氐宿×・尾宿
半凶	張宿・胃宿・箕宿・虚宿・亢宿・参宿・婁宿
凶	房宿・昴宿・翼宿・觜宿・星宿
大凶	畢宿×・井宿×

女宿・軫宿は理詰めで物事を押し進めて来るのに対し、畢宿は情をもってしたい星、噛み合わなくなってくる。

▼日の吉凶

急ぎのことをなすのによいとする。家畜を買い、医薬の調合にも吉とする。裁衣は衣類を多く入手することとなると説く。民間の古伝では、柱立て、婚礼によく、交渉事は急いで吉とする。

胃宿（いしゅく）　猛悪宿

この宿に生(う)まるる人は、法として膽硬悪(たんこうあく)にして性靈(しょうりょう)、酒に耽り、肉を嗜(たしな)み、駆策と劫(ごう)奪(だつ)と彊暴(きょうぼう)とを愛し、恚を稟(う)くること軽躁、怨敵足り男女(なんにょ)多く僕従(ぼくじゅう)多きに合(あわ)す。

▼性格と基本命理

善良の宿とはされていない。ここに書かれていることをそのままいうと、悪辣(あくらつ)で酒肉をむさぼり、人を陥れ、財を掠(かす)め取り、暴力を好み、軽々しい性分で多くの仇(あだ)を持つが、部下は多いという意味になる。民間の古伝では、これに加えて、人の世話になることを嫌い、子供は多く、愚者と智者の差がはなはだしく、一見、賢く見える者は愚人の類であるとしている。

胃宿の人はまさに踏んだり蹴ったりだが、そんな悪人ばかりの宿でないことは言うまでもない。ただし、やはり本能の宮、羊宮に属しているため、かなり欲望主導型の人物となる傾向はある。判断に当たっては口伝の方を重要視すること。

▼口伝

年齢の大きく隔たった人と結婚したり、再婚を繰り返したりする。家庭内に和悦(わえつ)が少なく、愛情面は波乱含み。これは前世の悪因縁によるものとされている。女性は柔和で優しい人が多いのだが、それでも夫に恵まれず、性格の激しい人と結婚して苦労する傾向にある。

男性は実力あってワンマンであり、人と相談するのは好きではない。それでいて着実に目的を遂げる。こんなところが怖がられて、胃宿のイメージをより悪いものにしているのかもしれない。佳命の人は重厚にして無言の圧力がある。口を開けば説得力があるが、無用のお喋りはしない。

これに対し、劣悪の命の人はお喋りで軽々しく、身にすぎたことを企てて失敗する。理屈はかなり言う方だが、人を言い負かしても納得はさせられない。それでは本当に勝ったことにはならないのだが、それがわからないところが智に似て愚であるとされる所以だろう。「能ある鷹は爪を隠す」ということをよく知らねばならない。

強暴とはいわないが、思いつめるとかなり凄まじいことをする。人に対して残酷というより自虐的なところがある、遠慮なくものを言う方なので、真に理解してくれる旧知の人以外からは煙たがられることとなる。自分は自分で正直に生きているというのが、この人の持論かもしれないが、しまいには自分の居場所がなくなることを考えた方がいいだろう。胃宿と張宿は共に自分勝手の星のナンバーワンだが、『宿曜経』では宗教縁があり、僧となるによいとしている。僧になるまでしなくても、信仰心を持って慈悲深く公明正大な心を養うことは、この宿の欠点を大きく修正してくれることと思う。

【特殊命】 日曜日生まれは羅刹日に当たる。本来、土壇場に強く度胸が据わった宿星なので大将になる要素を持ち合わせている。しかし、智力が不足し、実力が不足すると、ただの無謀無理となって自滅する。日ごろから信頼のできる人をおいて、よく相談することだ。

水曜日生まれの人は陵逼命。徒党をなしたり、集団作りを志すが、付和雷同、烏合の衆の類となりやすい。剛毅(ごうき)の人だが、気が変わりやすく、一貫性を欠く。本来は勤勉篤実(きんべんとくじつ)で研究家だが、オリジナリティに不足しているので、頭角を現すことはやや難しいというべきだろう。

▼相性

大吉	翼宿・昴宿・星宿・虚宿×・觜宿×
吉	畢宿・房宿×・壁宿×
小吉	危宿・井宿・張宿・箕宿
半凶	斗宿・尾宿・婁宿
凶	柳宿・奎宿・心宿・女宿・軫宿・亢宿・参宿・氐宿・室宿・胃宿
大凶	角宿×・鬼宿×

付き合えば、虚宿・觜宿は胃宿の強烈さに辟易しやすい。こんな人間と付き合って何かあってはいけないと遠巻きにするようになる。

▼日の吉凶

公事、王侯の善事、逆賊の討伐、反逆者を鎮圧し、凶なるものを伏滅(ふくめつ)するによしとする。裁衣は財を損じる。民間の古伝では、万事に用いず、家を建てれば火災を出し、葬をなせば死人を重ねるとして忌む。

七曜の星情と命理

――生まれた曜日から読み解く7種の運勢

宿曜という言葉通り、密教占星術で最も大切なのは、二十七宿、そして七曜だ。七曜は占星盤にはセットしないが、宿命の上ではかなりのウエイトを占めている。

七曜は新暦のカレンダー通りだ。つまり曜については、新暦であろうと、旧暦であろうと変わることはない。巻末の表に隔月の新暦1日の曜を出してある。8日、15日、22日も同様の曜日となるので、近いところから取って自分が生まれた曜日を算出してほしい。『宿曜経』には、七曜の性格が述べられているが、簡単だが的を射ている。だいたいにおいて日・木を吉、月を次吉、水と金を半吉、土と火を凶としている。

それでは、生まれた七曜日別の性格と基本命理をいかに記していくことにしよう。

なお、『宿曜経』には七曜星の日の吉凶が述べられている。今日では社会は曜日単位で動いているので、何曜に何をしたらいいからといって、現代社会のサイクルに逆らうことはあまり考えられないので、実用的ではないが、参考までに付記しておいた。

日曜（にちよう）

▼性格と基本命理

正直だが、単純、融通性に欠ける。長男、長女の生まれが多いとされ、器量の善い人が多く、美男、美女の部類、善人の多い星だが、悪に傾く時はかえって大悪人となる。

家督を継ぐ任にあり、他家へ養子に行ったりすると大変苦しい目に遭うとされている、財運は悪くないが、財よりも義を重んじる人（そうでない人は象意が崩れているので、悪命を知るべき）。

もともと楽しいことや集団で楽しむことが好きな明朗な好人物なのだが、やや尊大、傲慢（ごうまん）であり、これが崩れるとわがまま、偏屈となる。佳命の人は、寛容で勇敢、栄誉を受ける命とする。女性は力量あるも、人に従うことを嫌って、嫁ぎ損なう人もある。

健康は、骨の変形、心臓・眼・視力・頭部の損傷・炎症反応が出やすいので、その点に注意が必要となる。

職業は統率性、陽性、創造性、独立性のあるものをよしとし、変化を楽しむ傾向がある。会社にあっては総務・営業・人事関係、あるいは医師、薬剤師、宝飾・貴金属・コンピュータ・電化製品・化学関係など、その他変わったところでは、マスコミ・政治関係などもよいだろう。仲間を大切にするので、その集団がよければだいたいどんな仕事にでもなじめる。

逆に、周囲からやや孤立感があると、好きな仕事にも馴染（なじ）めず苦しむし、生き甲斐（がい）を失ったようにもなってしまう。

▼日の吉凶

命令を発する、官位や役職を定める、占術や武芸の修得、遠行、祈禱、合薬（薬の調合）、入学、収蔵などを吉とする。慈善のことは徳を作る。

契約、争い事、房事、先制攻撃はよくないとされている。

月曜（げつよう）

▼性格と基本命理

智謀に富んでおり、相応の福分があるが、月の満ち欠けに似て万事変化が激しく、金銭も獲（え）たかと思えば失い、失ったかと思えば獲るというふう。能弁で計略や策謀を好んで用いる傾向がある。しかし、必ずしも腹黒い人ではなく、むしろ善良な人であるとされる。

風流風雅を好むが、色情のために大きな恥辱を受ける傾向があるので、この点を注意すること。再婚縁の人が少なくないようだ。女性には善曜とするが、男性はことに色情や押しの弱さを忌む。

健康は腫物、気管支・肺・血液・粘膜・泌尿器の傷病、性病、視力障害、ノイローゼなどに注意しないと慢性化する。病を得ると病状は変化が多く、冷えを忌む。

職業は手先の器用さを活かせる細工、工作、家具、衣料品、コンピュータ、食品、園芸、商業一般、工場の経営、水産業、船舶、衣食住関係など、日常一般的なものや通俗的なもの、美容師、観光業、雑誌記者などをよしとする。あまり気取ったものや高級品を扱う専門職などは向かない。

庶民的なもの、水に関わるものを吉とする。

▼日の吉凶

日曜と同じく善事を行うのによいようだ。また、裁衣、家具作り、インテリアを整える、新しい衣を着る。売買、溝作り、井戸、かまどの修繕に吉。

私用での外出、交友、恋愛や婚礼にはよくない。殺生や陣立てもいけない。この日に逃亡した人は、捕まえにくいとされている。

火曜（かよう）

▼性格と基本命理

気性が激しく、善にも悪にも強い人で、反骨精神が強い。性急で待つことを嫌う。

早呑み込みで人の話を半分も聞かないでわかった気になり、しばしば失敗するが、それだけに勘の鋭い人だ。ただし、軽率さがある。弁舌は力強く、相手を撃破して納得せしめる。この点、柔を持って剛を制する月曜の弁舌力とは異なる。ただし、お喋りで余計なことを口にする性分。基本的には、人に使われるには不向きの性分だ。ことに女性はよくないとされている。和を持って貴しとせねばいけない。

健康は、体に熱がこもりやすい体質であり、急性の症状を呈する。耳鼻咽喉の病・炎症・肝臓・心臓の病、神経痛、外傷、筋のひきつり、怒りからくる精神不安、不眠症、ノイローゼなどになると、慢性化しやすい傾向にある。

職業は、薬剤師、外科医、歯医者、警官、ガードマン、自衛官、金属加工・工業機械・工芸・保安業務関係、大工、運送業、雑誌新聞などの記者、理容師、変わったところでは、スポーツ選手、陶芸家、探偵業など、会社では営業、外交など、力量のいるものや、建造もしくは破壊するもの、火を使うものを吉とする。また、この曜日生まれは火災に遭いやすいとされる。火には十分注意すること。

▼日の吉凶

罪を処断する、家畜を買う、出兵、兵法上の軍旗の使い方を教える。怨敵を討伐するに吉とする。合薬、婚礼、財を出すによくない。この日に病にかかれば重く、ついには死すこともあるとする。また、借金を取り立てても取れず、罪を犯して捕まった人は刑が重くなりやすいとする。

水曜（すいよう）

▼性格と基本命理

小さい病を常に持つ人が多いという。用心深く心底を明かさない、したがって、対外的に言うことがその場しのぎで、一貫性を欠く怖れがある。能弁ではないが、うがったことやポイントをついたもの言いをする。

絵画力もしくは文章力があり、芸術を好む。器用で頭の回転は速い人だが、調子のいいところがある。また、親に対して顧みない傾向があるとされる。遊ぶことが好きで、怠けものとはいわないが、仕事が生き甲斐などというタイプではない。また、内面が悪く、外面のよい人。

健康は口内炎、呼吸器・腎臓系・泌尿器系の病、冷えからくる病全般にかかりやすく、お酒好きの曜日といわれる。ことに、深酒は体に障るので、ほどほどにしないと万病を発する。また、神経症やノイローゼにもなりやすいとする。

職業は、商業一般、営業職、販売業務、経理・秘書業務、福祉関係、看護師、弁護士、法律事務所や会計事務所への勤務、マネージャー、講演業、ジャーナリスト、音楽関係、マスコミ一般、文筆業、航空関係、出版業など、言語表現、説得、コミュニケーション、観察力、批評、評論の才などを活かした仕事がよいとする。

▼日の吉凶

入学、師を定める、技能の修得、金銭の賃借、遠方への外出、怨敵の討伐によいとする。増改築や先んじての出兵、敵との交渉によくない。また、この遺失物を得ることと、逃亡者を捕えることができる。

木曜（もくよう）

▼性格と基本命理

栄達の星とされていて、人材を育成する才に恵まれているという。また、いわゆる由緒ある家柄に連なる人が多いとされている。目上の引き立てがあり、行いも潔く、嘘や人を欺いたり、約束を破るなどのことがなく、よくその任を果たし、信用と社会性に配慮する人だ。また、人の言うことの真実とそうでないことをよく看破（かんぱ）して、学問、語学などに長じて学才が大いに上がる人である。万事にソツがなく、宿曜占法では大ざっぱには佳命としている。

この曜日生まれの人は、家運を再興する命と力量があるとする。ただし、虚栄心や贅沢に身をやつす時は吉意が消失する。

健康は、卒中、肋膜（ろくまく）炎、糖尿、腎不全、肥満、肝臓病、腰の痛み、痔疾、腫物などが慢性化しやすく、注意を要する。

職業は、教育業、学者、研究者、図書館や博物館の司書、専門図書の出版業、宗教者、貿易業、劇作家、演劇関係、脚本家、水商売、占術師、芸術家、デザイナー、インテリア関係、レイアウト一般、広告宣伝などのデザインといった、感覚的センスや内面的個性を活用するものがよいだろう。

▼日の吉凶

命令を出す、学問、聞法（仏法を聴聞すること）、婚礼、祝い事、交友、新しい家へ入る、動物の調教、果木を植えるなどによく、諸々の悪事をなせば大凶となって我が身に降りかかると戒めている。

金曜（きんよう）

▼性格と基本命理

少病ではあるが、長寿ではないとされている。聡明で礼儀を重んじ、対人技術は洗練されている。上下関係を大切にし、理想化で物事の要点を把握し、理解することが得意だ。

また、清潔を好み、恩に厚い人だが、やや憂鬱（ゆううつ）性になりやすい傾向にある。

反面、星の吉意が失われると、怠惰で贅沢に走り、美食、好色で身を損なう傾向にある。本来の金銭運も無駄遣いのためについえてしまう。買い物をして心の隙間を埋めるなどの悪癖があれば、断じて止めねばならない。

健康は、皮膚の病、喉の炎症、胃腸障害、眼疾、泌尿器の疾患、性病などになると慢性化するので、注意しなくてはならない。

また、基本的に鬱性なので、ノイローゼなどにも注意する。表向きニコニコしていても、内心相当ダメージになっていることが少なくない。

職業は、絵画・音楽・デザイン・装身具・ファッション関係、美容師、スタイリスト、水商売、ホスト、ホステス、調理師、不動産、金融・銀行業務、弁護士、娯楽業一般、コンサルタント、一風変わったもの、例えば占術家、趣味の店など、珍しい物・変わった物を扱う店の経営やそれに類する仕事。学問、芸術性はあっても、木曜星がアカデミックなのとは対照的に、金曜星の場合は在野性、庶民性が強い傾向にある。

▼日の吉凶

上位の人に会う、即位や成人式、養子に入ること、婚礼、会食や宮中へ御殿女中として上がるなどによいとする。狩猟や戦闘は不吉。この日に逃亡した者は捕えがたしとする。

土曜（どよう）

▼性格と基本命理

頑固で友情に厚く、旅行や娯楽を愛する。現実的、数理的な頭脳の持ち主、技術や教養を一種の財産とみなす考え方をもっている。気は剛(つよ)く福分あって、忍耐力に勝れ、ことをなすに計画性を持って着々と進める。必ずしも親不孝ではないが、親との縁は薄く、故郷を離れたりする傾向にある。運は波乱含みで、安定性に欠ける。

健康は、丈夫な割には長寿ならずと説かれている。リュウマチ、肺疾患、骨・手足の傷病、風邪より起こる諸病、喘息(ぜんそく)、禿頭症(とくとうしょう)、便秘などが慢性化しやすい傾向にある。

この曜日生まれの人は、いわゆる方位の災いの出にくい生まれとされており、一般に悪運の強い命だ。

職業は、家屋の賃貸業、解体修理業、土木・建築・建材・資材業、不動産関係、毛織物や皮革工芸品関係、発明家、陶芸関係、倉庫などの保管業、神官、僧侶、教員、カメラマン、出版業務、忍耐のいる仕事、力仕事、研究、開発などの技術や工夫を要するものなどがよく、経理、事務などには不向き。

▼日の吉凶

不動産の売買、家畜の売買、合薬や怨敵の征伐(せいばつ)、野焼き、寺院の建立に吉とする。結婚や成人式、即位にはよくない。

日の吉凶については、今日ではあまり関係のないものもあるが、一応経典に沿って述べておいた。
なお、測局法（世の中の禍福を見る方法）として、旧暦5月5日が何の曜日に当たるかを見る方法があるので、これも参考までに述べておこう。
伝説では、日蓮上人はこの法によって蒙古の襲来を予言したという。

旧暦5月5日が日曜日だと、農作物はよくできる。地震や日月蝕（しょく）がその日起これば作物はできない。

旧暦5月5日が月曜日だと、国中に病が多く、秋には寒く、霜の害がある。地震や日月蝕があれば病はもっと広がる。

旧暦5月5日が火曜日だと、争乱多く、地震や日月蝕があれば、兵馬を損なう（戦争で被害の大きいことをいう）。

旧暦5月5日が水曜日だと、水害がある。地震や日月蝕があれば、作物ができず、瘴気（しょうき）を受けての病が流行する（瘴は気候の不調をいう）。

旧暦5月5日が木曜日だと、作物はよくできる。しかし、地震や日月蝕があれば、貴婦人や王室の女性に死人が出る。

旧暦5月5日が金曜日だと、驚き事の多い一年となる。地震や日月蝕があれば、動物が多く死亡するような異変がある（自然破壊なども含めてよいだろう）。

旧暦5月5日が土曜日だと、土木工事などが盛んになる。地震や日月蝕があれば、民心不安のことが起こる。

❖

なお、一言すれば、今日ではわれわれの世の中は地球規模であり、毎年どこかで戦争や自然災害があるのは当然となってしまった。こういう時代では、このような方法では真の予言はできないといえよう。

【特別伝授】 七曜術

本命曜の相性

本命曜とは生まれた日の曜日である。お互いの本命曜で相性を見る。

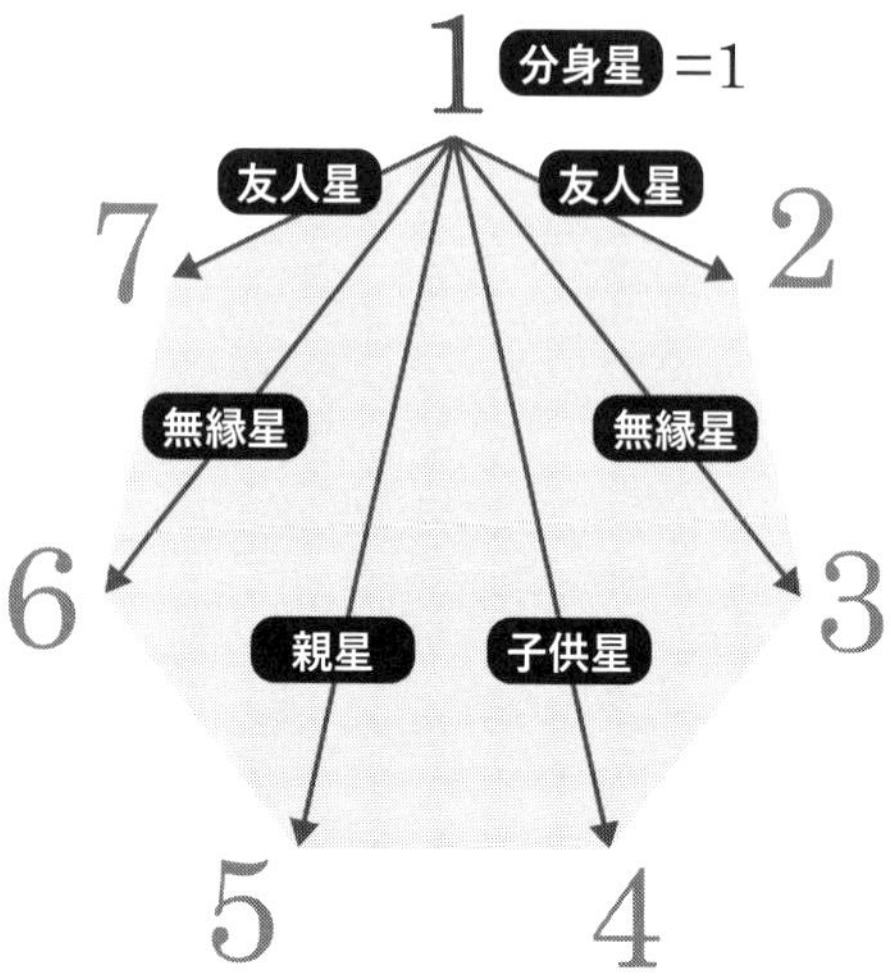

本命曜の相性【基本の図】

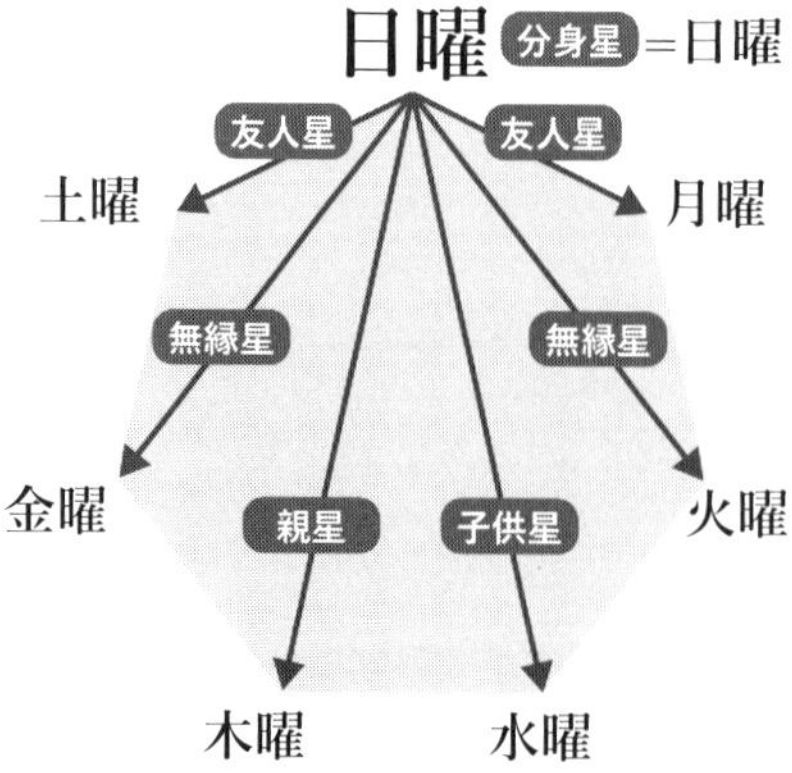

【日曜の場合】

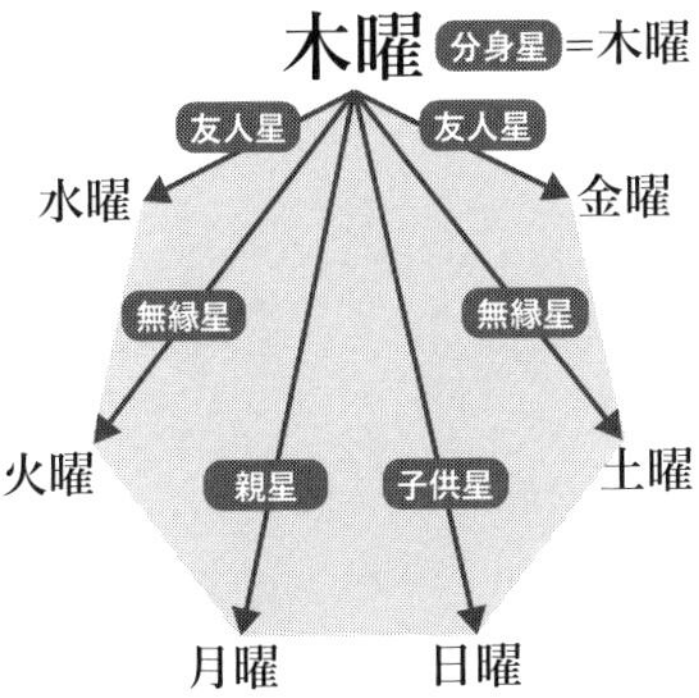

【木曜の場合】

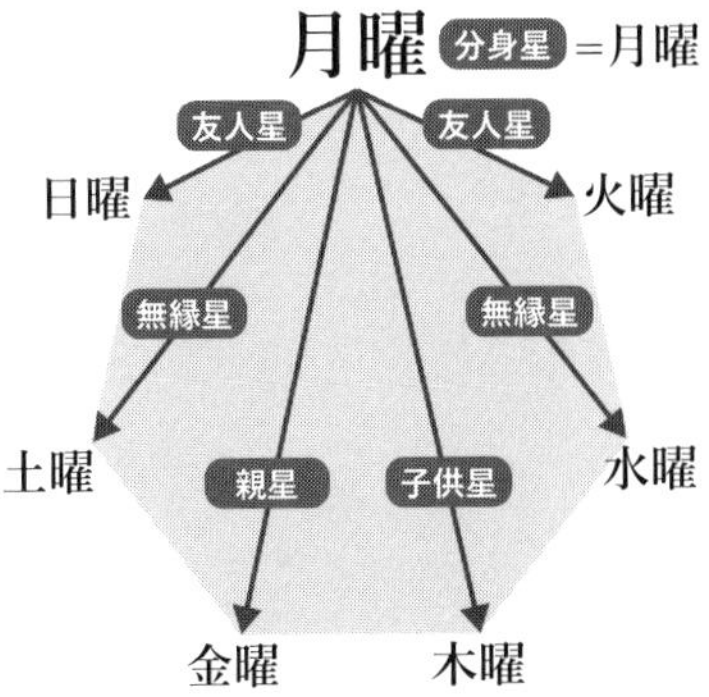

【月曜の場合】

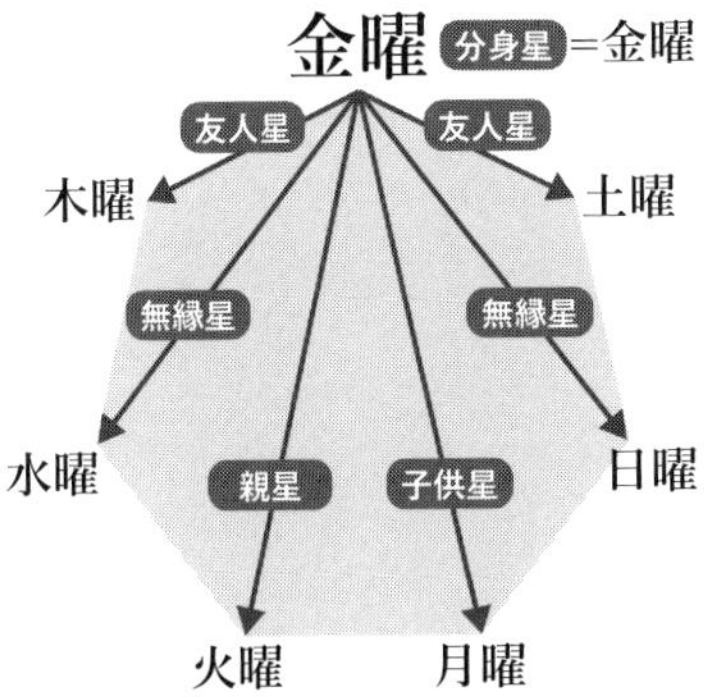

【金曜の場合】

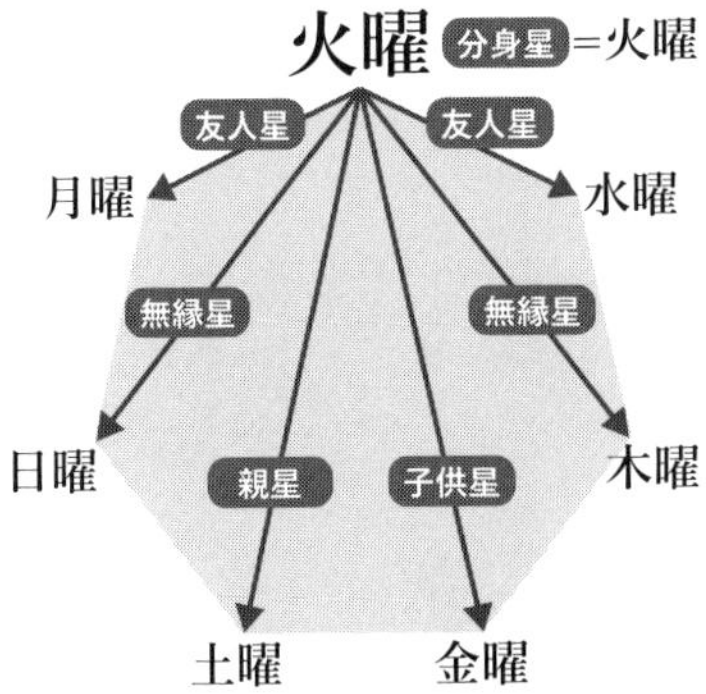

【火曜の場合】

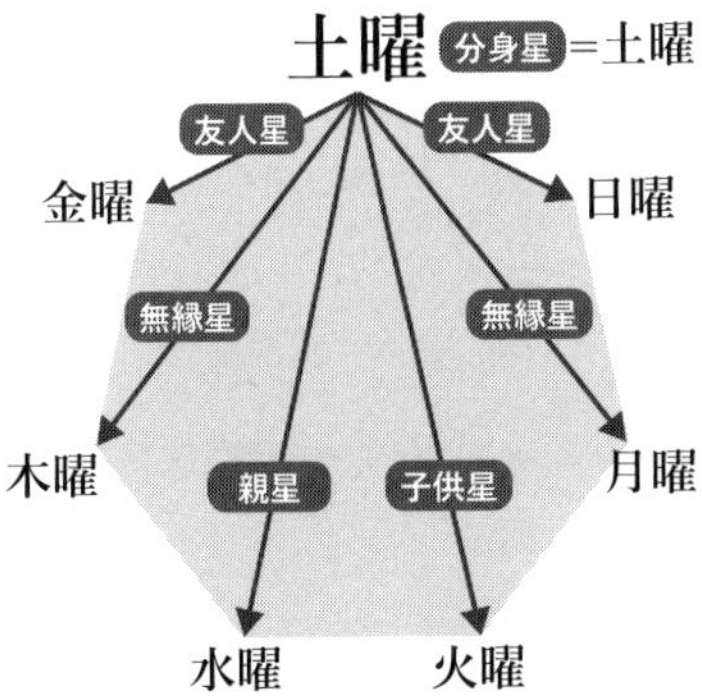

【土曜の場合】

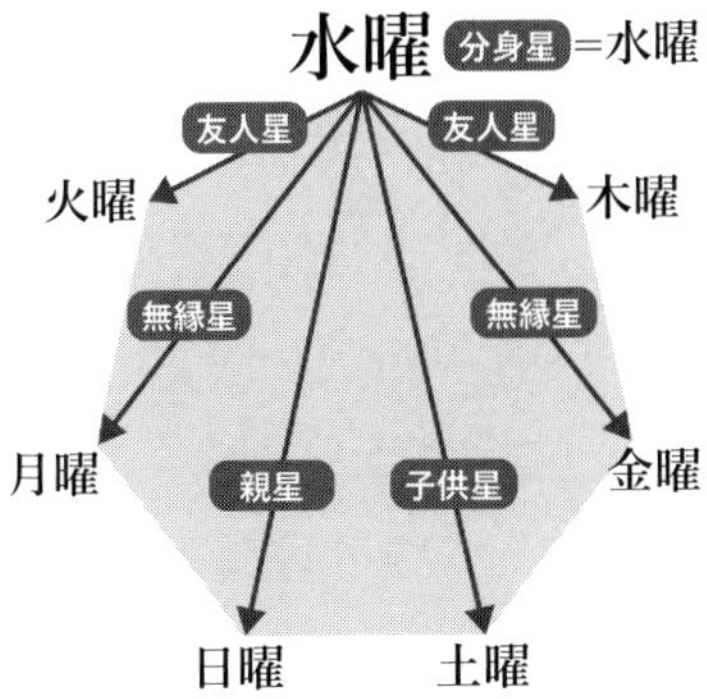

【水曜の場合】

本命曜1から見て隣の2と7の曜日生まれは気が合う。相通じる興味や感性、考えの持ち主である「友人星」。

1から見て3と6は相反する興味と感性、考えの持ち主で「無縁星」。

1から見て4は面倒を見なくてはならないことの多い「子供星」。

5は逆に自分の面倒を見てくれる「親星」。

1同士は同じ興味と感性、考えを持つ「分身星」。

これらは、親星と子供星がお互いの立場が正反対である以外は、皆同じである。つまり、こちらから見て1の分身星、2と7の友人星、3と6の無縁星の関係は、向こうから見ても同様のものである。

例えば、日曜から見て金曜は無縁星であるが、金曜から見ても日曜は無縁星である。この関係は変わらない。

しかし、4と5は相対関係であって違ってくる。日曜から見た4の水曜は子供星であるが、水曜から見た日曜は親星であり、相対的に役割を異にする。5の木曜の日曜から見れば親星だが、木曜から見た日曜は子供星である。

二十七宿の三・九における相性は多分に宿命的なものであり、仲の良い悪いとは単純に直結しないものがある。

厳密にいえば、三・九は運の相性であって、人の相性ではない。

例えば、自分の周囲を見回せば、あなたにとって大事な人物や重要な人物はだいたいが安宿と壊宿の関係であることが多い。これらはむしろ仲が良いことも多いのであるが、安宿と壊宿で意気投合して二人で商売などすれば危ういのである。結婚なども同様で、もし結婚すれば家庭生活はよろしくない傾向となる。つまり、これらはある程度の距離を置いてこそうまくいく関係なのである。

壊宿だからといって退けることは何もないのだが、ある程度の距離を保つのは大事である。

これに対して曜の関係は、単純に相性といえるものである。同じ命宿の間柄はだいたいにおいてよろしくないが、同じ本命曜の場合であればうまくいく。同じ曜日の間では話はスムーズに進み、会話に困ることはない。

友人星も興味分野が被るのでそうなる。

無縁星や親子星は話せば話すほど、興味の範囲も違ってくる。親子星というといかにも仲の良いようなイメージだが、ここには親と子の考え方の違いのような意味も含まれていて、表面は同調するようでも具体的なあり方はまるで違ってくるのである。

エネルギーは一方的に親から子に流れる傾向にある。ただし、親星の側はそれをあまり苦と感じない。

曜日関係は三・九関係に多くのバリエーションをもたらすものである。特に、業宿の次から胎宿に至る間の二・九に当たる人たちとの関係は盤上の距離が遠く、したがって接触が時間的、そして距離的に開いてしまう傾向がある。もちろん、向こうから見てもほぼ対面の関係で同じである。

ただし、この場合、本命曜が同じであったり、あるいは友人星であればその傾向は軽減される。

特に、正反対に位置する二・九の危と成は一時的に強烈に引き合うが、最後には別れていく宿命にある。大恋愛の末、別れるというような例である。ただし、いったん別れれば、だいたい、もう二度と接触はない。いわゆる「復活愛」などはほぼ望めないということになる。

ただしこの場合、曜日が同じだと異性と同性を問わず、大変緊密で堅固な仲となるのである。

また、距離が近い星であっても曜日のそりが合わないと、あまり密接な関係は構築できない。例えば、すぐ隣の一・九の栄や三・九の親であっても、曜日関係が無縁星ならばそうなる。

もちろん、その場合であっても栄と親の持つ吉作用は同じであって、悪くはならない。ただ親密な関係ができにくいのである。

この点、安と壊の関係も同じであって、曜日関係が同一の分身星であったり、親子星だと作用が吉に転じるわけではなく、むしろ関係が密接化するためにそのダメージが格段に大きくなる。特に親星と子供星の関係で安と壊だと腐れ縁のようなものである。難があり、良くない関係であるが、離れがたいことになる。特に相手が子供星でかつ壊宿であれば、この傾向は最大となる。ただし、安宿と壊宿でも相性の表のところで吉と大吉に当たる（壊宿×）は、この作用は大分、軽減されると思ってよいだろう。

曜日と択日

曜日は一週間で社会がローテーションを組んでいるため、あまり選択の余地がないというのが実際だろう。ことにサラリーマンではそうだが、案外、活用してみると面白いものがある。

まず、本命の自分の曜日は吉日と考えてよい。友人星は平日。無縁星は小凶日。親星は大吉日。子供星は凶日である。

これも三・九の関係で見れば、壊宿の子供星が一番悪いことになる。子供星は最もエネルギーを消費する日である。

親星は逆にエネルギーが流れ込んでくる。しかし、壊宿がつけば基本的にそれは横発（間違った僥倖）

であり、その日一日だけ良いが、後悔に結びついたりする可能性がないとも限らない。福が変じて災いになることがあるので油断できないのである。

ただし、壊宿がつかねば親星は最も良い。危と衰の子供星日はこれに準ずる。良い方でいうなら栄と親の親星日が一番良い。誰かをお祝いしたり、思いっきりサービスしたいのなら子供星でもよい。これらは曜宿の関係で不遂日や通達日などというものよりさらに優先して考えてほしい。

例えば、金曜の壊宿はその凶意を転じるというが、金曜が自分にとっていかなる星かで、そこには自ずから差異があるということである。

十二宮の星情と命理 ―― 本命宮と主宮を知る

十二宮はいわば生まれ月の役割をするわけだが、宿とも対応しているので、十二宮自体の内容について熟知しておかないと、宿の判断も浅くなりがちだ。

例えば、占星盤を見ればわかると思うが、女宿（じょしゅく）は摩羯宮（まかつきゅう）の所割なので、摩羯の持つ性質を帯びている。もちろん、女宿の人であっても生月によって本命宮はいろいろと異なるわけだが、それでもどの宮に生まれ月があろうとも、摩羯宮からくる影響は残る。つまり本命宮のある十二宮も大切なのだ。この場合は本命宮といわず、「主宮」という。同じ宿でも主宮によって判断は異なる。

主宮は自分の本命宿のある十二宮だから、探すのは極めて簡単だ。二つの宮にまたがっている場合は、生まれた時間によって取ってほしい。例えば、虚宿は摩羯と瓶の二宮にまたがっている。この場合、生時が午前なら摩羯宮が主宮、午後から瓶宮が主宮だ。生まれた時間が不明なら逆に、十二宮の要素を見て判断してほしい。

先に述べたが、1宿は四足より成立している。足というのは日の単位である宿を4分の1にした単位で、したがって、時間に直すと1足6時間ということになる。そのため、十二宮の切れ目は、午前6時、正午、午後6時、午前0時の四通りがある。宿曜占法では、一日の始まりは午前0時で、子の刻である午後11時ではない。この点、九星術や四柱推命など、陰陽道系の占法を学んできた人は、これは別の術として区別をしないといけない。

同様に、一年の始まりは節分ではなく旧暦の1月1日、宮の始まりは月の16日、曜の始まりも宿同様に午前0時ということになっているので、この点をよくよく認識してほしい。

なお、以下に述べる星情などについては、生まれ月の十二宮（本命宮）のことと考えてほしい。また文中、上分・中分・下分に命を分けているが、これは人生の安定性のあるものを上分とし、不安定なものを下とし、中程度のものを中分としている。これについてはまた後で補足する。

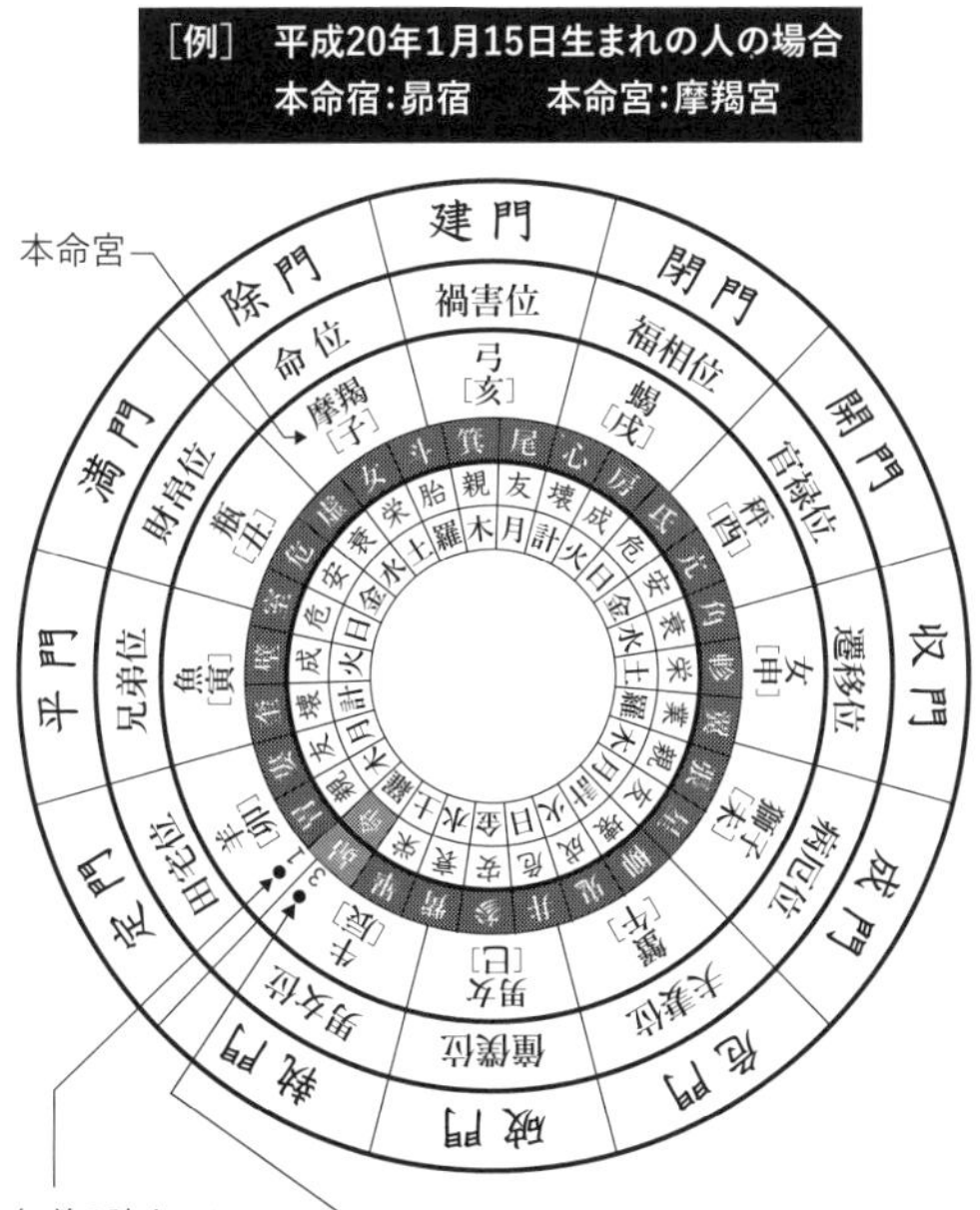

図５　主宮と本命宮

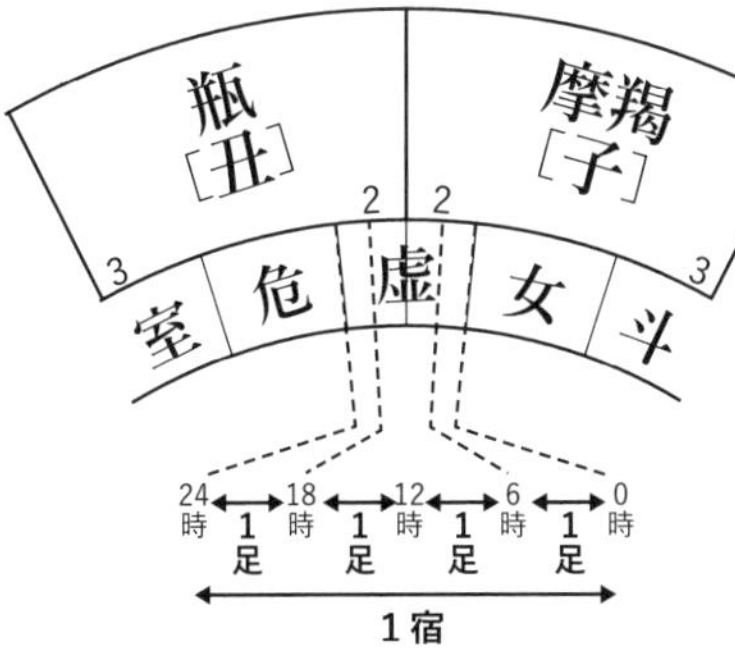

図６　本命宮と主宮の関係

魚宮（ぎょきゅう）

▼旧暦1月16日より2月15日までに出生した者は、魚宮を本命宮と定める。

正直にして邪を嫌う性分なので、不正なことはしない。公明正大で気品がある。また、口を開けば説得力があり、才智に勝れている。凶に遭っても自然に解決せしめる徳分があり、時がこの宮の味方であるといえよう。逆に飛躍的にポンと出世することはあまりないが、古伝では魚がだんだんと大きくなるように、間違いなく出世するとされている。魚は水族なので、海や河、湖の近くに住むと運が上昇する。芸術、学問、教育の分野に縁がある。宗教者、官職などもよく、一般的には、魚は群泳するころから、組織向きの人間と考える。

命は中分以上とする。つまり、まあまあ運も恵まれているということだ。ただし、焦りや方針変更は不利。

病は肺を患い、それにより諸病を併発することがあるので注意がいる。突発的に人から裏切られたり、自分とは全くタイプの異なる子供を持ち、教育上での悩みを持ちやすい命だ。

羊宮（ようきゅう）

▼旧暦2月16日より3月15日までに出生した者は、羊宮を本命宮と定める。

福分多く、病は少ないとされている。この宮は享楽的、本能的な宮とされている。ゆえに食道楽や色を好む人が多いといえよう。また、異性によくモテて人気者。年少のうちは金に縁がない。中年以降に上昇する。しかし、元来無駄遣いをする方なので、その点は慎まねばならない。片親で育ちやすいという宿命を持っている。勇気、決断に富むが、いささか前後へ考えが及ばぬところがある。

あまり大業を志すよりは、一般サラリーマン、サービス業や飲食店業などがよい。羊も群れる動物なので社会性がしっかりしている。目上の人にもよく可愛いがられ、明朗なる人を佳命とする。

病はノイローゼやストレスに弱いので、その点をよく注意することが必要。やや浮気性なので家庭を壊さぬようにすること。中分の生まれとする。

牛宮（ごぎゅう）

▼旧暦3月16日より4月15日までに出生した者は、牛宮を本命宮と定める。

生家がある程度、資産を持っている場合が多く、お金に不自由せずおっとりと育つ。上分の生まれで、つまり物心両面の志の深い宮といえる。だが、なかには贅沢に慣れた鼻持ちならぬ気どり屋もいる。しかし、悪人というわけではなく、博愛の心があり、福祉の心を持っている。財産を蓄えることができる。戒しむべきは慢心だ。

また、日ごろの生意気さが祟(たた)って人の中傷や嫉妬からの妨害もある。しかし、この宮の人はそんな時もやり返すより超然としていることが多いものだ。

商売や営業、販売は不向き。生地を去って遠くへ行くと、あまり運がふるわないとされている。読書人で教養を愛し、見識も高いので、よく人の相談にも乗る。

自然の中で多くのパワーを吸収することができるので、森や草原、山などへ遊びに行くとよいだろう。晩年にいたっても運気は衰えない。牛は諸畜の王であり、この宮の豊かさを語るものだ。

男女宮（なんにょきゅう）

▼旧暦4月16日より5月15日までに出生した者は、男女宮を本命宮とする。

愛敬の心があるが、一方において理屈屋でよく不平も言う。財物の管理に向くとされており、銀行業、税理士関係、証券・金融一般のほか、教育、宣伝業もよいだろう。

機略に富み、活動的人物で小才が利いている。この宮の人で散財する傾向の人は下命（運の拙い人）とされる。無邪気で子供っぽいところがあり、いつまでも若々しいのはいいのだが、一貫性がなく移り気なところがある。不倫などをするとすぐバレて大変なことになるので、この点を注意すること。

万事、はじめよく末を遂げがたいという暗示がある。悪妻や不貞の夫を持ちやすいとされている。部下運もよくなく、油断していると突き上げがくることもある。少々あわて者の星なので、変なところで揚げ足を取られて失脚しないよう注意したいものだ。

蟹宮（かいきゅう）

▼旧暦5月16日より6月15日までに出生した者は、蟹宮を本命宮とする。

蟹は横歩きをするので、この人の人生はやはりまっすぐはいかない。いろいろな曲折を経るか、さもなくば世間の人とは一風変わった職業に就くようになる。

また、蟹は目が飛び出ているので観察眼が鋭く、人を見抜く力がある。しかも甲羅に似せて穴を掘るごとく、独自の生き方をしないと苦しい人生となる。一般サラリーマンや組織向けの人ではない。法律事務所への勤務や行政書士、弁護士、研究家、学者などが向いている。

一見、超然としているようだが、本質的には庶民的で気取らないといってよいだろう。基本的に孤独な命にして、結婚も遅いか早いが極端、早い結婚をした人の方が、家庭的には円満だ。

感覚器官の障害暗示がある。蟹は短命だから、この宮の人も病は少ない方だが、そう長寿ではないといわれている。だいたいにおいて悪命とされているが、不動産運は若干よいようだ。財運は収支バランスが悪く、貯蓄はなかなか難しいだろう。

獅子宮（ししきゅう）

▼旧暦6月16日より7月15日までに出生した者は、獅子宮を本命宮とする。

太陽を核とする男性的な宮。組織型人間で軍隊のように上意下達のハッキリしたところで実力を発揮する。職場の連帯感を大切にし、それを軸とする。スケールの大きいことを好み、勇壮だ。

古来、女性には不吉とされてきた獅子宮だが、現代では女性も男性と互して仕事をしていく世の中だから、必ずしも不吉とはいえないが、結婚運は遠くなりやすい。ただし、かなりハッキリした性格となる。自分の仲間や身内は大事にし、社会通念を超えて侠客的（きょうかくてき）にさえなる時がある。喧嘩は怖れず、向こう意気も当然のことながら強いものがある。旅行業、外交営業、取材記者、警官、自衛官などが適職。

男性の結婚運は良好。子供をよく可愛いがり、子孫運に恵まれている、故郷を離れて外境で活躍する方が運が開けやすいようだ。旅行が好きなので、吉方を選んでレジャーを楽しむと、よいエネルギー注入になる。

男性は上分の命で、一切の災厄来るも、これを免れるといわれている。女性も悪運強し。

女宮（じょきゅう）

▼旧暦7月16日より8月15日までに出生した者は、女宮を本命宮とする。

月を母体とする女性の宮。あれこれ気が変わりやすく迷いが多い上、本音でものを語らない。また、少々意地悪いところもある。

しかし女性の徳のある宮なので、同情心が厚く、自分より弱い者には大変親切だ。反面、嫉妬心が強く親友を得がたい傾向にある。

仕事もあまり荒々しいことは向かない。むしろ手先の細かい仕事、デザイン、ファッション、芸能、美容、医療事務や語学などに利がある。海外運があり、外国への憧れは強い方だ。仕事より趣味や私生活を大切にしたい傾向が大。よくいえば現代的といえるだろう。

女宮の男性は古伝では不吉とする。女性的で男らしくないと考えたからだろうが、現代では、男女の役割や男性観、女性観もさまざまなので、一概にそう言い切ることも難しいだろう。ただし男性の結婚運はやや弱くなるようだ。神経質なので、そういうところから病を起こすことがある。

女性は上分の命とするが、男性でも美的センスや細かい神経のいる仕事をする人にはよいと思う。

秤宮（ひょうきゅう）

▼旧暦8月16日より9月15日までに出生した者は、秤宮を本命宮とする。

秤（はかり）はバランスが大切だ。この宮の人も、絶えず物事のバランスや収支を考えて行動する。経済観念は勝れていて、事務能力も抜群。

十二宮の中でも秤宮は上分の命とされている。だいたいにおいて正義感が強く、常識をわきまえた社会人として申し分のない人が多いのだが、いったん調子が悪くなると、大凶に変じて無能の人や大悪人とする可能性もある。

また、秤は金銀を量計する道具にすぎない。したがって、やりくりは上手でも金運自体は必ずしも伴わない。もっとも、やりくり上手は事実なので、あまり困窮することもないのだが……。

現実主義で状況把握を最優先にして、それから対策を考える。参謀的な能力に勝れている。必ずしもトップを狙うのが上策ではない。次席で活躍した方が動きやすいだろう。企業マンとして有能なほか、法律、経理、税務などにも能力を発揮するだろう。直接の商売はそれほど上手ではない。身内に病人を抱える人ありとする。

蝎宮（かっきゅう）

▼旧暦9月16日より10月15日までに出生した者は、蝎宮を本命宮とする。

蝎は石の下の毒虫なので、あまり明朗な存在ではない。

性格は表向き静かであり、内心激しいものを秘めている。多病多疾だが、大病はしない。肉親との縁は薄く酷薄の命。人の世話は上手でマメ。陰謀をめぐらす知恵者で、人に本心を語らない。猟奇的なことや神秘学やミステリー、推理などに関心を持つ。技能系の人物で、物の修得は熱心で早い方だ。善にも悪にも強く、毒にも薬にもなる。兄弟はあっても協力性はなく、他人と変わらない。ただ、子供運は悪くない。

また、蝎は水を泳げないように水難を怖れる。水辺に暮らすことも運の上ではよくない。自己アピール下手なので、よい目上の人の引き立ての有無で人生が一変する。

医療系に強く、その他心理カウンセリングや宗教家など、人の苦痛を除くことに力を出す。人物の良否を直観的に見破る力もあり、洞察力に勝れる。財運はあまりよくない方だろう。

弓宮（きゅうきゅう）

▼旧暦10月16日より11月15日までに出生した者は、弓宮を本命宮とする。

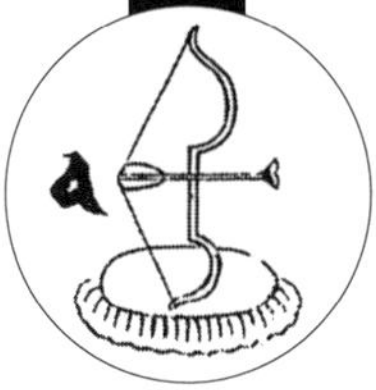

将相の位にあり、大将格だ。リーダーシップがあって、よく人身を掌握する。知性が高く、「禍いを転じて福となす」の徳分があって、災難は自ら消滅する上分の生まれの人。

一時的に他郷に行くが、やがて生家へ戻り家督の任に当たる。火厄、色難、身内との軋轢をこの宮の災いとする。この宮の人は結局、その力量のためか一族の面倒を見る役割を課せられる羽目となるようだ。

職業は事業や学問、研究のほか、政治性もある。いずれにしても、独立した方が力を発揮する。この宮の欠点は諦めの悪いことだ。駄目となると余計に躍起になる。このため、異性問題などでしばしば思わぬ恥をかく。意地になってしまうと、日ごろの知性も理性も吹っ飛んで、ダダをこねるただの子供のようになってしまう。

女子は剛猛で殺伐とした人とされているが、責任の大きい仕事を持つ現代の女性としては有能かもしれない。

摩羯宮（まかつきゅう）

▼旧暦11月16日より12月15日までに出生した者は、摩羯宮を本命宮とする。

摩羯とはマカラ、水中の大魚のことで、船舶を沈めて人を喰らう一種の怪獣とされている。よく西洋占星術では山羊座のことを摩羯宮というのは、全くの間違い。西洋占星術の方は山羊宮とでもすべきだろう。概して、職人的であり、一般職より技術業向きだ。また、凝り性で研究熱心。怪獣の星なので心胆荒き宮とされている。一種の喧嘩好きといえないこともない。心のどこかにいつもライバルを想定して、どうやってヘコますかを考えている。怒るとかなり手荒く、凄まじいこともやってのけるが、必ずしも悪人というわけではない。人の好き嫌いはハッキリしている。

反逆の心が盛んで人に逆らい、また、親の思うようにはならない。こんな風なので、金運もよいわけはないのだが、外地へ出て成功する命だ。いつまでも生家にいるのはよくない。生涯、孤独の星で、家族とも親和性は薄い人だ。先祖より受け継ぐものはほとんど何もない。心の内を人に語ることなく、水中の大魚のごとく、見えない部分の大きい宮だ。忍耐力は十二宮随一。

瓶宮（びょうきゅう）

▼旧暦12月16日より1月15日までに出生した者は、瓶宮を本命宮とする。

1月の元旦をまたいでいるので、この宮は前半生まれと後半生まれでは、生まれ年の十二支が異なることになる。

正直にして、邪を嫌う清廉の人だ。独立心が強く、人の世話になるのは嫌い。学問を好み、見識が高く、約束を破ることはない。極めて精神性の高い宮だ。この宮の生まれで物欲の強烈な人は下命。下命の人は世話になるのは嫌いでも、義理を以って人に世話をさせるのは好きで、要するに借りができるのが嫌なのだ。財の運用は上手だが、瓶は入れ物なので、ある程度貯まると失うことになりやすい傾向がある。

子供について悩みを持つが、だいたいにおいて個性が強く、そのため周囲を克害し、圧迫してしまうことが少なくない。それなりの理解者が必要だ。

不動産運はあるが、あまり早いうちに手にすると失ってしまう。

適業は金融、学術、教育、宗教、研究、芸術などで、一般的サラリーマンとしてはやや不向きだ。負けず嫌い。人に知られず身に病ありとされている。

表3　十二宮と運勢の良否

十二宮	その人の環境や社会との調和度
魚宮	中分
羊宮	中分
牛宮	上分
男女宮	中分
蟹宮	下分
獅子宮	男性は上分、女性は下分
女宮	男性は下分、女性は上分
秤宮	上分
蝎宮	下分
弓宮	男性は上分、女性は下分
摩羯宮	下分
瓶宮	中分

『宿曜経』の十二宮は、西洋占星術のそれとは源流的には一つのものだったと思われるが、時代とともにお互い変化をみた。

したがって、現在では全く別なものと考えた方がよいだろう。例えば、西洋占星術では、蟹座は母性愛が強く、家庭的とされているが、宿曜の蟹宮は偏屈であり、家庭的であるともされていない。当流の宿曜占法では、蟹、蝎、摩羯を三大悪宮とする。運命の良否については、表3のようにまとめることができる。

冒頭でも述べたが、この上分、中分、下分は吉凶ではなく、その人の環境や社会との調和度を示すものだ。下分は凶ではなく、特異性と考えるべきだろう。

本人の性格や基本運は、宿と曜を中心として判断する。また、奥伝で順次解説していくが、当流では本命宿が何宿かとか本命宮が何宮になるかというような単純な判断より、破門殺と建門の位置関係や、十二門や十二宮における本命宿の位置などで運勢を判断することを本義とする。

十二支の星情

――北斗七星の隠れた性質を読み取る

十二支は通常、図示すると右回りに配列されることが多い。しかし本法では逆旋（左回り）して配置する。ただし、これによって意味内容的に通常の十二支と大きく変わるわけではない。特徴的な点といえば、その裏に北斗七星の性格が隠れているとされることだ。

十二支の星情は年運からくるものだが、尊星王（そんじょうおう）流では、星情自体は極めて副次的にとらえる。本法も広い意味では宿曜占法なので、運命の中心は生日の宿と曜にあり、次に生月の十二宮、ついで生年の十二支にある。

しかし、表題になっている「破門殺（はもんさつ）」は十二支から割り出すので、その点では十二支の星情はともかく、存在としては欠くことのできない大変重要なものとなっている。

次に、十二支と十二宮、二十七宿との対応関係を述べるとともに、十二支と星情を簡単に述べておく。星情は参考程度と考えてほしい。

なお、くどいようだが、十二支の年の区切りは、節分や新暦の1月1日ではなく、旧暦の1月1日であることにくれぐれも注意してほしい。

子（ね）

十二宮は摩羯宮。
二十七宿は斗宿の後3／4、女宿、虚宿の前1／2に位置する。

細かい仕事が苦にならない。しかし、スケールが小さく、小利にこだわり大利を失う。用意のよい人だが、吝嗇（りんしょく）に傾く時は人望薄しとする。ただし、義理堅く、その点では財も投げ打つ。

丑（うし）

十二宮は瓶宮。
二十七宿は虚宿の後1／2、危宿、室宿の前3／4に位置する。

忍耐力があり、内に義理人情ありといえども、言葉は角がある。強情にして家庭内にもめごとをかもす。
また、正直すぎて交際上面白からぬこととなる。

寅（とら）

十二宮は魚宮。
二十七宿は室宿の後1／4、壁宿、奎宿に位置する。

スケールの大きいことや武ばったこと、勇壮のことを好む。身の程を顧みず、人に服従することを嫌い、不平の多いものがある。大望あ

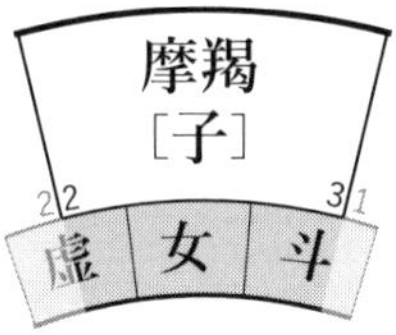

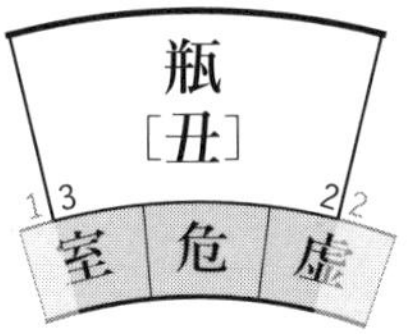

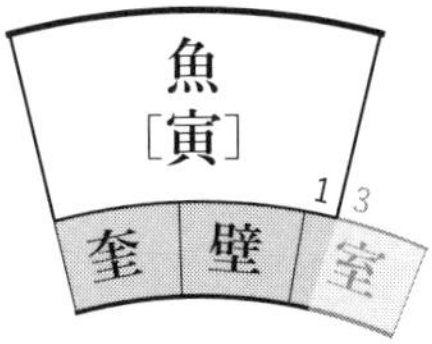

れど忍耐力がないため、ことがならない。

卯（う）

十二宮は羊宮。
二十七宿は婁宿、胃宿、昴宿の前1／4に位置する。

朝寝を好む、怠惰に流れやすく、人の愛敬あれども、物事をつらぬいて成就することはまれ、上位の引き立てがある。何事も人任せにして、後で文句をいう性分。

辰（たつ）

十二宮は牛宮。
二十七宿は昴宿の後3／4、畢宿、觜宿の前1／2に位置する。

心を潔く邪心はないものの、傲慢（ごうまん）にして無礼、世間の義理を感せず。ただし、目下の者、恩ある人のためには尽力する。気宇壮大（きうそうだい）なれど、考えに現実的でないものがある。

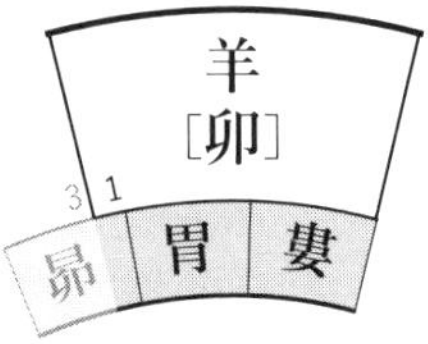

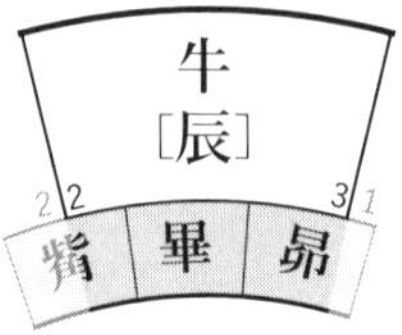

巳（み）

十二宮は男女宮。
二十七宿は觜宿の後1／2、参宿、井宿の前3／4に位置する。

人品（じんぴん）卑しからず、説得力あり。しかし心中、二面性あって嫉妬の心強く、腹中に含むところありとする。財運はよい方とする。

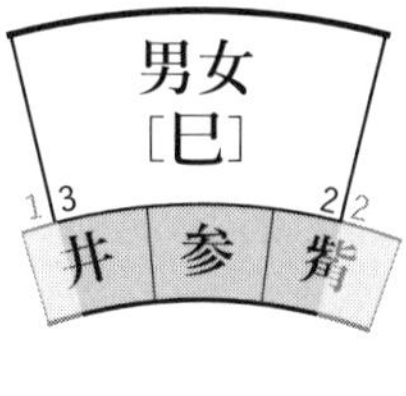

午（うま）

十二宮は蟹宮。
二十七宿は井宿の後1／4、鬼宿、柳宿に位置する。

交際円満にして明朗、正直なり。金銭に縁薄く、性分、軽々しくして秘密のこともついには口にする。また、調子のよいところがある。
しかし、根は善良な人が多いようだ。

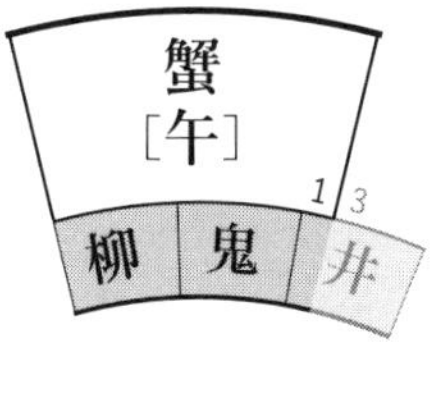

未（ひつじ）

十二宮は獅子宮。
二十七宿は星宿、張宿、翼宿の前1／4に位置する。

内心臆病なれど、外には剛胆な言動をする。清潔を好み、物事の取り締まりよし。
研究心盛んにして、よく物事の奥義に至る。愚痴多く、口を開けば

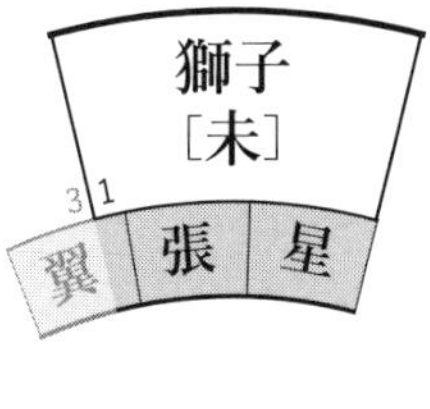

不満を述べる。やや癇癪（かんしゃく）持ち。

申（さる）

十二宮は女宮。
二十七宿は翼宿の後3／4、軫宿、角宿の前1／2に位置する。

欲深くして独善的、調子よくも締まりなく、口を開けば人をけなし、虚言をなすも反省のない生まれ。ただし、世話を焼くことも好み、また、色欲の深いところがある。

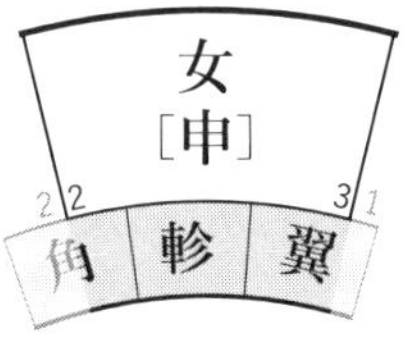

酉（とり）

十二宮は秤宮。
二十七宿は角宿の後1／2、亢宿、氐宿の前3／4に位置する。

口に毒悪の気を吐き、人を謀り、駆け引きをなして尊大にことを構える。

心中に義侠心ありといえども自己満足の域を出ず、多くは人を批判し、己れは無反省の性分。智はあれど、邪にして浅はかなところがある。

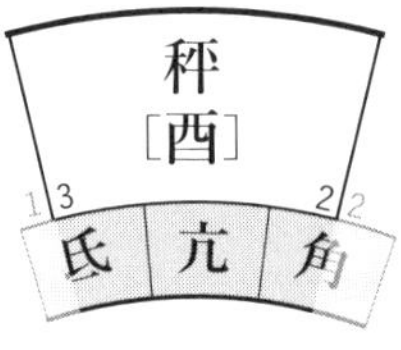

戌（いぬ）

十二宮は蝎宮。
二十七宿は氐宿の後1／4、房宿、心宿に位置する。

義理堅く、保守的、しかし頑固剛情にして人の意見に耳を傾けない。しかし、しばしば自己の大事、他人の秘事も分別なく口にして、自ら災いを招く、しかも負けず嫌いの性分、後悔先に立たずだ。

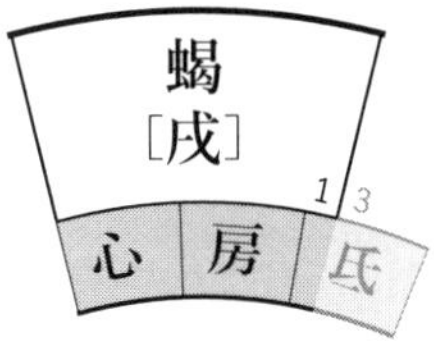

亥（い）

十二宮は弓宮。
二十七宿は尾宿、箕宿、斗宿の前1／4に位置する。

潔癖、勤勉、努力の人たるも、剛情にして寛容性に乏しく、かつ怒りを多くして、そのために多くのことを破る。心配事も人に相談せず、自分で処理してしまう。

集中力はあるが、とかく、視野の狭い考えとなりやすい弱点がある。

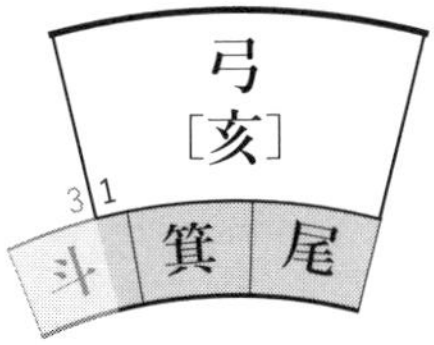

✣

以上、十二支の星情はあまりよくない点ばかり書いたようだが、先に述べたように、さほど意味を持たない。極端な話、鑑定の上ではほとんど使わないことの方が多いので、ざっと見ていただければ十分だ。

ただし、当流以外では、十二支はほとんど時計回りなので、その点だけはしっかり把握してほしい。当流のように十二支を逆旋すると、中国占星術のあり方とは合致しないと考える専門家もいると思うが、これはこれである。その原理的な話は今は省くとする。

奥伝で詳説するが、破門殺とは、この十二支の対冲（たいちゅう）、つまり真向かいの十二支の属する十二宮、二十七宿をいう。

以上で七科二十七宿、七曜、十二宮、十二支といった星の説明は終了した。

鑑定法としては、

①二十七宿、七曜で基本命理を見る。
②十二宮で対社会的な星情を見る。
③十二支は参考程度にする。

という手順になる。

この際、①の段階で生日が陵逼、甘露日、金剛峯日、羅刹日に当たっているか否かを確かめることを忘れないようにする。

これで初伝は終わりである。

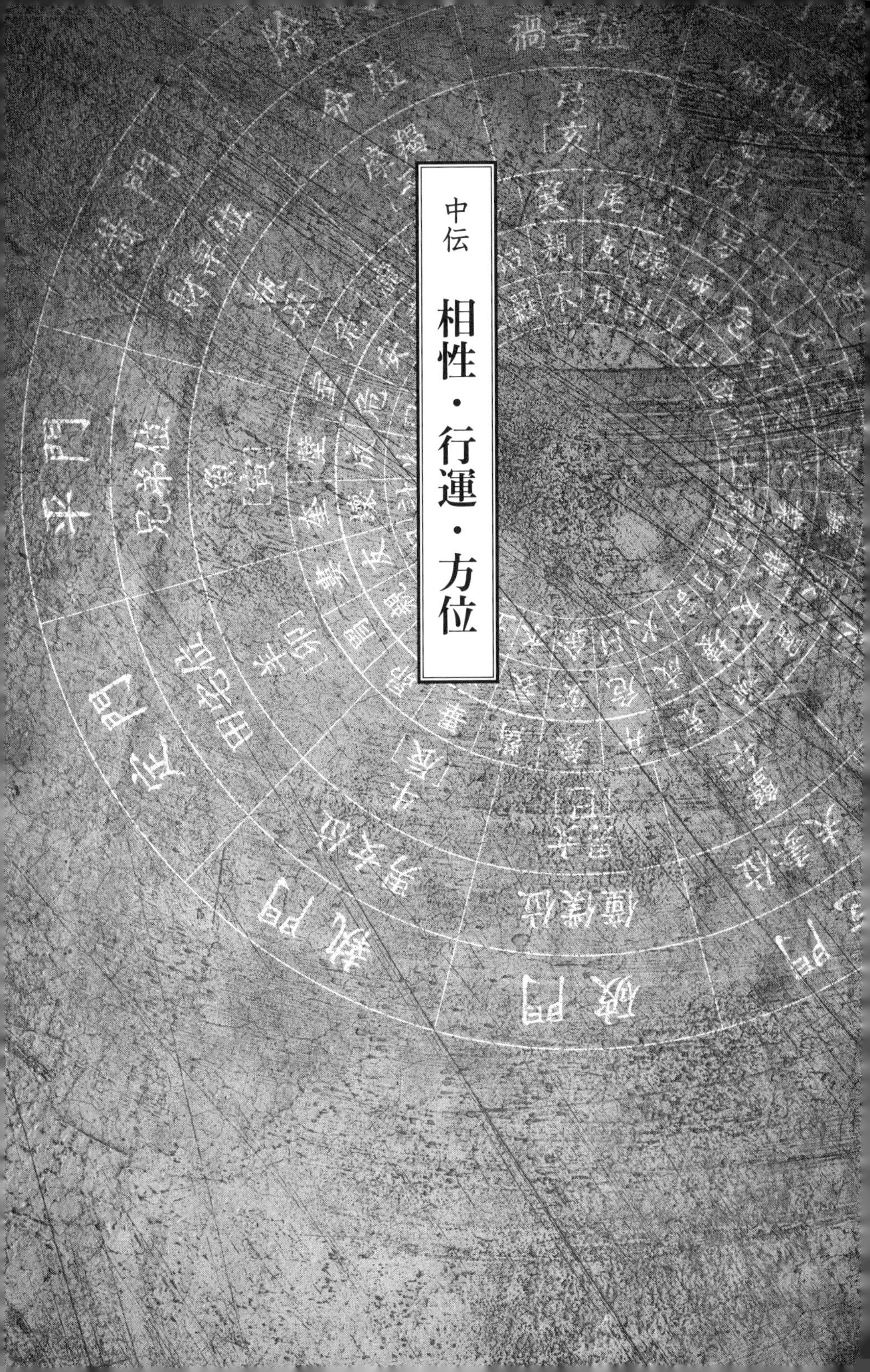

中伝

相性・行運・方位

三・九秘要法——相性と日の吉凶を読み解く秘伝

［一］三・九とは

中伝では、伝統的な宿曜の秘伝について触れていくことにしたい。

古来、宿曜占法は人間関係と日の吉凶のものとされているが、その中心的技法は三・九秘要法だ。

相性判断として宿曜占法が珍重されたり、日にちの判断が戦略的にできるのは、この三・九秘要法があるがためである。相性に関しては、世間ではよいといえば喜び、悪いといえばがっかりするが、宿曜の三・九秘要法が示すのは単なるウマが合う合わないといったものではない。

大切なのは、運命的にどのような影響を与えるかである。後述するが、特に最もよくないとされる壊宿などには、えてして無二の親友がいたりすることも珍しくない。だから、宿曜占法でよくない関係といわれてもピンとこないことも多いし、実際抜き差しならぬ間柄であるから関係は解消できないという人もいるだろう。だが心ではどう思っても、破壊作用はあるものである。したがって、そういう場合でも少なくとも生活を共有したり、財政的に一緒になるのは避けたい。例えば、もう既に夫婦であるなら別々に仕事を持ったりして独立性を持たせれば、まだその分、緩和できるものである。ただし何によらず、新しく築く関係には避けた方がよいのはいうまでもない。

また日の吉凶以前に、結婚や開業などでは、まず年月の吉凶も踏まえておかないといけない。人生の大事を迎えるのに、日がよければ、月が悪かろうが年廻りが悪かろうが、構わないというものではない。ただし小事の遂行には、日の三・九だけで判断してもよいだろう。

さて、その「三・九」とは何かだが、これは二十七宿を9種類に三分割したもののことである。

その場合の中心は、自分の本命宿だ。本命宿を中心にして、各宿星が自己の本命に加えてくる吉凶禍福を見る。

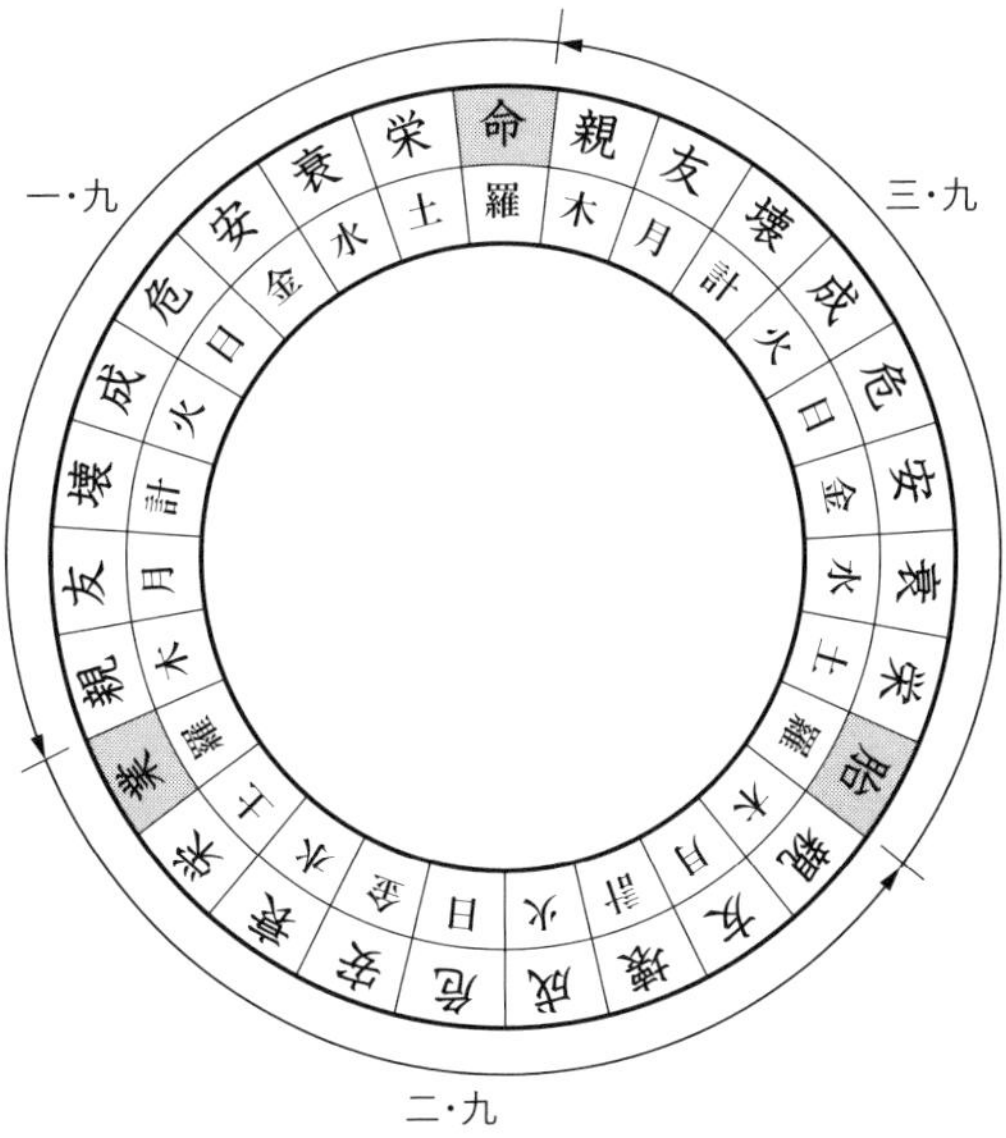

図7　三・九秘要法となる三・九盤

二十七宿を分類する9つの宿とは、命宿（本命宿）・栄宿・衰宿・安宿・危宿・成宿・壊宿・友宿・親宿の9つだ。

これが三回繰り返されるので、三・九といわれるが、特に二・九の命に当たる宿は「業宿」、三・九の命に当たる宿は「胎宿」と呼ばれる。

具体的には占星盤を操作してもらえば即解することだが、命宿、業宿、胎宿とこれに連なる8つの宿は、自分の宿を命宿として展開しているので、各人により二十七宿との対応が変わってくることはいうまでもない。

例えば、本命宿角宿の人だと、角宿が命宿となって、次のような配列となる。

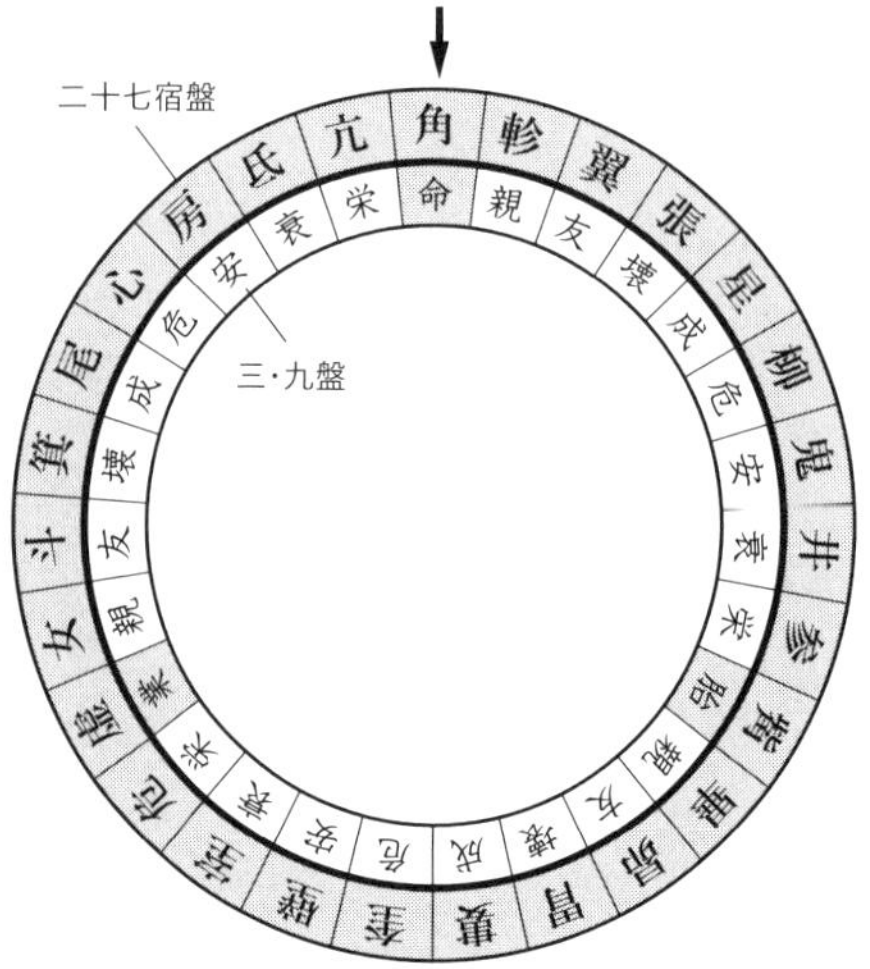

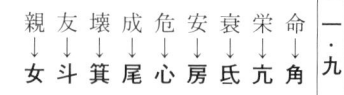

親	友	壊	成	危	安	衰	栄	命	一・九
↓	↓	↓	↓	↓	↓	↓	↓	↓	
女	斗	箕	尾	心	房	氐	亢	角	
親	友	壊	成	危	安	衰	栄	業	二・九
↓	↓	↓	↓	↓	↓	↓	↓	↓	
畢	昴	胃	婁	奎	壁	室	危	虚	
親	友	壊	成	危	安	衰	栄	胎	三・九
↓	↓	↓	↓	↓	↓	↓	↓	↓	
軫	翼	張	星	柳	鬼	井	参	觜	

下列が三・九に対応する二十七宿（三・九の「危」と二十七宿の「危」を混同しないように注意）。

図８　角宿を本命宿とする人の三・九と二十七宿の関係

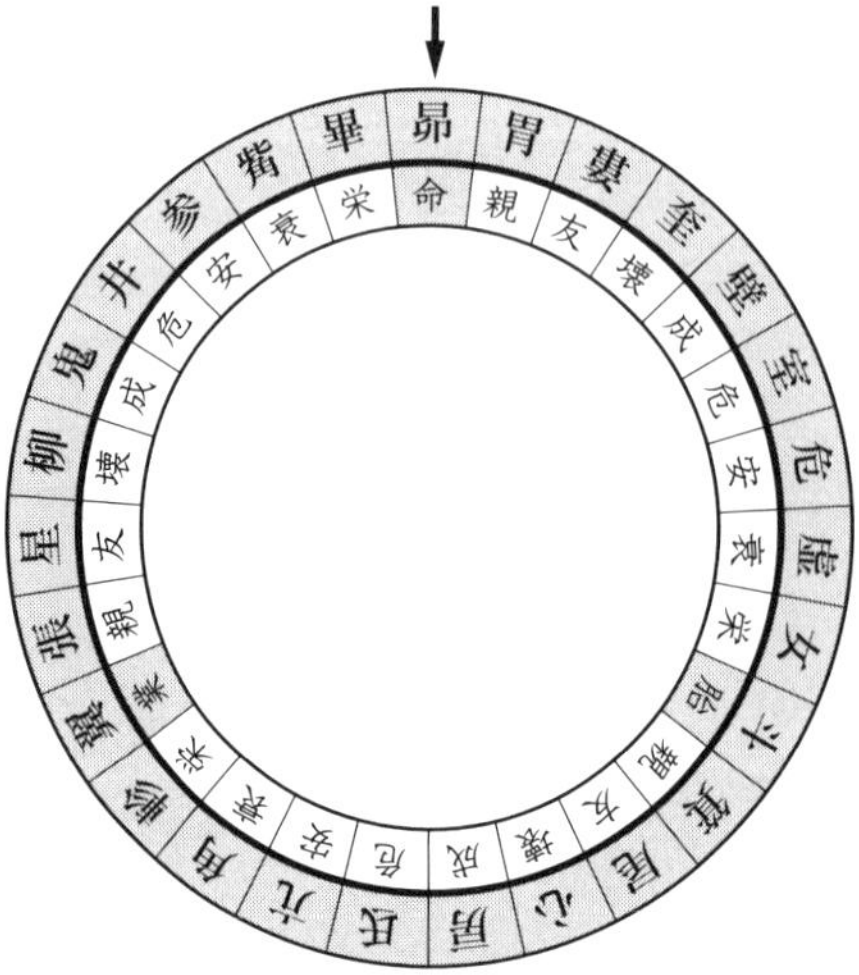

親	友	壊	成	危	安	衰	栄	命	一・九
↓	↓	↓	↓	↓	↓	↓	↓	↓	
張	星	柳	鬼	井	参	觜	畢	昴	
親	友	壊	成	危	安	衰	栄	業	二・九
↓	↓	↓	↓	↓	↓	↓	↓	↓	
箕	尾	心	房	氐	亢	角	軫	翼	
親	友	壊	成	危	安	衰	栄	胎	三・九
↓	↓	↓	↓	↓	↓	↓	↓	↓	
胃	婁	奎	壁	室	危	虚	女	斗	

図９　昴宿を本命宿とする人の三・九と二十七宿の関係

【一・九】
命―角　栄―亢　衰―氐　安―房　危―心　成―尾　壊―箕　友―斗　親―女
【二・九】
業―虚　栄―危　衰―室　安―壁　危―奎　成―婁　壊―胃　友―昴　親―畢
【三・九】
胎―觜　栄―参　衰―井　安―鬼　危―柳　成―星　壊―張　友―翼　親―軫

この三・九の順序は、何宿の人でも同じである。占星盤を使用すれば容易に対応関係がわかる。第二輪の命宿と書いてあるところを自分の二十七宿に合わせれば、それだけでよいのだ。

［二］三・九秘要法で見る相性

人間関係を三・九で見る場合は、自分を命宿として、相手の宿が三・九のどれに当たるかを調べて判断していく。

人間関係の場合はお互いがあってこそ成り立つわけだが、三・九の仕組みはお互いが次のようになっていることを見ておきたい。

◎命宿の相手は、向こうから見てもこちらから見ても命宿に当たる。
◎業宿の相手は、向こうから見ればこちらは胎宿、先方が胎宿ならこちらは相手の業宿。
◎栄宿の相手は、向こうから見ればこちらは親宿、先方が親宿ならこちらは相手の栄宿。
◎衰宿は、同様に友宿に対応し合う。
◎安宿は、壊宿と対応し合う。
◎危宿は、成宿と対応し合う。

配列の上から必ずこのようになる。本命宿が何宿でも全く同じだ。つまり、三・九の組み合わせはこれらの6種に整理できるということだ。

これらからは安宿で、向こうからは栄宿とか、危宿同志とかいう関係は絶対存在しないので、この点は占星盤を操作してよく確かめてみてほしい。自然と納得するはずだ。

では、最初に自分を命宿として、三・九から判断する相性について紹介しよう。

命宿（めいしゅく）

命宿というのは、同じ本命宿を持つ者同士ということだ。

お互い裏も表もわかるので、どちらかといえば付き合いづらい仲だ。長期間、一緒にいるのは苦痛を感じる。もっとも、相手を自己の分身のように想い合う仲もあるので、直ちに凶とは判定できない。

仕事上では、変に馴れ合って大切なことが軽んじられる怖れがある。また、逆にやたらと張り合うことになりかねない。距離を置いて付き合うべき相手だ。

和善宿（觜、角、房、奎）や安重宿（畢、翼、斗、壁）の間柄なら、それほどでもないだろう。

栄宿（えいしゅく）・親宿（しんしゅく）

古来、一番よい相手とされている。しかし、一・九の栄、三・九の親との間柄はすぐ隣同士の星なので、星宿間の距離が近すぎて、ついつい礼儀を欠いたり、プライバシーに首をつっこむこととなる。たとえ夫婦、恋人、親友といえども、礼節を大切にしないとならない。

一・九の親、三・九の栄とはバランスが取れていて、一番問題がない。

二・九はいずれの星も遠い距離の星たちだ。仲は悪くないのだが、時間的、距離的にコンタクトを取ることの難しい関係だ。共同事業や結婚は難しいだろう。

栄・親との関係はとかく仕事などでは馴れ合いなどの弊害が出やすいので、必ずしも最吉とはいえない。私的な面での吉宿と考えるべきだ。

衰宿（すいしゅく）・友宿（ゆうしゅく）

私的交友面ではよいだろうが、浅い関係に終始、一緒に何かをやるというほど深い仲にはなりにくいだろう。

というのは、この星同士は、趣味とか興味対象とか何かしら共有するものはあるものの、かなり異質な部分、共鳴しにくい部分ももっているからだ。結婚も悪いとはいえないまでも、必ずしも縁のある仲ではない。

お互い異質な部分をどこまで理解することができるか否かが大切だ。

安宿（あんしゅく）・壊宿（かいしゅく）

最もよくない組み合わせとされている。『宿曜経』では、相手が「壊」ではなく「安」なら交を結んでもよいとしているが、裏表の関係などだから実際はそうはいかない。また、普通壊が安を克するというが、これも必ずしもそうではない。例えば、相手が毒害宿のようなパワーの大きな宿星であれば、返り討ちということもある。しかも人間関係がもめる時は、たいてい安宿の方より攻撃を仕掛ける。安宿は壊宿に近づくと自然に圧迫を受けるので、イライラが募ってくるのだ。

また、面白いことに、安・壊との仲は必ずしも悪いものばかりではないのだ。親友などという人たちの間にもこの関係は大変多い。したがって、この術を知ったからといって、いきなり壊宿や安宿の人を遠ざけたり、急に自分が離れたりするのは難しいのである。

こういう関係は、九星や十二支のような占術における相性の感覚ではわかりにくいものだ。

つまり、仲が悪いとは限らないのだが、お互いの運の組み合わせが悪いのである。

したがって、安もしくは壊と二人で商売を始めたとしても、喧嘩別れするとは限らない。ただし、商売は何らかの理由で駄目になる可能性が大きい。そのため、仲のよい安・壊の人たちの方が問題が深刻だ。この間柄では、少なくとも経済的なものを共有することが大凶とされているからだ。独立した間柄ならそうした問題は起きにくいだろう。結婚もよくないのはいうまでもない。

一・九の安、三・九の壊とは、その多くが名コンビだ。お互いが独立した友人としてなら、よいだろう。共同事業や大金の貸し借りは心配だ。結婚すればもめごと、口論が絶えない。

一・九の壊、三・九の安とは、深く知り合うにしたがって、次第に強い反発を感じるようになる。距離をおいて交際しない時は、災いを呼ぶ。二・九の壊、二・九の安は破壊作用が出るのが遅く、一見すると大変よい組み合わせに見えるが、いったん作用が出てしまえば、決定的に袖を別つことになりやすい。

胎宿（たいしゅく）・業宿（ごうしゅく）

命宿に準じるが、徐々に親しくなって、徐々に離れていく仲だ。恒久性はない。周期的に出会う場合、比較的長い交際となる。結婚、共同事業などはよくない。

危宿（きしゅく）・成宿（せいしゅく）

全く異質な星同士だ。お互いにない持ち味がある。これに惹かれるわけだが、基本的に共鳴することの少ない間柄なので、普通は縁が生じにくいといえよう。

結婚においては、男女の役割がハッキリと分かれているような古風な家では、案外、うまくいっているケースが少なくない。また、ビジネス上の私情が絡まないので、かえって割り切れていてよいということも多いものだ。

　本命宿の対冲にある二・九の危・成の関係は、一時的には大変な引力を発揮する。したがって二・九の危・成の人との恋愛だったらスピード結婚は禁物だ。時間を置き、冷静になってからでも遅くはないと思う。

　一般にどの関係でも、二・九の人とはあまり接触が多くないのが普通だ。

　この場合の相性については必ずしも凶とはいわないが、たとえていえば、昼間のカラスが夜のフクロウと付き合うようなもので、いろいろな無理がともなうことが多いものなので、個人的に親しくなりにくいだろう。

〔三〕日取りと三・九秘要法

　日取りについては、初伝においては二十七宿別に解説した。

　さて、二十七宿別に日取りがある上に、三・九の法を用いるとなると、複雑怪奇だが、これには秘訣がある。

　三・九の法はあくまで個人の吉日だ。これに対し、二十七宿の吉日は集団性があるものも多いわけで、両方、吉であれば一番だが、集団的なことには二十七宿の吉日で、しかも自分の壊宿などの凶日を避けたものを選ぶとよいだろう。個人的な事柄なら、二十七宿より三・九秘要法を優先させること。

命宿（めいしゅく）の日

吉凶分岐の日。和善宿や安重宿など上分の命の人には、吉慶のことも多いが、おおむね他動的に起きてくることにはあまり望ましいことはないようだ。

ことに、毒害宿や猛悪宿などの下分の命の人の場合には凶事の起きやすい日なので、十分に注意することが必要だ。

栄宿（えいしゅく）の日

名誉、発展、昇進など名声に関わることが起きやすいとされている。

もっとも、9日おきにそんな話が出てくるわけではないが、いずれにしても吉日であり、ことに、私的なことより公的なこと、仕事のことなどがはかどる。

衰宿（すいしゅく）の日

栄に対する衰だ。公的なことに用いるべきではない。私的なことで、かつ損得に関わらない精神的な物事に用いるとよいだろう。

例えば、交際や趣味のことなどならオーケー。大事や重要事はいけない。

安宿（あんしゅく）の日

安泰の意味で、長久のことに用いる。

つまり永続性があることのスタート。例えば、開店、開業、物事の設立によいだろう。また、旅行や造作、外出、遠方への旅行などにも用いる。

危宿（きしゅく）の日

学問、芸術などを習うによいだろう、また、美術品などの鑑賞にも吉とする。

商売では利が上がらず、引っ越しや旅行にもよくない。なお、宴会などの会合を持つのによい日とされているが、個人的な会食などなら、むしろ衰宿を用いるべきだろう。

『宿曜経』は、婚礼の吉日とする。

成宿（せいしゅく）の日

物事が成就する日の意だが、学問や修行、宗教的行事によいとする。

何事も集団で働くより私的に動いた方が、成功率はよくなる。買い物などはよいものが入手できる。

交渉事もよいが、次の日が壊宿なので、その日一日で終わることに用いるべきだ。

壊宿（かいしゅく）の日

売買、契約事、医療、交渉などに用いてはならない大凶日。破壊的なことには用いてもよいが、いずれにしても波乱の一日だ。

経典では、怨敵の討伐にはこの日がよいとしているが、これは敵の壊宿の日を狙うもの。旅行、遠行、交際、初めて人に会うことに用いてはいけない。この日に出会う人は災いを持って来るので要注意だ。また、物のはずみや思いつきでことをすると、大きな災いとなる。くれぐれも慎んでほしい。

友宿（ゆうしゅく）の日

交友の吉日とされるが、何事に用いても無難な日と見るべきだろう。物事が円満に進む。衰宿の裏で酒宴などにもよいとする。ただし、営業や実利的なことはあまり成果が上がらない。

親宿（しんしゅく）の日

友宿よりもさらに吉意のある日。

旧知の人が訪ねてきたり、懐かしい人から連絡がきたり、町でバッタリ会ったりすることもある。栄宿が公的なことに用いる吉日だとすれば、親宿は私的なことに用いる吉日といってよいだろう。ただし、長久のことなら安宿を用いること。

業宿（ごうしゅく）の日

『宿曜経』には百時を行うによいとしているが、必ずしもそうよいばかりとはいえない。実際には、命宿に準じるも、やや凶意の少ない日と考えるのが妥当だろう。積極的に用いるほどの吉日ではない。

胎宿（たいしゅく）の日

これも命宿に準じる日だ。この日の前後には体調を崩しやすいので注意すること。『宿曜経』では、凶日としている。

〔四〕特殊日の吉凶

以上で三・九秘要法を終わるが、日の吉凶には、さらに初伝の二十七宿のところでざっと説明した七曜（しちよう）陵逼日（りょうひつじつ）、甘露日（かんろじつ）、金剛峯日（こんごうぶじつ）、羅刹日（らせつじつ）などがあるので、それらの日取りについてもここで説明しておく。

なお、これらの吉凶日は、万人の吉凶日なので、公的な事柄を行う際の吉凶を示すものだ。個人的な事柄は三・九の秘要法を第一とする。たとえ羅刹日でも、三・九の法で吉なら、私的なことに限り、用いても何の災いもない。この他、日取りについて『宿曜経』は、次のように記している。

◎2日、6日、9日、12日、14日、17日、19日、21日、23日、24日、27日、30日は曜宿の吉凶に左右される平日。つまり、日取りには曜もしくは宿の判断を優先する。

◎1日、3日、5日、7日、10日、11日、13日、16日、18日、20日、22日、25日、26日、28日を吉日。

◎4日の夜、8日の昼、11日の夜、15日の昼、18日の夜、22日の昼、25日の夜、29日の昼は凶時。

しかし、これらは、本法はもちろん現行の宿曜占法の実践上ではほとんど重要視されていないようである。したがって、一応、参考として述べるに留まる。

日取りに吉凶については古来、軍学などによく知られており、戦国時代の『大星伝（たいせいでん）』などは有名だが、武田信玄は、吉日は万人に吉日、凶日は万人に凶日であっては、敵に有利なのか味方に有利なのかわからないではないかといって、これを採らなかったという故事がある。

この話の真偽はともかくとして、実際には武田流の軍学にも日取りの法は残っているようだが、信玄のいうように理屈から考えて、万人の吉凶日というのは、個人で動く上ではあまり関係がないと思われる。

したがって、不徳的多数の人が集まる時は二十七宿を、個人が行動を起こす場合は三・九秘要法にもとづくのがよいのではないだろうか。

七曜陵逼日（しちようりょうひつじつ）

七曜陵逼日とは、ある特定の曜と宿の組み合わせによって三・九の吉凶が逆転してしまう期間をいう。その曜日と宿日の組み合わせは表4の通りである。

そして、これらの日には三・九秘要法における吉凶が表5のように変じ、ほとんどが凶となる。特に、次の各宿は六害宿（ろくがい）といわれ、陵逼期間中、最大凶日とされる。

命宿：本命宿のこと。失財や死ぬこともある。仏教でいう死苦に当たる。

意宿（い）：一・九の安宿。愁苦（しゅうく）ありとする。仏教でいうところの「五蘊盛苦（ごうんじょうく）」（いろいろな物事の集積による苦しみ）に当たる。

事宿（じ）：業宿のこと。殃咎（おうきゅう）（災いと咎（とが）め）ありとする。仏教でいう「愚不得苦（ぐふとく）」（求めて得られぬ苦しみ）に当たる。

克宿（こく）：二・九の安宿。不名誉なことや左遷、失脚の憂き目に遭う。仏教でいう「愛別離苦（あいべつりく）」（愛着のあるものや人と離れる苦しみ）に当たる。

同宿（どう）：二・九の壊宿。壊宿だが、吉凶は逆転しない。そればかりか、凶意はますます募り、大災の降りかかる大凶日であるとされている。あらゆる苦しみである「四苦八苦」にたとえる。

聚宿（じゅ）：三・九の栄宿。仲間割れや人間関係で凶事が起こるという。「怨憎会苦（おんぞうえく）」（憎むべき者と出会う苦しみ）に当たる。

表4　二十七宿と七曜陵逼日

日の宿	曜日
角宿	火曜日
亢宿	水曜日
氐宿	木曜日
房宿	金曜日
心宿	土曜日
尾宿	日曜日
箕宿	月曜日
斗宿	火曜日
女宿	水曜日
虚宿	木曜日
危宿	金曜日
室宿	土曜日
壁宿	日曜日
奎宿	月曜日
婁宿	火曜日
胃宿	水曜日
昴宿	木曜日
畢宿	金曜日
觜宿	土曜日
参宿	日曜日
井宿	月曜日
鬼宿	火曜日
柳宿	水曜日
星宿	木曜日
張宿	金曜日
翼宿	土曜日
軫宿	日曜日

表5　七曜陵逼日の三・九秘要法による吉凶

七曜陵逼日の三・九	七曜陵逼期間の吉凶
命宿　命	大凶
栄宿　聚	凶（三・九は大凶）
衰宿	半吉
安宿　意・克	凶（一・九、二・九は大凶）
危宿	吉
成宿	凶
壊宿　同	吉（二・九は大凶）
友宿	凶
親宿	凶
業宿　事	大凶
胎宿	凶

しかし、実際には、こうした厳密な区別のある凶日というよりは、いずれも等しく、突発性の大災の降りかかる日と考えた方が現実的だ。どれがどういう区別はあまりない。

しかも悪いことに、曜と宿の配列は連続しているので、七曜陵逼はバラバラではなく、何日も連続して起こることが普通で、最短でも3日、最長27日間、丸々陵逼となる。

例えば、日付順に追うと、次のような期間が陵逼となる。

新暦			旧暦			七曜陵逼日	甘露日	金剛峯日	羅刹日	三・九	×＝六害宿
4月	20	月	3月（全29日）	25	壁					成	
	21	火		26	奎					壊	
	22	水		27	婁					友	
	23	木		28	胃					親	
	24	金		29	昴					命	
	25	土		1	畢					栄	
	26	日		2	觜					衰	
	27	月		3	参					安	
	28	火		4	井					危	
	29	水		5	鬼					成	
	30	木		6	柳					壊	
5月	1	金		7	星					友	
	2	土		8	張					親	
	3	日		9	翼					業	
	4	**月**	4月（全29日）	10	軫		●			栄	
	5	**火**		11	角	●				衰	半吉
	6	**水**		12	亢	●				安	凶
	7	**木**		13	氐	●			●	危	吉
	8	**金**		14	房	●	●			成	吉
	9	**土**		15	心	●				壊	大凶
	10	**日**		16	尾	●		●		友	凶
	11	**月**		17	箕	●				親	凶
	12	**火**		18	斗	●				胎	凶
	13	**水**		19	女	●				栄	凶
	14	**木**		20	虚	●				衰	半吉
	15	**金**		21	危	●				安	凶
	16	**土**		22	室	●				危	吉
	17	**日**		23	壁	●				成	凶
	18	**月**		24	奎	●				壊	吉
	19	**火**		25	婁	●				友	凶
	20	**水**		26	胃	●				親	凶
	21	**木**		27	昴	●				命	大凶 ×
	22	**金**		28	畢	●				栄	虚
	23	**土**		29	觜	●				衰	半吉
	24	**日**	5月（全30日）	1	参	●				安	凶 ×
	25	**月**		2	井	●				危	吉
	26	**火**		3	鬼	●				成	凶
	27	**水**		4	柳	●	●			壊	吉
	28	**木**		5	星	●				友	凶
	29	**金**		6	張	●		●		親	凶
	30	**土**		7	翼	●				業	大凶 ×
	31	**日**		8	軫	●	●			栄	凶
6月	1	月		9	角					衰	
	2	火		10	亢					安	
	3	水		11	氐					危	
	4	木		12	房					成	
	5	金		13	心					壊	
	6	土		14	尾					友	

すべての人に共通の日の吉凶（新暦〜羅刹日）／本命宿が昴の人の日の吉凶（三・九、×＝六害宿）

図10 ［例］平成21年5月前後の日の吉凶

旧暦1月1日が	日曜に当たると、17日の角宿火曜より始まって30日の奎宿月曜まで。 土曜なら、1日の室宿土曜から16日の軫宿日曜まで。
旧暦2月1日が	月曜に当たると、1日の奎宿日曜より14日の軫宿日曜まで。 火曜なら、15日の角宿火曜から30日の胃宿水曜まで。
旧暦3月1日が	水曜に当たると、1日の胃宿水曜より12日の軫宿日曜まで。 木曜なら、13日の角宿火曜から30日の畢宿金曜まで。
旧暦4月1日が	金曜に当たると、1日の畢宿金曜より10日の軫宿日曜まで。 土曜なら、11日の角宿火曜から30日の参宿日曜まで。
旧暦5月1日が	日曜に当たると、1日の参宿日曜より8日の軫宿日曜まで。 月曜なら、9日の角宿火曜から30日の鬼宿火曜まで。
旧暦6月1日が	火曜に当たると、1日の鬼宿火曜より6日の軫宿日曜まで。 水曜なら、7日の角宿火曜から30日の星宿木曜まで。
旧暦7月1日が	金曜に当たると、1日の張宿金曜より3日の軫宿日曜まで。 土曜なら、4日の角宿火曜から30日の軫宿日曜まで。
旧暦8月1日が	火曜に当たると、1日の角宿火曜より27日の軫宿日曜まで。 水曜なら、28日の角宿火曜から30日の氐宿木曜まで。
旧暦9月1日が	木曜に当たると、1日の氐宿木曜より25日の軫宿日曜まで。 金曜なら、26日の角宿火曜から30日の心宿土曜まで。

旧暦10月1日が　土曜に当たると、1日の心宿土曜より23日の軫宿日曜まで。日曜なら、24日の角宿火曜から30日の箕宿月曜まで。
旧暦11月1日が　火曜に当たると、1日の斗宿火曜より20日の軫宿日曜まで。日曜なら、24日の角宿火曜から30日の虚宿木曜まで。
旧暦12月1日が　木曜に当たると、1日の虚宿木曜より18日の軫宿日曜まで。金曜なら、19日の角宿火曜から30日の室宿土曜まで。

いずれにしても、角宿の火曜から始まって旧暦の末日に至るか、旧暦の1日から始まって軫宿の日曜に終わるかの2パターンだ（ただし小の月では、末日は29日となる）。

この間は、さまざまな凶変化が多いので、大事は控えるべきだとされている。特に、遠方への旅行は危険がともなう。

甘露日（かんろじつ）

甘露日は、房宿の金曜日、尾宿の火曜日、畢宿の月曜日、鬼宿の木曜日、柳宿の水曜日、星宿の土曜日、軫宿の日曜日の7日が当たる。

この日は大吉祥日として出家、入檀、寺院の建立の他、一切の吉事をなすによいとしている。このうち、房宿の金曜日、柳宿の水曜日は陵逼日なので、個人的に用いる場合は、六蓋宿の凶日であればこれを避ける。入檀とは密教の修行の仕上げの儀式で、詳しくは「入檀灌頂（にゅうだんかんじょう）」という。

金剛峯日（こんごうぶじつ）

金剛峯日は、尾宿の日曜日、女宿の月曜日、壁宿の火曜日、昴宿の水曜日、井宿の木曜日、張宿の金曜日、亢宿の土曜日で、怨敵の討伐、護摩祈禱や日天子（にってんし）の真言（オン・アニチャ・ソワカ）を唱えて祈禱をなすのによいとし、もろもろの勝負事や剛猛のことを仕掛けてよしとする。しかし、尾宿の日曜日、張宿の金曜日は陵逼日なので、六害宿に当たる時は用いてはならない。

羅刹日（らせつじつ）

羅刹日は、胃宿の日曜日、鬼宿の月曜日、翼宿の火曜日、参宿の水曜日、氐宿の木曜日、奎宿の金曜日、柳宿の土曜日で、大凶日として一切、用いてはならないとしている。このうち、氐宿の木曜日は陵逼にも当たっているので、六害宿に当たっていれば、これ以上の凶日はないといえよう。

年運と九執
——九曜星から一年の運勢を読み解く

私たちがだいたい漠然と運気の良し悪しを問う場合には、その年の吉凶、すなわち年運をいう場合が多い。初詣に行って「今月はよい月でありますように」とは言わないものである。密教では年の当たり星を当年星（とうねんせい）という。また、これにともなう「当年星供（とうねんじょうく）」という祈禱も用意されている。節分あたりになると密教の大寺院でよく行われるのは、だいたいこのご祈禱である。年運がよくなければ、やはりその年は通年注意すべきである。例えば、三・九の説明でも述べたが、最悪の年に会社を立ち上げたりするのは、設立日の三・九がどうあれ、考えものである。

ただし、もし悪い年廻りに何かしらの大事を決行しないといけない状況なら、三・九で少しでもよい日を選ぶべきだろう。

なお、節分前後に星祭りが行なわれることは多いものの、本来の年の区切り目は、やはりこれも旧暦の元旦（1月1日）をもってすべきである。

ところで、『宿曜経』には、年運のことは直接は説かれていない。そこで伝統的な密教占星法では通常『梵天火羅九曜（ぼんてんからくよう）』という経典から、九執（くしゅう）（九曜星）を年運に当てはめる法を採用することが多いようだ。

「九執」というのは、「九曜」と同じだが、「七曜」と混乱しやすいので、あえて「九執」という名称を採った。九執とは七曜に羅睺（らごう）、計都（けいと）の2星を合わせたものだが、これは七曜のように日々の運には当てない。もっぱら年運のみだ。９つの星がめぐるのだから、九星術の周期と一致してくる。そのため、九星術そっくりのところも多々ある。しかし九星術は節分が一年の始まり、密教占星法ではあくまで旧暦の１月１日が基点なので、その点を間違いのないように注意してほしい。このため、１月末から２月はじめまでの生まれの人は、九星術とは年単位の誤差を生じることがある。

なお、以下にはかなり荒唐無稽の内容もあるが、古伝のままに述べた。

尊星王流（そんじょうおうりゅう）は年廻りの実質的判断としては、実はこれらの内容よりも、三・九秘要法を用いている。詳しくはまた奥伝で説明したい。

羅睺星（らごうせい）

満０歳、９歳、18歳、27歳、36歳、45歳、54歳、63歳、72歳、81歳、90歳を迎える年はこの星回りとなる（繰り返しになるが、年の切れ目はあくまでも旧暦の元旦になることに注意）。

九星術と違うのは、本命星がめぐるのではなく、星の方がやって来る考え方をしている点だ。九星術でいえば、五黄中宮星（ごおうちゅうぐうせい）に当たる。羅睺とは、日月蝕のことをいうものだが、古代インド神話では、日月蝕は、海中の鬼王、羅睺阿修羅王が頭上を通行する日や月を無礼だとして怒りつかまえてしまうことによるとされていた。『梵天火羅九曜』の図では、首だけの三眼の顔が三つ雲の上に乗り、しかも眼は切れ上がり、髪は逆立ち、頭上から蛇が出ている。これは、おそらく羅睺阿修羅王の姿なのだろう。つまりこうした図像によって、この星の凶意を示しているわけだ。

さて、この年廻りは八方に光を失って途方に暮れる時だ。急病などで死ぬことがあるとされている。九星術でいう中宮入りなので、癌などの悪性の病もこの年に出やすいと見てよいだろう。九執の中でも最大凶の三星のうちに入る。病は腹中にありとし、他にも盗難や水火の災難に遭うことや、遠行や旅行先で突如、災難に遭うか病に臥すとしている。また家を建てたり増改築をしたりすれば、死者を出すことすらあるとされている。

古伝では、1月（旧暦、以下同じ）、4月、5月に病難や大きな損失、口舌、争いごとが起きるとする。7月は盗難、8月は刀杖の難があるとする。これらは古典的な物言いなので、そのまま採らず、盗難には会社の会計のごまかしや横領、金銭上の不正も含むと考えるべきだし、刀杖難には交通事故、怪我はもちろん、手術を要する病を想定すべきだろう。また、増改築をすると死者が出ることなどは、九星術から考えれば本人が中宮しているのだから、本人が死ぬのならわかるが、他にも死人が出るのだろうかと疑問に思うが、一応、そういうことも古伝として伝えられているので、現実に事例が多くあったのではないかと思われる。

土曜星（どようせい）

満1歳、10歳、19歳、28歳、37歳、46歳、55歳、64歳、73歳、82歳、91歳を迎える年はこの星回りとなる土曜星は、読んで字のごとく土精だ。図像的には、牛に乗った裸形の老仙と、錫杖（しゃくじょう）と巻物を持っている。経典では注意すべき年廻りとされ、九星術でいう乾宮六白（けんきゅうろっぱく）が吉宮とされるのと少々異なるが、それほど悪い星ではない。土木工事を忌む。信仰心のある人は売買に利あり、諸事吉祥とする。吉伝に「1、4、5、6月に家畜死し、悩みごとあり、この年は失職、退職のことあり」とする。また、5、6、7月に水難、病か大損失ありとされている。九星術では善悪の人に等しく星や宮の象意ありと考える人が多いだろうが、密教占星術ではその人に慈善心があるか否か、信仰心があるか否かが吉凶分岐のポイントになっている。この点、四柱推命などの中国占術とは全く観点が異なっているといえよう。

水曜星（すいようせい）

満2歳、11歳、20歳、29歳、38歳、47歳、56歳、65歳、74歳、83歳、92歳を迎える年はこの星回りとなる

水の精だ。図像としては天女が筆と巻物を持つ姿である、この年廻りは水難に注意しなくてはならない。また、水は色情を表すので、色に溺れることを忌む。私的に喜びごと多く、交的には半吉とする。2、3、8月は水害、あるいは部下のための損失がある。6、7月には、川へ行ったり、船に乗ることを慎むべきだ。4月病厄、5月には公難や裁判や盗難の可能性が予想されるとなっている。

この年廻りは九星術では七赤兌宮（しちせきだきゅう）に属し、祝い事（不祝儀も含む）、娯楽、交流、恋愛や口舌、散財に関わるところとされている。

金曜星（きんようせい）

満3歳、12歳、21歳、30歳、39歳、48歳、57歳、66歳、75歳、84歳、93歳を迎える年はこの星回りだ。金の精とされているので、この一年は金銭トラブルに注意すべき年廻りとされている。金の貸し借りは要注意。また、何事によらず大がかりな出費のいることは忌む。

また、病難、口舌、あるいは妻子について悩みがあり、生家を出るか、仕事を辞する年廻りだ。夫婦のもめごと、争乱、刀傷沙汰（ざた）など、その人の義善心の有無によって大きく分かれる。姿は金翅鳥（こんじちょう）の天冠をつけた女神で、琵琶を弾いている。

だいたい、女神の姿をした神様の年廻りは、おおむね良好とされている。金曜星は九星術では八白（はっぱく）艮宮（ごんきゅう）で鬼門に入り、諸事変化を見て難しいとされるところだが、古伝は5、6月に特に注意すればよいとされている。

日曜星（にちようせい）

満4歳、13歳、22歳、31歳、40歳、49歳、58歳、67歳、76歳、85歳、94歳を迎える年はこの星回りだ。知行（棒給）があり、学問、名誉などについて吉意があり、古来、大吉星とされるが、物質運はそれほどよくないようだ。10、11、12月に病難を注意すべきだ。妻子についての口舌、旅行を忌む。あるいは高所からの転落の恐れがある。乾、巽の方位と訴訟を構える暗示もあるが、公明正大なる人は問題ない。九星術では、離宮九紫（りきゅうきゅうし）に当たる。姿は日天子で馬車で御する太陽神。太陽は一切を照らし出す。しかも、照らし出して都合の悪いことも出てしまう。このへんが公明正大な人はよしとする理由である。

火曜星（かようせい）

満5歳、14歳、23歳、32歳、41歳、50歳、59歳、68歳、77歳、86歳、95歳を迎える年はこの星回りだ。大凶星で、この年廻りは世間でいう、いわゆる厄年に当たる。病をすれば大病となり、後々まで響く災いとなる。

古伝には、2、3、5、7、9、11月に火災、住居の難、上下関係のもめごと、悪化ありとする。また妻子との離別、6月には口舌争乱ありとする。

姿は三面四臂（さんめんしひ）の忿怒（ふんぬ）の夜叉神（やしゃじん）象。九星術でも、この年廻りは大凶とされている。

火曜星とは、火で身を焼かるるごとき苦痛の年廻りだ。病難最も重しとする。

また、人によっては家内に死人が出るとする。

計都星（けいとせい）

満6歳、15歳、24歳、33歳、42歳、51歳、60歳、69歳、78歳、87歳、96歳を迎える年はこの星回りだ。

これも火星星同様の大凶星。姿は羅睺星に似るが、頭上には九頭の蛇を乗せていっそう凄まじい姿となっている。

古伝では、1月から6月までのうち、つまりその年の前半に災いありとする。この時は財産や生命を失うほどのことがあるという。このうち、1、2、3、6月には住居に関わる災いとなる。九星術では二黒坤宮（じこくこんきゅう）で、さほど悪くないようだが、地へ落ちる象意があり、何事も最低限ギリギリを余儀なくされる年廻りだ。金銭的にも困窮を極める。

一般に羅睺、火曜、計都の3星を死期とする。

計都星とは彗星（すいせい）のこと。彗星は、軌道外れの星でもあり、古来、妖星として天文占（実際の天体をみる占法）でも不吉な存在である。かつて月蝕とハレー彗星の組み合わせから7日目の日（命宿から7つ目は壊宿）にチェルノブイリの原発事故が起きている。

同じように、獅子座流星群の直後、第二次中東戦争が起きている。獅子宮は軍旅の星だ。そこへ流星群。戦争が起きてもそう不思議ではない。

月曜星（げつようせい）

満7歳、16歳、25歳、34歳、43歳、52歳、61歳、70歳、79歳、88歳、97歳を迎える年はこの星回りだ。月の光は太陽より少ないが優しいものだ。日曜星ほどの吉意はないが、柔らかい光で吉意をもたらす。いろいろな新規の希望や貴人の引き立てがあるが、月が変化しやすいように、運気にも不安定なところがある。古伝では、2、5月に金銭の損失があり、4月には利があるものの、10、11、12月には一転して失脚、退職の可能性もある。

九星術では、三碧震宮（さんぺきしんきゅう）に入り、一応は吉とするものの、驚きごとのある年廻りだ。姿は、鵞鳥（がちょう）に駕（が）する月天子（がってんし）の姿となっている。

木曜星（もくようせい）

満8歳、17歳、26歳、35歳、44歳、53歳、62歳、71歳、80歳、89歳、98歳を迎える年はこの星回りだ。これも吉星とされる。しかし、この年廻りに大樹を伐ると、1、2、8月に祟りありという。また、口舌を忌む。3、6、9月は吉。農作物にも利があり。10、11、12月の旅行は不吉。病を得る。

木曜星の姿は天花を盛った盆を捧げる天女で示される。九星術では四緑巽宮（しろくそんきゅう）で、物事のまとまり、成就、信用などをつかさどる。

方位占——方角の吉凶を占う秘伝

ここで、伝統的な密教占星法で、年運に用いる方位占を紹介しておこう。

伝統的な宿曜経占法の特徴は、すべてが日による吉凶方位であるという点だ。つまり、方艦(ほうかん)や九星術のように、年や月の方位というのは経典では説いていないのである。つまり、物事の遂行を決めるのに日の宿を重く見る『宿曜経』の考えと根は一つである。

以下、いずれも原則として日にち単位の吉凶である。また、方位には宿単位の方位をいうものもあり、その場合、1宿の範囲は、割り切れないので、約13・3度となる。

七曜（しちよう）

まず、伝統的な宿曜占法では、第一に忌むのが七曜滞在の方位だ。これは日曜から土曜までが一区切りとなって、それと合する二十七宿の方位を占めると考えて、この方位を凶方とする。

当流では、一般の宿曜家のように瓶宮の方位を子にあてて真北とする説を採らない。また、虚宿を真北とする二十八宿方位術も採用しない。真北は、摩羯宮だ。

［例］　女宿の日が日曜だとすると、
その週はほぼ真北から真西までが凶方位となる。

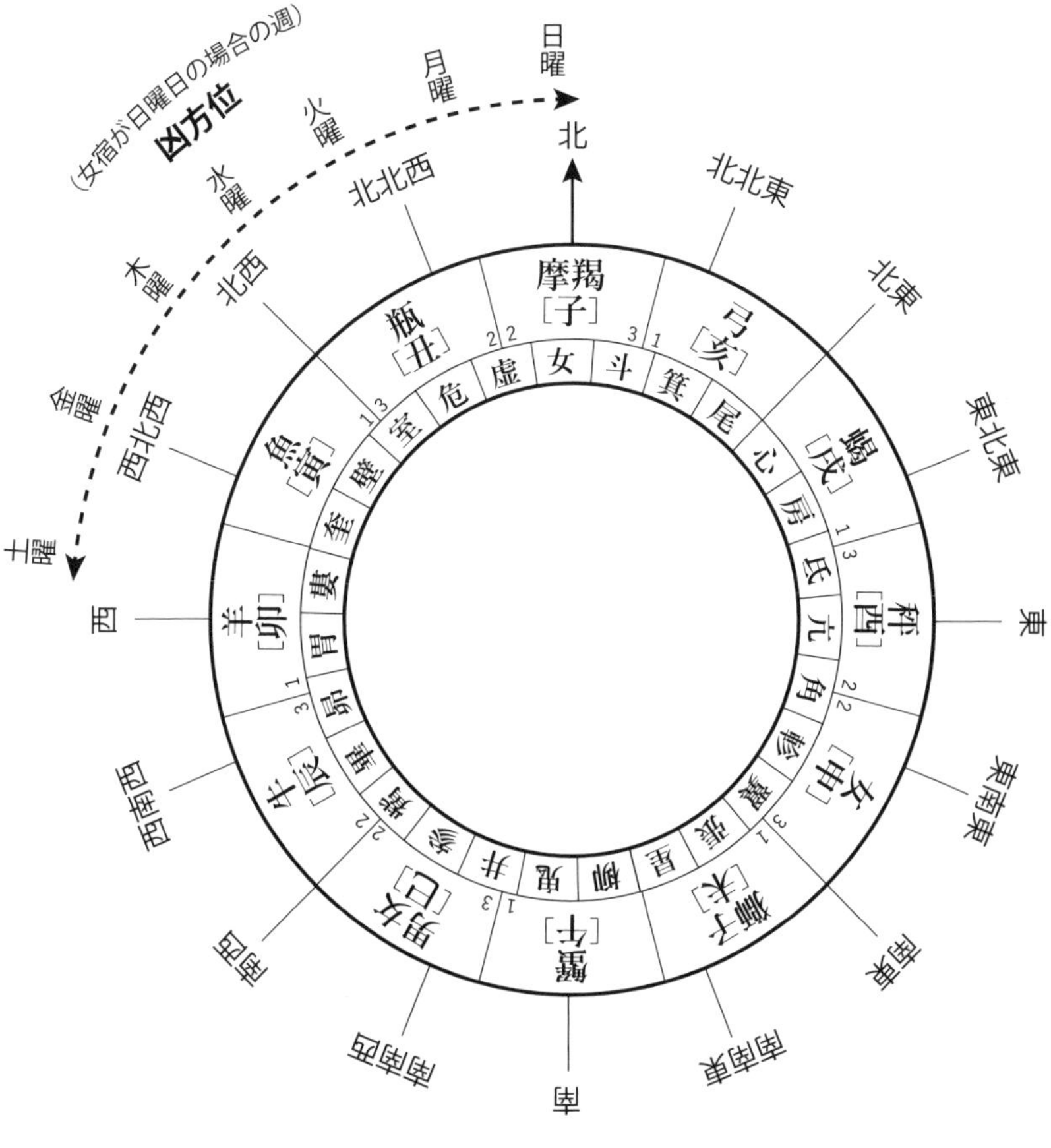

※摩羯宮は常に真北を指す。

図 11　十二宮と二十七宿と方位の関係

当流は、従来の宿曜占法と部分的にはかなり異なる点も多いと思うが、この本では、その説明はあえてしない。そのゆえは、一つにはそうした説明をすることで、他流を批判するようなことが不本意だからだ。二つにはそうした説明が流派の秘儀に入ることがあるからだ。変だと思う人は、自分の納得できる方位を採ればよい。他流のことは、あくまで他流のことだ。

そのあたりのことは当流の秘儀に参入した者のみが知っていればよいことで、私は、一般に知ってもらわねばならないとは思っていない。師から伝授を受けたままに伝えているにすぎない。もし誤っていると思う人は、自分の考えで取捨選択すればそれでよいだろう。

さて、話をもとに戻そう。

例えばある日の宿が女宿で日曜だとすると、その一週間の星の配列は次のようになる（図11参照）。

女宿―日曜、虚宿―月曜、危宿―火曜、室宿―水曜、壁宿―木曜、奎宿―金曜、婁宿―土曜

女宿はほぼ真北の宿なので、この一週間は北の女宿から西の婁宿までの範囲が凶方位ということになる。

『宿曜経』では、日曜方位は火厄、月曜は戦死や死傷、火曜は失財、水曜は眷属（けんぞく）を失い、木曜は人心背き、金曜は七曜の災いが一挙に起こり、土曜は死するとするが、常識的に考えてもこのようなことが起こるはずはない。

当流ではこの説はそのまま採っていないが、宿曜占法を学ぼうとする人はこのようなことが『宿曜経』にあると知っておくべきだろう。二十七宿十二宮の方位のところで、その点について再び触れる。

六害宿（ろくがいしゅく）

第二に忌むのが六害宿の方位だ。これは陵逼中の期間に限られているが、七曜陵逼のところで話した六害宿の方位を忌むわけだ。六害宿は各人の本命宿により異なるので、当然、人によって忌む方位はさまざまになる。

これらの方位へ行く時は、六害宿の各々に属する災厄が起こるとしている。内容的にはもう一回、七曜陵逼の項（182ページ）を見てほしい。

今、奎宿の六害方位を見ると、まず奎宿（命宿）がある西北西の一角、次に西から西南西にかかる昴宿（意宿）、南の柳宿（事宿）、南東の翼宿（克宿）、東の亢宿（同宿）、北東の尾宿（聚宿）の六方位を忌む。

太白星（たいはくせい）

次に太白所在の方位を忌む。太白星とは金星のことだ。

これは「宿曜和讃」に「八方まわって中央、天上」とあるように、旧暦1日に東から始まって8日で一

表6　太白星の方位

日付（旧暦）	太白星の方位（忌む方位）
1日、11日、21日	**東**
2日、12日、22日	**東南**
3日、13日、23日	**南**
4日、14日、24日	**南西**
5日、15日、25日	**西**
6日、16日、26日	**西北**
7日、17日、27日	**北**
8日、18日、28日	**東北**
9日、19日、29日	**中央**
10日、20日、30日	**天上**

周、中央、天上に入る。まとめると表6のようになる。

これらの方位を侵すと、事故、怪我、火傷、口論、争いを起こす。

逆に太白星を背にして進むと、大吉、勝利を得るとする。

西洋では愛の女神ヴィーナスであるこの星も、所変われば、金気殺伐の神となるわけだ。なお、中央では家の中、床下、天上では天井、屋根などの修築を忌む。

二十七宿十二宮

『宿曜経』下巻には「行動禁閉法」も説かれている。

まず二十七宿だが、次の四つの宿について特定の方位を凶とする。


軫宿の日、北へ行くを禁ずる。

女宿の日、東へ行くを禁ずる。

鬼宿の日、西へ行くを禁ずる。

婁宿の日、南へ行くを禁ずる。


これらの日は、たとえ吉日でも、禁忌の方角へ行ってはいけないとしている。

次に十二宮だが、これは月の十二宮を用いず、むしろ二十七宿を構成単位と考えた日の吉凶方位を示したもので、表7を参照してほしい。なお、『宿曜経』では、十二宮方位において氏宿がいずれの宮に属すかの説明はない。また、尾宿は本来は弓宮に属すが、経典では方位については蝎宮に属す日としている。

また、同じ『宿曜経』であっても、本によって大吉が大凶になっているものもあるが、一応、そのうちの一本を選んで参考までに紹介した。

ここで問題なのは、例えば羊宮である婁、胃、昴の日、西が大吉と考えるとすれば、日の七曜方位を忌むのと矛盾することだ。仮に婁宿を日曜とすれば、以下、7番目の井宿の土曜までは七曜滞在となり、当然凶になるべきだ。婁、胃、昴は羊宮なので、全く含まれて相互に矛盾を生じる。

この矛盾解決するため、当流では七曜滞在方位は、七曜陵逼の期間以外は使用しないことになっている。

表7　十二宮の方位

十二宮（二十七宿）	方位	吉凶
魚宮（壁、奎の日）	東	吉
羊宮（婁、胃、昴の日）	西	大吉
牛宮（畢、觜の日）	北	大吉
男女宮（参、井の日）	東	吉
蟹宮（鬼、柳の日）	南	大吉
獅子宮（星、張の日）	西	大吉
女宮（翼、軫の日）	南	大吉
秤宮（角、亢の日）	東	大吉
蝎宮（房、心、尾の日）	南	大吉
弓宮（箕、斗の日）	西	大吉
摩羯宮（女、虚の日）	南	大吉
瓶宮（危、室の日）	東	大吉

破軍星（はぐんせい）

この他、『宿曜経』の所説ではないが、古来、よく宿曜家、陰陽家の使用した方位術に破軍星を用いるものがある。破軍星は、北斗七星の第七位だ。これは北斗七星を竜王に見立て、その尾の先についている剣先を避けようというもので、軍学の一つとして兵法家には珍重されたものだ。

表8はその方位を示したものだ。月は旧暦で、十二支は時刻を表す。十二支の時刻については表9を参照してほしい。

この占法は、時間と月から割り出す。

例えば正月の子の刻は、いつも破軍星は東南東にあるというわけだ。

表8　十二支と時刻　※十二支は時刻を表す。表を参照。

方位	1月	2月	3月	4月	5月	6月	7月	8月	9月	10月	11月	12月
南	寅	丑	子	亥	戌	酉	申	未	午	巳	辰	卯
南南西	卯	寅	丑	子	亥	戌	酉	申	未	午	巳	辰
西南西	辰	卯	寅	丑	子	亥	戌	酉	申	未	午	巳
西	巳	辰	卯	寅	丑	子	亥	戌	酉	申	未	午
西北西	午	巳	辰	卯	寅	丑	子	亥	戌	酉	申	未
北北西	未	午	巳	辰	卯	寅	丑	子	亥	戌	酉	申
北	申	未	午	巳	辰	卯	寅	丑	子	亥	戌	酉
北北東	酉	申	未	午	巳	辰	卯	寅	丑	子	亥	戌
東北東	戌	酉	申	未	午	巳	辰	卯	寅	丑	子	亥
東	亥	戌	酉	申	未	午	巳	辰	卯	寅	丑	子
東南東	子	亥	戌	酉	申	未	午	巳	辰	卯	寅	丑
南南東	丑	子	亥	戌	酉	申	未	午	巳	辰	卯	寅

同じように、5月の午の刻は東北東にある。この方位に向かうことを忌み、背にすれば勝利するとされている。現代では合戦などはないが、交渉事などで相手がこの方位へ向かうように座らせるのも一法かもしれない。

✣

以上で中伝は終了である。古来、宿曜占法と言われているものは、ここまでの部分が多い。奥伝では、いよいよ破門殺について説明していく。

表9　十二支と時刻

十二支	時刻
子	午後11時～午前1時
丑	午前1時～午前3時
寅	午前3時～午前5時
卯	午前5時～午前7時
辰	午前7時～午前9時
巳	午前9時～午前11時
午	午前11時～午後1時
未	午後1時～午後3時
申	午後3時～午後5時
酉	午後5時～午後7時
戌	午後7時～午後9時
亥	午後9時～午後11時

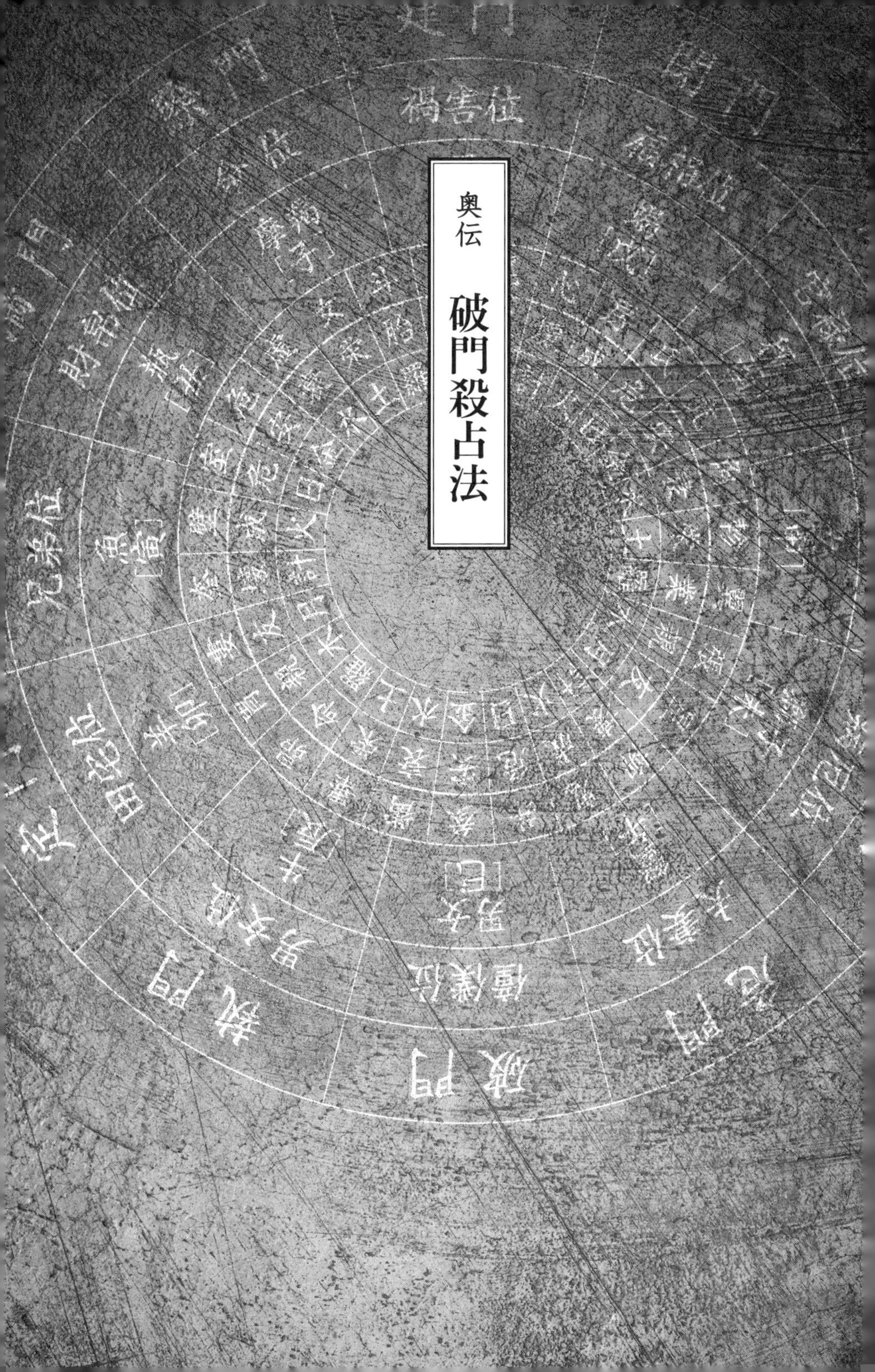

奥伝

破門殺占法

十二門 ―― 十二支占術の秘伝で人生の大勢を見る

〔一〕十二支と十二門

奥伝の内容は当流独自のものであり、既存の書籍などには一切、見られないものだ。

しかも、実はこの部分こそが本書の最も目玉となるところなので、熟読し、しっかりと身につけていただきたい。

多年研究したが、従来の宿曜占法にどうも飽き足らないという方は、占星盤の扱い方とこの章からいきなり読まれてもよいかと思う。多分に裨益（ひえき）するところがあるだろう。

さて、奥伝で枢要となるのは十二支だが、この十二支は現存の密教経典には登場しないが、部派仏教の経典の一つである『十誦率（じゅうじゅりつ）』には十二獣の転輪占（てんりんせん）に関する記述があり、また十二支の虎が獅子に変えられた十二支占意に相当することがあったことがうかがえる。ただし、それらが現在もインドで行われているか否かはわからない。

また、チベット仏教でも十二支占法が盛んであることが、ダライ・ラマ14世の自伝からもかいまみられる。

そもそも十二支は天体の運行としては木星の運行を表したものであり、尊星王流（そんじょうおうりゅう）では十二宮、二十七宿と並んで欠かすことができない大切な要件なのだ。

では、さっそく本題に入ろう。

十二支が重要であることは今述べた通りだが、本法では、命理を鑑定するに当たっては、単に生年の十二支を用いるだけでなく、さらに生年支の強弱の推移を表す十二門を大いに活用している。そこで、本章では十二支占術の秘伝とも呼べる、この十二門について、詳しく解説していくことにしたい。

さて、その十二支に照応する十二門とは、具体的には次の通りである。

建門（けんもん）
除門（じょもん）
満門（まんもん）
平門（へいもん）
定門（じょうもん）
執門（しつもん）
破門（はもん）
危門（きもん）
成門（せいもん）
収門（しゅうもん）
開門（かいもん）
閉門（へいもん）

表10　十二門と十二支の対応関係

十二門	十二支（生年干が建門）											
建門	子	丑	寅	卯	辰	巳	午	未	申	酉	戌	亥
除門	丑	寅	卯	辰	巳	午	未	申	酉	戌	亥	子
満門	寅	卯	辰	巳	午	未	申	酉	戌	亥	子	丑
平門	卯	辰	巳	午	未	申	酉	戌	亥	子	丑	寅
定門	辰	巳	午	未	申	酉	戌	亥	子	丑	寅	卯
執門	巳	午	未	申	酉	戌	亥	子	丑	寅	卯	辰
破門	午	未	申	酉	戌	亥	子	丑	寅	卯	辰	巳
危門	未	申	酉	戌	亥	子	丑	寅	卯	辰	巳	午
成門	申	酉	戌	亥	子	丑	寅	卯	辰	巳	午	未
収門	酉	戌	亥	子	丑	寅	卯	辰	巳	午	未	申
開門	戌	亥	子	丑	寅	卯	辰	巳	午	未	申	酉
閉門	亥	子	丑	寅	卯	辰	巳	午	未	申	酉	戌

この順序は変わらない。建門に生年支を当てて、すべて十二支に従って、順に配する。

占星盤を使用すれば書き記すまでもないことだが、例えば、子年の人だと第三輪の子を第四輪の建門に当てて、除門が丑、満門が寅となって、表10の最上段のような展開になる。

このうち、破門とは生年の十二支が最も弱くなる位置であり、どの十二支も占星盤で向かい合う最も遠い位置が破門となるわけである。要するに、えとと正反対の位置が破門なのだ。しかし、他の十二門も生年支から遠い位置になるほど運気は悪い、というような単純なものではない。具体的には、以下に説明しよう。

〔二〕十二門の命理

十二門の命理判定法は本命宿（命宿）がいずれの門に属すかで判断するものだ。本命宿が二つの門にまたがる時は、これも出生時間によって決する。

卯年の昴宿日生まれの人の例を挙げてみよう。

昴宿は卯（羊宮）に1／4、辰（牛宮）に3／4かかっている。この場合、午前6時までの生まれを卯に命宿があると考え、それ以降の生まれでは辰に命宿があると考える。

卯年の建門は卯、除門は辰なので、前者の場合は建門命宿、後者の場合は除門命宿の生まれとなる。十二宮の章で説明した、時間によって所属の宮を決める方法と全く同じだ。十二宮の解説（144ページ）をもう一度参照してほしい。

なお、十二門の名称は本来十二建と呼ばれるものに淵源するが、一般に暦本に解説されている十二建とは、意味内容は異なっているので、混同しないようにしてほしい。

十二門は、人生の大まかな傾向を見るためのものだが、宿、曜とともにこれを参考とすると、判断にグッと幅が出る。

さて、それでは具体的に十二門別に見ていくことにしよう。

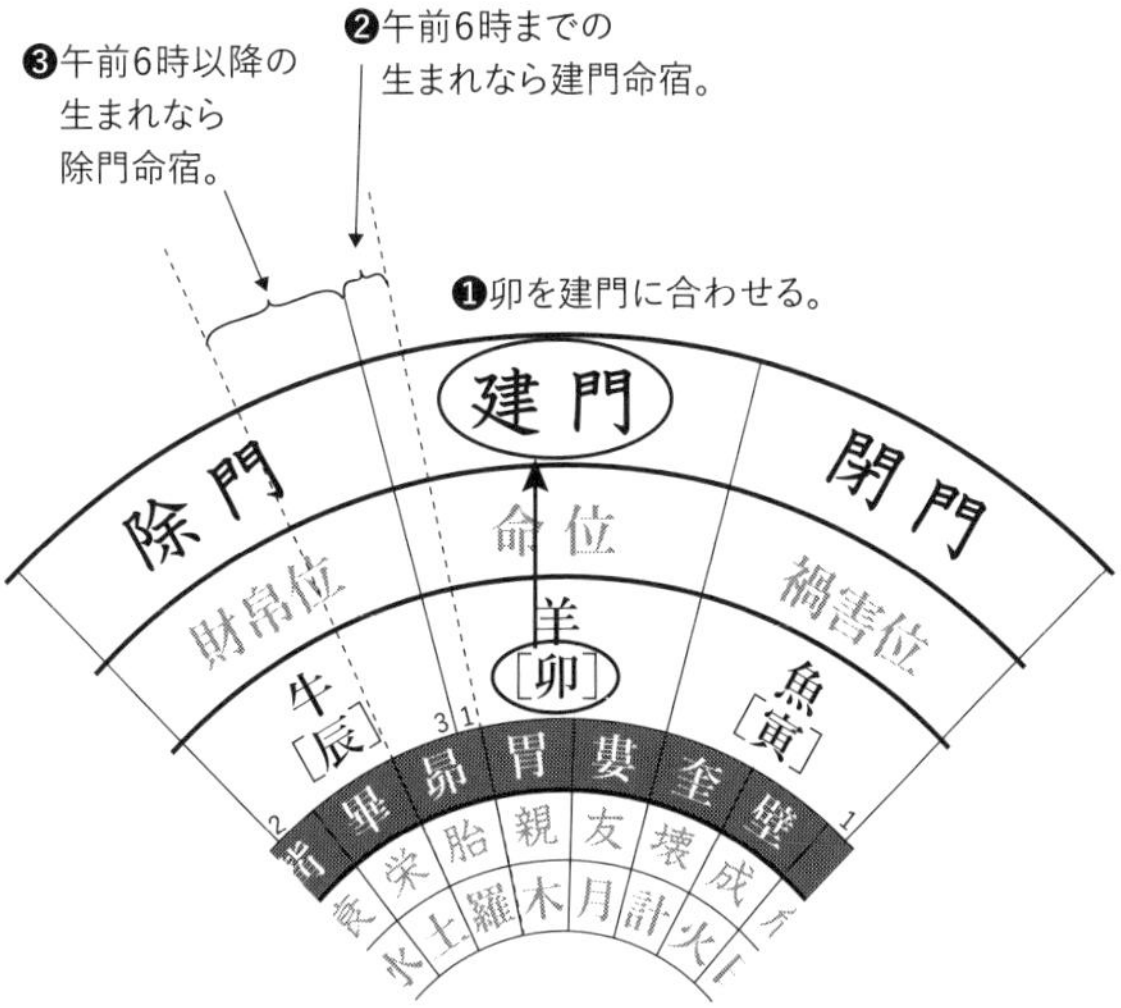

図12　十二門の命理の判定
(卯年の昴宿日生まれの人の場合)

建門（けんもん）に本命宿

独立性の志向がしっかりしている。建は「建つる」なので、ここに命宿が入っている人は多少の苦労はあっても、早く自立した方がよい。しっかり者であり、家運を担い、一家の柱になっていくべき命の人。親の面倒もしっかり見なくてはならない。

女性も、他家へ嫁いでも、たいてい長男など家督相続の任に当たる夫を持つ。女性はいささかしっかりしすぎて、夫となる人は手を焼くかもしれない。努力家でリーダーシップがあるのは、男女ともに変わりはない。温厚篤実で社会性が確立した人物だ。この人自身が長男、長女に生まれることが多いのだが、ともすると結構長い間、生家のやっかいになる人がいる。これはこの命の人にとってはよいことではない。本来の独立性の芽を腐らせてしまう。もともと強い安定型の運気を持っているのだから、勇敢に邁進（まいしん）してほしい。

また、この命理の子供があれば、あまり世話を焼き過ぎてはならない。どんどん自主性を伸ばしてあげること。本命宿のある門としては最も佳命とする。

除門（じょもん）に本命宿

運気盛大の命理。財運も強く、ライバルや一切の障害を除く剛健の人である。

自分を頼りとして勇猛果敢に人生を切り拓（ひら）いていく。統領運で、衆をしてよく従わしめる実力、辣腕の人だが相続運は薄い。すべて、自分で作った人間関係や信用を土台に展開していかなければならない。

この人は少年時代からして親の言うことはまず聞かない。このため、どんな大人になるのかと周囲は心配することだろうが、それは、おおむね取り越し苦労というものだ。かなりの実力を秘めている。サラリーマンよりは独立業の方がよいだろう。というのは、この生まれの人の欠点は、人に頭を下げるのが嫌いなことにある。プライドが高く、納得しなければ引かない。運は建門の人のような安定性には欠けていて、波乱含みだ。

しかし、立ち回り次第では大きな成功を収める可能性が大。実力があるため、反面わがままになりやすいので増上慢(ぞうじょうまん)は戒めること。

満門（まんもん）に本命宿

満つれば欠くるが道理だ。男性はやや覇気に欠ける。出世、栄達などより、マイペースで自己流の生き方の方を大切にする。物事を強く言い張ってまで人を説得したりはしない。

また、外見から感情がよくわからず、つかみにくい性格だ。ことに女性は一見、温和のようでいて、実際には薄情な人さえいる。

この命の人は、積極性を養なわなくてはならない。また、大志を要する大業や独立事業、あるいは競争の激しい仕事やアピールの必要な営業職などには不向きだ。

コツコツやっていくことには才がある。また、慎重で几帳面(きちょうめん)なので、学者や医師、会社では経理・事務、役所の職員などには向いていると思われる。

孤独になりやすいのだが、本人にとってはそれほど苦にならない。

平門（へいもん）に本命宿

平門は平らぐる門の意。「一升枡は一升枡」という言葉があるが、器が決まっていて、成長の少ない命であり、努力がそのまま結果につながらない恨みがある。

また、気まぐれで物事に精励しているかと思えば、たちまち休息して長く放置したりする。少年期には空想癖にふけったりしやすく、とかく根気や持続性に欠けるところがある。

いわゆるボーっとした子供であることが多いものだ。ただし、内心に真心があり、義理人情に厚く、芸術風雅を愛する心がある。

この人はものをなすのにあまり長期にわたらず、やる気になっている時に一息にやってしまうことが大切だ。福祉や宗教、慈善事業などに向く。また、創造性の必要な仕事、文学、芸術にもよいだろう。物の修得や学習は早い方だ。

定門（じょうもん）に本命宿

定門は学識、見識ともに定まりたる門の意。直感力があり、智恵にすぐれ、先見の命がある。また、それをひけらかさず、能ある鷹は爪を隠すの風情がある。生家を出て成功するタイプなので、家にかじりついていてはならない。他家へ養子に入ることも少なくない。慎重派だが、神経質でやや過敏の性分であり、そのくせ、人に対しては無遠慮、無神経の振る舞いがあるので、注意しなければならない。学芸の才があるが、サラリーマンとしては不向きだ。また、決断力や大胆な発想にやや欠けるので、起業家、自営業者としても今一つといったところがある。

また、人に細々したことを相談することが嫌いなので、そのために成るべきも成らずに終わることも少なくない。

執門（しつもん）に本命宿

金銭への執着が強い人で、それだけに蓄財の才がある。これゆえに執門の名を冠する。

この生まれの人は若いうちの苦労は買ってでもすべきだ。そうでないと、生来の偏屈さがそのままに育って運気を損なう。元来細かい性格であり、小器の人。自己修養に努めないで育つと、家を破るまでに至ることがあり。女性は良縁を得難いものがある。

また、男性は生地を離れて苦渋をなめる。悪くすると、職業を転々として行き詰まることにもなりかねない。子供縁も薄い人だ。しかし、宿曜の組み合わせがよい人は外柔内剛で、小器ながらしっかりした人となる。この命は、思い込みの激しい難がある。偏屈さを収め、修養を大切とすべきだ。

破門（はもん）に本命宿

十二門中、最大凶の門だ。

酷薄の命にして親子の縁が薄いか折り合いが悪く、はなはだしくは生別、死別し、他家で養育されたりすることすらある。

短慮にして性格が激しく、些細なことにも過敏に反応し、よい意味には取らない。とかく人と衝突し、難しい人物として周囲に煙たがられる。また、障害が多く親和性を得ない。そもそも本命宿とは、自分自身の体を示す星だ。これが破門になるのだから、大小にかかわらず健康的にどこか不調を来しやすい。後天的にもそのようになる可能性が強いので、怪我や事故には十分注意すること。

また、社交性の全くない反社会的人物もいる。まれに波乱の中からのし上がる強烈なタイプもあるが、運を保つのは難しいだろう。正しい信仰によって悪因縁を浄(きよ)めることが大切だ。

危門（きもん）に本命宿

内に知恵ありて、みだりに現さぬ人。心中潔(きよら)かにして口数少なく無駄口を利かないが、説得力はある。若年より中年に至るまで何かと苦労が多く不安定だが、後半より運気は上昇する。年を感じさせない人で、若いうちは落ち着いた静かな雰囲気に包まれ、年を取っても若々しさを失わない。世間において、何らかのアドバイス、助言をする仕事に向いている。

結婚運は薄く、あまりよい方ではない。再婚してようやく落ち着く人もある。とかく話が批判がましくなる点は、注意をしないと敵を作る。家族思いで同情心の厚い人物であり、また研究熱心だが、迷い出すときりがつかず、決断力に欠けるところが難だ。

成門（せいもん）に本命宿

心中に慈愛の心がある。また、ことに当たり成就するの意があって、成門と名付ける。上位の人より愛顧がある命だが、生家より出て他家へ養子に入ったり、長男でも外へ出る人が多いものだ。生家を比較的早く出て、他所へ住み込んで働く人も少なくない。

才気があり、浪費を嫌い、やりくり上手。また忍耐力があり、公益の志ある人で、まず世の人を益して、それを喜びとする徳を有する。ただし、夫婦縁はあまりよい方ではなく、子供ともさほど縁は深くない。無理が利くタイプだが、病をするとなると、それがたたって長患いになる。宿曜の組み合わせが悪い人は、喋ることに終始一貫なく、無責任な発言で信用を欠く。

また、色情に弱いところがある。色欲が強いというより、情に負けるところが強いので、この点をきっぱりと退けてかからないと、思わぬトラブルに泣くこともある。

収門（しゅうもん）に本命宿

この命は、よく福分を収める意がある。

恩着に報いる心が厚く、人格円満にして品位がある。進取の気性に富み、博識で世間一般の尊敬を集めうる人だ。また、技術、芸術などに長じる人がある。こういう点が認められて、とかく上位の立場へ進みやすいのだが、柔和の性であって、統率力には欠ける。

むしろ補佐役や次席として活躍した方がよいといえよう。頭領となれば、温順は八方美人、熟慮は不決断ととられ、衆望を失う。宿曜の組み合わせが悪い時には、紳士的だが心中、些細なことで自惚れを含み、増上慢の心を育むことを忌むべきだ。

また、物質的にやや執着が強く、欲張りやケチにならぬよう注意すべき。しかし、おおむね財にも不足せず、佳命というべき人が多いものだ。外見も若々しく、年齢を感じさせない人。長子や家督を継ぐ命である。

開門（かいもん）に本命宿

開門は門戸を開いて出行するの意がある。

このため、この命は遊行、出行、移転を好み、また庫蔵の扉を開いては金銭を出し、豪奢なことを好んで家計を気にしない傾向がある。欲しいものを我慢できないところがあるので、自制心を養わなければならない。よく「私は欲しいものがあったら我慢できない性分だ」などと広言してはばからぬ人があるが、一個の成人としてはいささか恥ずべき発言ではないだろうか。この命の子供があれば、この点をしっかりしつけないと本人が後の人生で苦労する。

人当たりはいいが、対人技術があるわけでない。正直というより率直な感じは受けるが、人との約束などはあまり気にせず、自己中心的に行動するので、とかくトラブルを生じる。また、異性関係でも色欲に耽溺してしくじる。修養を怠ると、どうにもならないだらしない人物となる可能性があるので、注意しなくてはいけない。一言でいえば、未成熟人間になりやすいのだ。したがって、信義を大切とし、物事に持続力を持つことだ。

あまり堅苦しいことはできない性分なので、趣味を活かした仕事や自由業の方がよいだろう。とかく親の溺愛が祟りやすいので、早くより独立性を身につけ、才能を磨くことによって成功できるだろう。

閉門（へいもん）に本命宿

閉門は収穫大にして庫蔵に貯えがあるという意味だ。

威徳、力量があり、果断の人。また上位の人の引き立てを得る。正義感だが、やや独善的であり、敵対者に手心はない。生来の威徳があって、無より有を生じる。

また、プライド高き人である。万事において主導権を握らねば気がすまず、自己主張の強い人だが、あまり剛直に過ぎる時は、人徳を損なって運を傷つける。本来、義善の徳があって、気に入れば人の面倒もよく見る。人の好き嫌いは極めてハッキリしている方だろう。アクが強いので、人からも大変好かれたり、逆にさしたる理由もなく嫌われることもある。

また、表向き人の話は聞いても心に入れず、心中閉じるために閉門という。心中はかたくなだ。表面上の社交は大変巧みなものがある。開門と閉門では、開門の方が一般的に言葉の上からはよいイメージがあるが、開門は下分の命、閉門は上分の命と覚えて欲しい。チャレンジ精神がこの命の一番の特長だ。

破門殺と十二支 ——災禍に見舞われる時期を予測する

[一] 破門殺の算出方法

さて、いよいよ本書の表題にもなっている「破門殺（はもんさつ）」について話す時がきた。

破門は、初伝の十二支の項で述べたように、生年の十二支の対冲だ。つまり真向かいの十二支である。命理的に命理が破門に入っていなくても、誰もが、同じように破門の制圧を受けてしまう時期、それが破門殺なのだ。

つまり、破門の時期に起こる災禍であるから、「破門殺」であるということなのだ（なお、本書では以下、破門と破門殺をほぼ同意語として扱い、破門の時期における差異化現象を強調する場合は特に、「破門殺」という表記を用いている）。

もともと十二門においては破門というのみで、破門殺とまではいわなかったらしいが、これは監修者羽田の造語である。

では、なぜそのよう災禍が予測されるのだろう。

この場合、十二支を月として考えてもらうと一番理解しやすいだろう。無論、この占いで使うのはあくまで年の十二支だが、十二支には月に当たるものもあれば、さらにこれを日や時間にも当てはめることができる。

例えば、午の月は、今の暦では6月に当たる。夏である。このころに生まれるものには、どんなものがあるだろうか。例えば、昆虫たちである。これが真向かいの子の月である12月になったらどうなるだろう。ほとんど死滅してしまうか、そうでなくても深い土の下で眠っているほかない。

同じように冬に出て来る虫もある。あまりご存じないようだが、フユエダシャクといわれる蛾がそうである。この蛾は真冬に出現するが、逆に夏には飛んでいない。これは単に気温の問題ではない。以前に多摩動物園の昆虫館で、真冬にカブトムシがいた。でも、聞いてみると時間をずらして生まれるようにしているそうで、いくら暖かくしておいてもやはり夏から秋にいたるような時間が経つと死んでしまうそうである。つまり、周期のうち、生まれた時期から最も遠い所に向かって生命はどんどん弱くなるのである。

人間は虫ではないので、もっと大きなサイクルで動いているわけだ。

そして、破門殺に当たる時期には、一切が衰亡する形となる。また、その時はたいしたことはなくても、ここで出発した事業は行き詰まり、結婚は波乱の結末となる。

それではまず、その恐るべき破門殺のめぐる時を算出してみよう。

これには独特な算出法がある。午が破門殺なら、午年が悪いなどというものではない。それではただの十二支占いになってしまう。

まず、命宿を0歳と考える。次に隣の宿、三・九でいう栄宿を1歳と考え、衰宿を2歳と考えて操る。これを表にすると、表11のようになる（年齢表記は満年齢だが、旧暦の歳を超えたら、つまり旧暦1月1日になったら、既にこの年齢になったと考える）。

ちなみに、三・九の命宿から親宿までを九執（くしゅう）に直すと、次のようになる。

表11 三・九宿と年齢

一・九	年齢
命	0歳、27歳、54歳、81歳、108歳
栄	1歳、28歳、55歳、82歳
衰	2歳、29歳、56歳、83歳
安	3歳、30歳、57歳、84歳
危	4歳、31歳、58歳、85歳
成	5歳、32歳、59歳、86歳
壊	6歳、33歳、60歳、87歳
友	7歳、34歳、61歳、88歳
親	8歳、35歳、62歳、89歳

二・九	年齢
業	9歳、36歳、63歳、90歳
栄	10歳、37歳、64歳、91歳
衰	11歳、38歳、65歳、92歳
安	12歳、39歳、66歳、93歳
危	13歳、40歳、67歳、94歳
成	14歳、41歳、68歳、95歳
壊	15歳、42歳、69歳、96歳
友	16歳、43歳、70歳、97歳
親	17歳、44歳、71歳、98歳

三・九	年齢
胎	18歳、45歳、72歳、99歳
栄	19歳、46歳、73歳、100歳
衰	20歳、47歳、74歳、101歳
安	21歳、48歳、75歳、102歳
危	22歳、49歳、76歳、103歳
成	23歳、50歳、77歳、104歳
壊	24歳、51歳、78歳、105歳
友	25歳、52歳、79歳、106歳
親	26歳、53歳、80歳、107歳

命、業、胎の年廻り→羅睺（らごう）星……凶

栄の年廻り――→土曜星……吉

衰の年廻り――→水曜星……半吉半凶

安の年廻り――→金曜星……半吉半凶

危の年廻り――→日曜星……半吉半凶

成の年廻り――→火曜星……凶

壊の年廻り――→計都（けいと）星……凶

友の年廻り――――→月曜星……吉
親の年廻り――――→木曜星……吉

つまり、三・九と九執はぴったり対応するわけだが、混乱すると面倒なので、本書では九執ではなくて、三・九秘要法の言い方を用いる。

要するに誰でも、命宿から始まって、27歳で占星盤を一周したことになるわけだ。

したがって、当然その間に破門に当たる二十七宿を通過することになるわけだ（表12参照）。その間にはつまり、門の作用として強烈な破壊作用が起こる。本書ではこれを「破門殺」と名付けたわけである。この期間が、月でいえば、約27ヵ月間（閏月が入れば28ヵ月間）に当たるということになる。

各宿はご存じの通り、4足からなるのでこれを四季に割る。

破門殺の期間は、宿の何足から始まるかによって次の4パターンがある。

表12　十二支と破門殺

生年の十二支	破門殺	破門殺に当たる二十七宿
子	午	井宿1／4、鬼宿、柳宿
丑	未	星宿、張宿、翼宿1／4
寅	申	翼宿3／4、軫宿、角宿1／2
卯	酉	角宿1／2、亢宿、氐宿3／4
辰	戌	氐宿1／4、房宿、心宿
巳	亥	尾宿、箕宿、斗宿1／4
午	子	斗宿3／4、女宿、虚宿1／2
未	丑	虚宿1／2、危宿、室宿3／4
申	寅	室宿1／4、壁宿、奎宿
酉	卯	婁宿、胃宿、昴宿1／4
戌	辰	昴宿3／4、畢宿、觜宿1／2
亥	巳	觜宿1／2、参宿、井宿3／4

宿の1足目から始まれば▼旧暦1月1日からさ来年の3月末日で終わる。
宿の2足目から始まれば▼旧暦4月1日からさ来年の6月末日で終わる。
宿の3足目から始まれば▼旧暦7月1日からさ来年の9月末日で終わる。
宿の4足目から始まれば▼旧暦10月1日からさ来年の12月末日で終わる。

子年の人なら午の蟹宮が破門に当たるので、井宿の後方1／4と鬼宿、柳宿が破門殺だ。これは四季のパターンに当たる。

1年が1宿なので、井宿の歳の旧暦10月から破門殺に入って、あと2年間は丸々破門殺ということになる。ここで、「井宿の年とは何歳の時に当たるか」ということが重要なわけだが、当然それは、どの宿を本命宿とするかによって、つまり人によって異なってくる。例えば、この場合で、昴宿が本命宿の人であれば、表11を応用すると、三・九の危宿に当たる4、31、58、85歳を迎えた年が、井宿の年ということになり、これらの年の旧暦10月以降から破門殺に入ることになる（図13参照）。

なお、年を区切るのに十二宮は用いない。なかなか変則的で複雑に思われるだろうが、前述の星宿の切れ目は旧暦9月30日で、翌日10月1日からが破門殺だ。

これは、年は太歳星（たいさいせい）（木星）の周天であり、十二宮は太陽の周天であって、本来、別のものだからだ。宿曜占法では、九星術や干支術のように、同じもので年も月も日も構成されているとは考えていないのである。

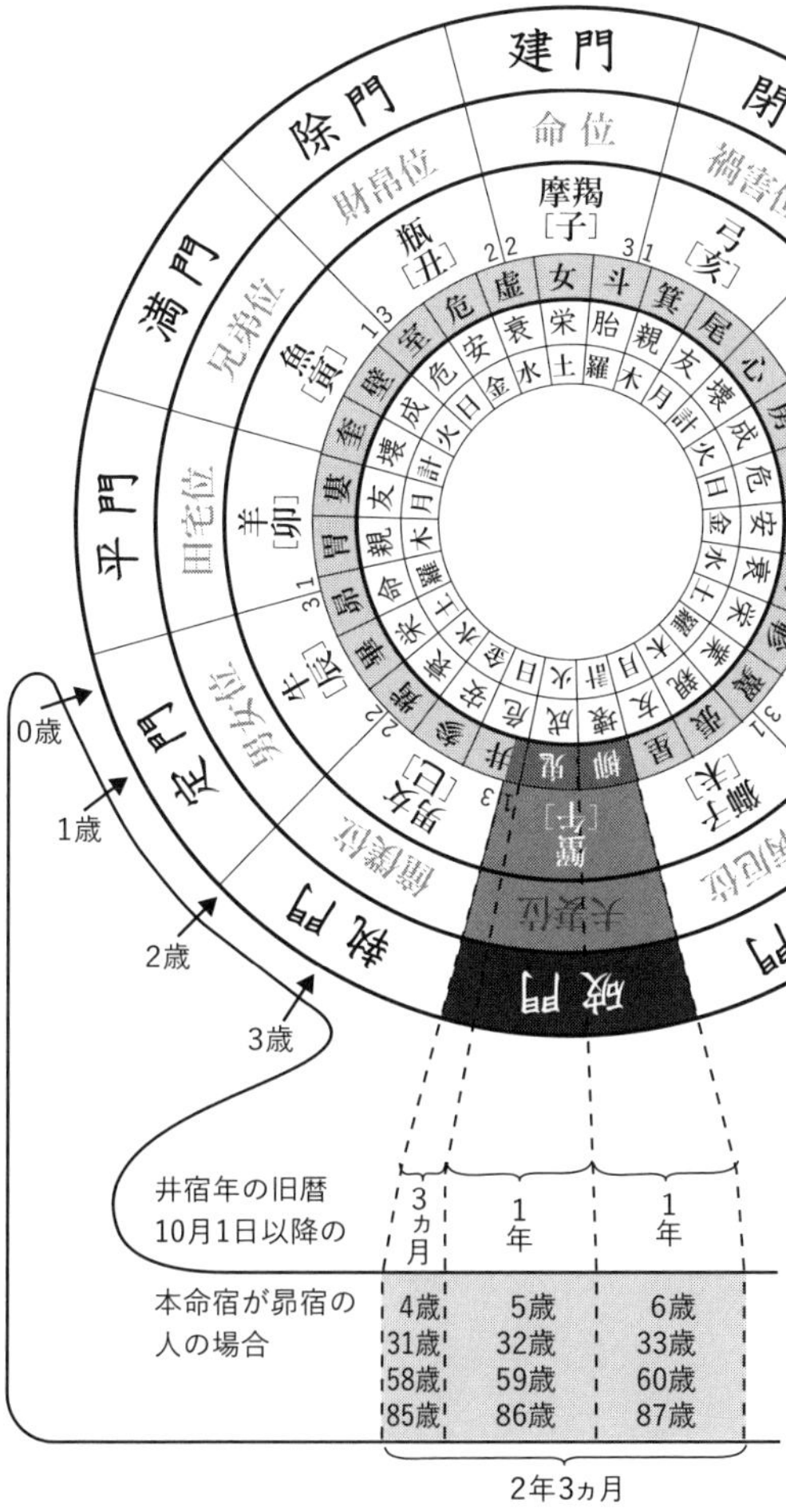

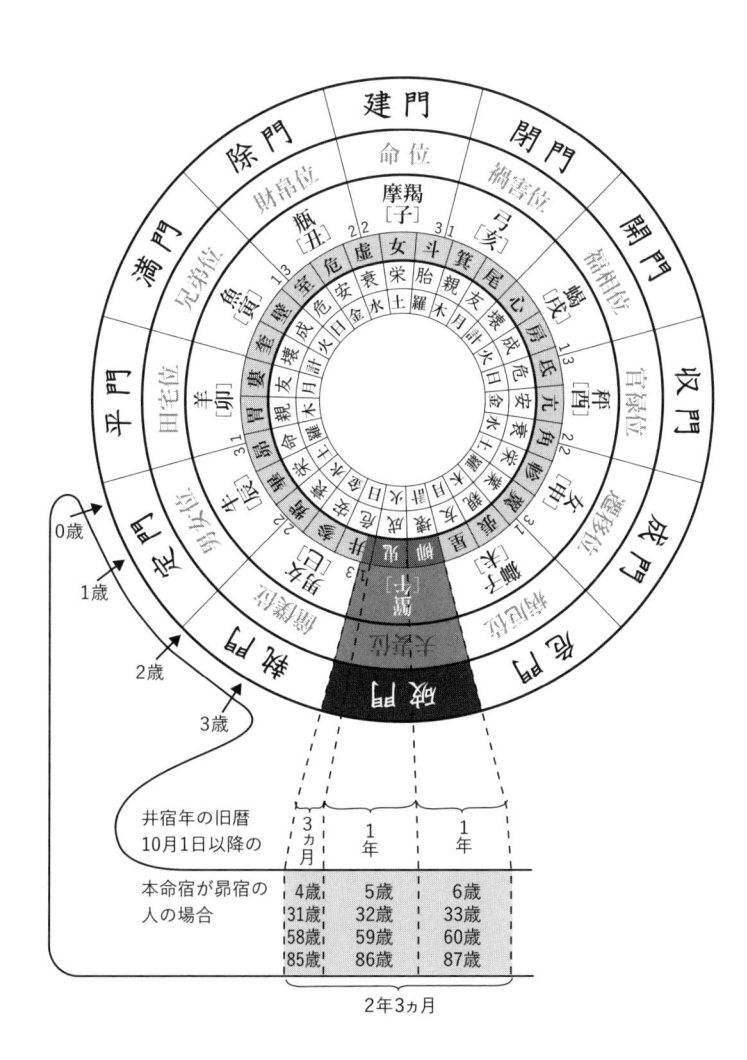

図13　子年生まれの人の破門殺

〔二〕十二支別破門殺現象

では、具体的にもう少し詳しく、十二支別の破門殺の様相を話していこう。

なお、大限破門ほどのことはないが、破門に当たる本来の十二宮の時期も、やはり運気が弱い時期に当たるので、これも考慮するとよいだろう。例えば、酉年の人なら卯が破門である。卯は十二宮では羊宮に当たるので、酉年の人なら毎年羊宮（旧暦2月16日〜3月15日）の間は要注意ということになる。

さて、日にも同様に破門はあり、子年の人なら、蟹宮が破門なので、井宿の日の夕方6時から鬼宿、柳宿の日の間が破門殺となるわけで、これらの日には毎回注意しなくてはいけない。

ただし、年と違って日の二十七宿は万人に共通にめぐってくるので、十二宮や二十七宿そのものの吉凶はあまりいわない。もしそれをいうと、例えば、蝎宮の日々は万人ことごとく悪く、吉宿の和善や安重は万人ことごとくよいということになるだろうが、現実的ではないと考える。

また、年の破門殺は日の破門殺とは異なった原則の上で展開しているので、混同してはならない。日の吉凶は、十二宮や二十七宿そのものの象意ではなく、三・九の方を基本として考えてもらいたい。

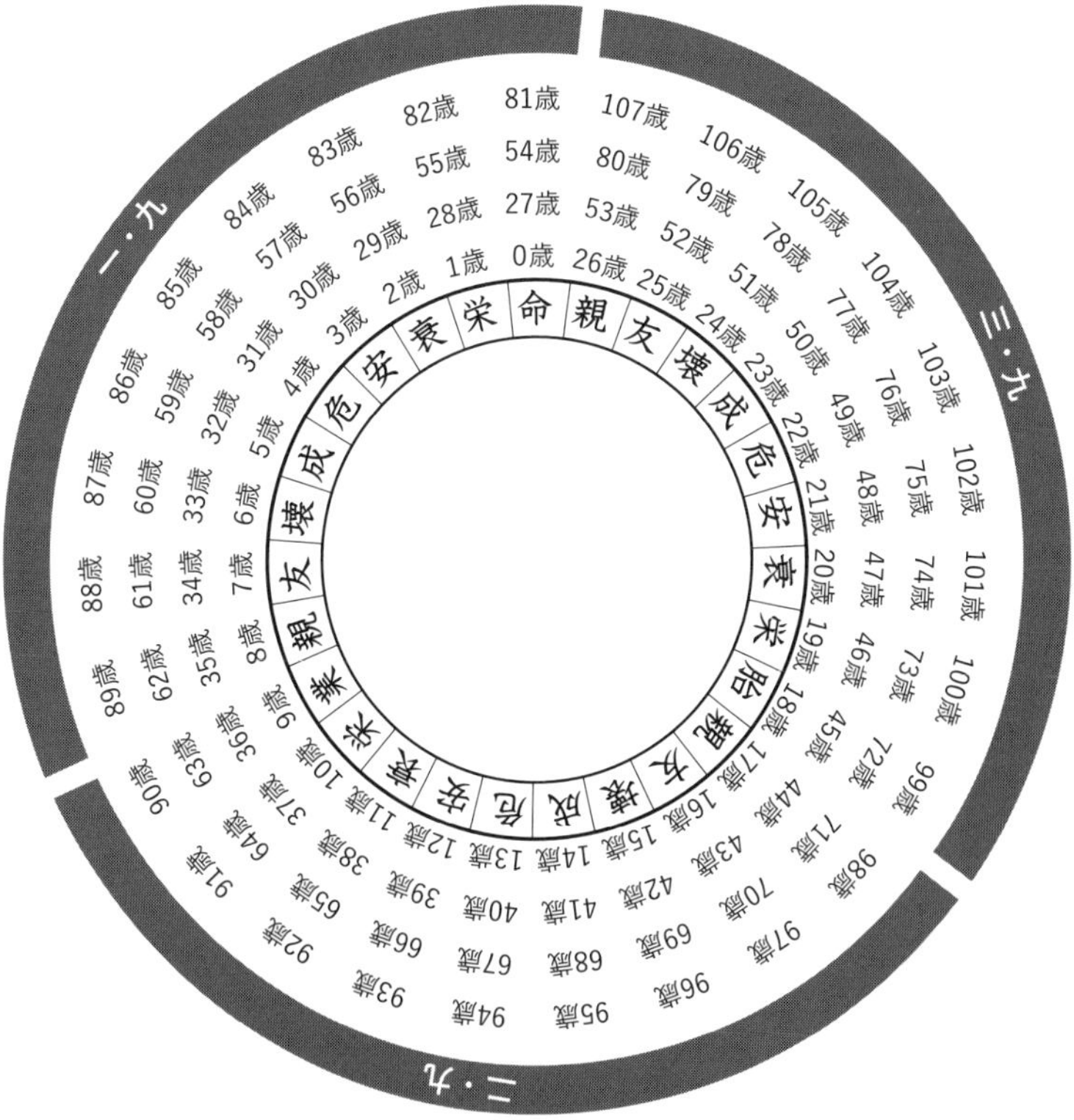

※本命宿の年を起点(満0歳)とする。ただし、誕生月にかかわらず、
その年(旧暦年)に入ったら、既にその年齢になったと考える。

図14　三・九と年齢の相対関係

子年（ねどし）生まれの破門殺現象

子年の人の破門殺は、蟹宮に属す宿星。27年に一度めぐり、すなわち井宿がめぐった年の旧暦の10月より入って鬼宿、柳宿の歳の旧暦年末に至るまでの27ヵ月を破門とする。

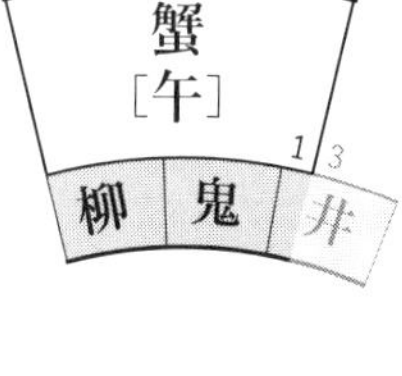

まず、破門殺に入る井宿の年の秋ごろになると、今までやっていたことをやめて急にどこかへ行ってしまいたくなったり、また既にこの年に入ってから、会社などで今までの地位を追われる方向へ事態が進んでいる場合も少なくない。これは破門殺が猛威をふるう前兆だ。一番悪いケースは、企業などでは営業が悪化した場合の解雇が考えられる。具体的な時期については、破門殺に入る前後。また、自分で嫌気が差して、どこかへ放浪の旅へ出てしまうことも考えられる。

他動的には左遷ということもあるだろう。破門殺の性格からすると、だいたい、最初の破門殺入り当たりからドンと出てしまい、それが尾を引いて苦しめられるのが普通だが、真ん中の井宿は軽躁宿に属すから、この年廻りは軽はずみなことをして、大いに後悔をしないようにしてほしい。

翌年の鬼宿に破門殺現象が出るとすると、今度は人間関係の激化が起きて衰運への引き金となる。些細なことから恨みを買ったり、言葉の行き違いからでも徹底的に人ともめる羽目になる。また、火災にも注意したい年廻りだ。これは、この宿を「熾盛宿（しじょう）」とするためだ。反目し合うのは、職場とは限らない。親族同士でも激しいやりとりがあるかもしれない。

この年廻りは急速宿に属すので、早い対応をすることが大切だ。そうしないと事態も急速に悪化していく可能性があるからだ。また、鬼宿は別名「諍論宿（じょうろんしゅく）」ともいうので、無用の議論は喧嘩でなくても避けた方が無難だろう。

最後の年である柳宿は、毒害宿に属すので、最も注意すべき年廻りだ。破門殺は最初にポンと出ないで、最後の最後、もう少しで無事に2年3ヵ月が終わるという時に出ることも少なくない。入りばなと、出る時に注意してほしいのが破門殺だ。これに関しては何年の人でも同じだ。

この年廻りは、表面上は大変パワフルに事を進めることができるのだが、破門殺に入っていると、年の後半にはガタンと来るような大事が勃発（ぼっぱつ）する。今まで怖いものなしだった天狗の鼻がぽっきりと折れてしまう。

金銭上のトラブルや書類上の手落ちから大事、公難、法律問題が生じ、果ては裁判となったり、刑罰を課せられる羽目にもなりかねない。また、酒色に耽って散財することも要注意だ。この年廻りは、妙に気が大きくなってしまうので、くれぐれも慎まなければならない。柳宿に限ったことではないが、毒害宿に属する星は力もあるが、マイナスに出ると、とんでもない災いを引き起こす。毒害宿の名称からいってもその方が強いのだから、特に破門中にはくれぐれも注意してほしい。

さらに、命、業、胎や成、壊などの星回りが重なると、大禍は必至となる。

子年以外の人々は破門にはならないで蟹宮にめぐる。この場合は、学問、芸術などについては利がある。金銭的なことに利がないわけではないが、変則的になる。

どちらかといえば、財よりも名誉なことに利があるが、蟹が横歩きするように運も安定性を欠くし、蟹が短命の生物であるように福分も保ちがたい傾向にあって、吉とはいえない。このゆえに蟹宮を三大悪宮の一つに数える。蟹がはさみを振り上げて人を脅かすように、人間関係でも、ことを構えて物議をかもしがちだ。

しかし、子年は三大悪宮である蟹宮を破すので、子年生まれの破門殺は十二支のうちでは比較的軽い方だ。

なお、子年の人は毎年、蟹宮の時期である旧暦5月16日より6月15日ごろは要注意だ。

仕事に関しては、司法関係の仕事、検事、行政書士、司法書士などは縁があるが、不向きの職業であり、運勢上はよくない。これらは蟹宮の仕事であり、子は蟹を破るゆえ、よくないのだ。

丑年（うしどし）生まれの破門殺現象

丑年の人の破門殺は獅子宮に属す宿星。すなわち星宿の年、張宿の年と、翼宿の年の旧暦3月末日までの27ヵ月がその期間だ。星、張は、猛悪宿。翼は安重宿。

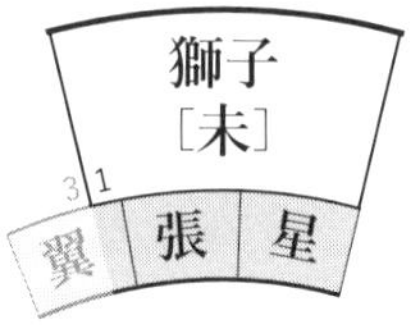

まず星宿の破門殺だが、これは男女によって少々、現れ方が異なる。男性は、経済面が圧迫されてくる。商売はガタンと成績が下がり、企業も営業成績はダウンする。

サラリーマンの場合は、遠方へ転勤で飛ばされる可能性もある。

女性の場合は、ストレスが募って病の兆し。また、男女ともに、親子仲にもめごとが起こりやすく、家庭も面白くない。外憂内患が二つながら起こってくる。結婚や養子縁組の話も出るが、当然、よくない。

星宿は猛悪宿なので、普段でもよい年廻りではないが、破門殺ならなおのことだ。

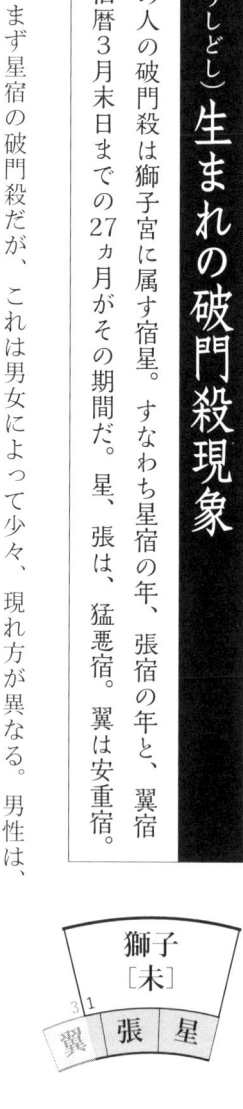

次に張宿の年廻りだが、これも猛悪宿でよくない上に、破門殺が入った場合は、状況のめまぐるしい変化に追いまくられて東奔西走することとなる。しかも実利は上がらない。人の世話事で多大な出費をすることとなったり、自分の借金が増えて首が回らないようなこととなるので、余計な世話はせず、お金は最低限でやりくりしなければいけない。

家庭でも離婚、再婚などの話が出る。離婚は、場合によって構わないと思うが、再婚はいけない。また、この年に失職すると、職の定まらぬままにズーッといってしまうおそれがある。再就職しても続かない。

最後の翼宿だが、破門殺はたいてい前の2宿のうちに出てしまうのだが、翼宿に至って破門殺現象が起こるとなると、翼という字がついているからというわけではないが、好むと好まざるとにかかわらず、あちこち飛び回らねばならぬようなことが次々と起こり、落ち着きを得ない。お金もどんどん出ていくのだが、有効的な経済手段もなく、お手上げだ。会社などでは人の妬みから大変な妨害や中傷を受けたり、足を引っ張られたり、散々である。また、ちょっとした失言がもとで大騒ぎになったり、相手に深く恨まれたりもするので、言葉にはくれぐれも注意したいものだ。

本来、これら獅子宮に属する星々がめぐる時は、軍旅の星なのであわただしい時期ではあるが、破門殺や命、業、胎、成、壊に当たらなければそれなりの利益もあり、そう悪いわけではない。ただし、獅子宮の精は日曜（太陽）ですべてを照らし出すので、よいところも問題点も明瞭（めいりょう）に出る。ここをもって大きく生活の弱点を改めなければならない。特に男性にとっては大きく活躍できる時期でもあり、ドンと飛躍したいところだ。

この間は仕事に徹することができれば、効果は大きいものとなるだろう。

また、レジャーとして海外に旅行したり、子供のできる好機でもある。

女性の場合も、仕事を持っている人は男性同様に考えてよいと思うが、家庭婦人の場合は、何らかの事情で家計の一端、あるいは多くを稼がなくてはならなくなり、荷の重くなる時期でもある。

獅子宮では創業の心が起こるが、破門殺に当たっていると、創ってすぐに潰すことになりかねないので、十分注意してほしい。

なお、丑年の人は、毎年、本来の獅子宮の時期である旧暦6月16日より7月15日は運気が低下するので注意すべきだ。

また仕事は、移動しながら行うものや旅行業、海外業務、自衛隊、警察、外交セールスなどには向かない。

寅年（とらどし）生まれの破門殺現象

寅年の人の破門殺は女宮に属す星宿。翼宿年の旧暦4月より軫宿年、角宿年の旧暦6月末までの27ヵ月が破門殺となる。

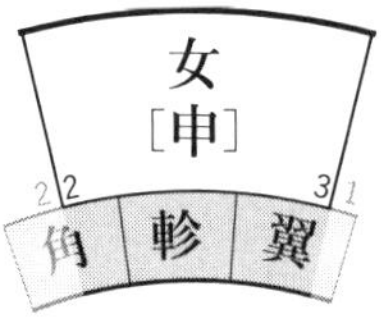

翼宿の破門殺は前述の丑年の破門殺での説明と基本的には同じだが、こちらは女宮に属すので、特に女性とのトラブルに注意してほしい。とりわけ男性は、会社などで女性を怒らせて、とんだ集団攻撃を受けることがある。また、憶えのないことでセクハラなどと言われることもありえる。くれぐれも言動には注意してほしい。

寅年の人は女宮が破門なので、男女の別なく、まず障害として立ちはだかるのは女性だ。これは何も女性のライバルが出現することだけを言うのではなく、恋愛問題で手を焼いたり、仕事の上でも女性が介在して面倒事になるということだ。

さて、次の軫宿の年廻りは、物質的なことは全く期待できない。しかも打つ手もなく、ただ苦渋をなめつづける一年となる。また、交通事故や外地での事故、災害にも十分注意しなくてはならない。何とかよくなりたいと策をめぐらすが、これがかえって災いとなることも少なくない。何よりも辛抱が大切だ。また、不動産売買で損失を見る暗示があるので、この年廻りが破門殺であれば、不動産の購入は見送るべきだ。人の妬みから妨害を受ける年でもある。

軫宿年の次の年は、角宿だ。ここで最も気になるのは既婚者の離婚である。この宿は、別名妻子宿とされる。妻子について悩みがある意味だ。

また、そこまでいかなくても別居に至ることは十分考えられる。家庭問題だけでなく、仕事を失うこともあるので、よくよく注意しなくてはいけない。

また、急病や水難にも弱い年廻りなので、この年廻りはサーフインや海水浴、水遊びには注意が必要だ。病は肝、腎の二臓を患い、重くなると、手足の所作を損なうに至る。

しかし、この星は和善宿なので、功徳を作るのによい年廻りだ。苦しい中にも先祖の供養や神仏の信仰に励み、周囲の人のためになるような生活を心がけよう。これが厄除けだ。

功徳を作る基本は、貪(どん)、瞋(じん)、痴(ち)を戒めることだ。貪はむさぼりで、少しでも得をしよう、人に迷惑をかけてでも自分が徳をしたいという心である。

瞋は瞋(いか)りだ。しょせん、人は人、我は我だ。これが理解できないと怒りの毎日となる。痴はおろかさのことだ。これは愚痴を言うことに代表される反省のない心だ。これらを戒めることなく、仏参り、神詣で、先祖供養をしても功徳にはならない。

女宮は安重宿の翼宿、急速宿の軫宿、和善宿の角宿などで構成されており、毒害、猛悪などの凶悪な宿星はないが、破門殺に入ると、ことにおいて積極的に出られず、手足をもがれたような状況に陥る。寅年以外の人は、女宮は破門殺に当たらない。それらの人々が女宮にめぐると、比較的穏やかな時期を迎える。男性にとっては、女性に出会うチャンスにもなる。また女性相手の仕事、美容師や女性ファッションなどをする人には、運気が活発化してくる時期となる。

また、旅行の機会にも恵まれる。ただし、この時期は方針に迷いやすい時なので、信頼できる人にしっかり相談することがよいだろう。なお、寅年の人は、毎年、女宮の時期である旧暦7月16日～8月15日は要注意だ。

職業としては、女宮を破門とするので、女性客相手の仕事は不向きだ。男女問わず、女性から迷惑をかけられたり、振り回されたりして苦労することが多いようだ。女性との共同経営もトラブル含みだ。

卯年（うどし）生まれの破門殺現象

卯年の人の破門殺は、秤宮に属す宿星。角宿の年の旧暦7月より入って亢宿年をへて、氐宿年の旧暦9月末日までの27ヵ月間を破門殺とする。

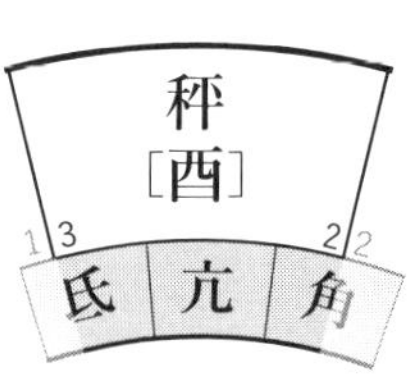

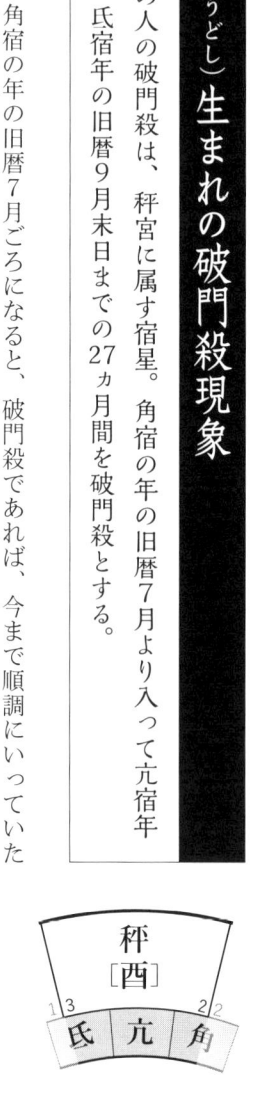

角宿の年の旧暦7月ごろになると、破門殺であれば、今まで順調にいっていた

ことの歯車が合わなくなる。特に共同事業などであれば、重要なメンバーが抜けていったり、自分自身が辞めて他の方向へいくこととなったりする。サラリーマンであれば、転勤という形で出やすいのだが、いずれも破門殺現象なので、よいことにはならない。酷い場合には、突然のリストラに遭って泣くようなことも考えられる。私的側面では、家庭に波風が立つ。これも突然、妻や夫から、「離婚したいので別れてほしい」などと言い出され途方にくれる。角宿は一名妻子宿なので、破門殺に当たれば、それが妻子のことに出やすい宿星だ。また、何事においても、解散、分裂といった形の凶変事として現われる。

亢宿は学問、芸術などにはよい星回りだが、物質運はさほど強い星ではない。

したがって、破門殺中であれば、物質運は下向の一途となり、やむをえずお金を借りたりすることになる可能性も出てくる。それでも借りることができれば、まだよい方と思ってほしい。

例えば、前年の角宿で会社を放り出されてしまったりすると、亢宿に至ってもなかなか仕事にありつけない。この星回りの年運は自分が窮する立場にいることがわかっていないという形で出る。他所から仕事を紹介されても、何のかんのとケチをつけたり、贅沢を言って受けようとしないのだ。しかし、これをやってしまうと来年の氐宿はもっと厳しい宿星なので、大変なことになってしまう。

亢宿の星回りは、何よりも下座（げざ）（謙虚な立場）に立っての行動でなければならない。角宿の年に幸い破門殺現象が出なかった人は、亢宿で人間関係の不協和音や地に足がついていない馬鹿げた考えで大きな損失を出すに至る。はた目から堕落したというより思いがあった人物になったと映る。戒めるべきは慢心だ。

また、普段は問題にならないようなことでも、この年は訴えられたり、警察の世話になったりしてしまう。これも本人は大したことと思っていなくても、慢心から社会のルールより大きく逸脱していることが認識できなくなっているためだ。

氐宿の年になると、分限を越えたことに他動的に手をつけて、失敗するといった形になって出る。この年は独立などを考えてはならない。しかるに、たいてい人に何も相談せず、黙々と計画を進めていく年廻りなので、はた目にはそれを注意してくれる人はいない。自分から相談するようにしなくては駄目だ。氐宿は剛柔宿に属す。この剛柔宿に属す星回りは、まず自尊心が高くなって、一人我が道を行く、といった気持ちが強くなる。亢宿の年廻りのように上っついた感覚ではないのだが、勘違いや思い込みが引き金となって大きく失敗する。いうまでもなく、開店、開業などもいけない。

また、この年、人にお金を貸したりすると返ってきにくいので、大きい金を貸してはならない。他にも、住居の立ち退きや仮住まいの契約更新ができずに苦慮するなどの難問や、つまらない異性に一途になっての失敗もある。これはつまらない人物を過大評価するのではなく、つまらないと知っていて、ついつい無用の手助けや援助などをしてみすみす馬鹿を見る。

秤宮の破門殺は、一言でいえばバランスを失った形となるわけだ。秤はバランスが大切なのだが、この時期は計算や堅実な考えなどが失われ、金があればあるでばらまくようにポンポン使ってしまい、気がついた時にはトラの児はたききり、借金すらできている、などということにならないようにしなくてはいけない。

卯年生まれ以外の人は、秤宮は破門に当たらない。旧きを去り新しきについたりするにはむしろよい時期であり、秤宮の持つバランス感覚が身について順調であることが多いものだ。なお、卯年の人は毎年、秤宮の時期である旧暦8月16日～9月15日の期間は要注意だ。

職業としては、秤宮に属す会計や出納、税理士など、金星の管理業務は不向きだし、何かと障害が多いだろう。

辰年（たつどし）生まれの破門殺現象

辰年生まれの人は破門殺は蝎宮に属す宿星。すなわち氐宿の旧暦10月より房宿年、心宿年までの27ヵ月がこれに当たる。

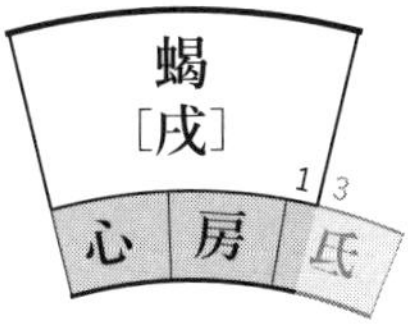

氐宿の旧暦10月ごろになると、急にすべてがストップするような形となる。壁にどんと突き当たったようなものだ。営業は全くやらず、請負業なら仕事は入ってこない。この期間はわずか3ヵ月くらいだが、パタッと客足や業務成績が止まってしまうので、大変に不安だ。こういう時は何しても無駄なので、むしろ悪あがきをしないことが第一だ。ところがえてして「そんな呑気（のんき）なことでどうする」とはっぱをかける上司や周囲の言葉もあって無理をし出すところから、破門殺は余計、酷くなる。家庭の主婦の場合などでは、亭主が急病で倒れたため、一身上に一家の責任が降りかかったりして非常に深刻なこととなる。しかしこれらはだいたい一過性のものであることが多いのでそんなに騒ぎ立てない方がよいのだと覚えておいてほしい。

房宿の年廻りは「奉仕の心を大切に」という年廻りなので、この年には努力が直接的に利潤に結びつかない。破門殺ならなおさらのことだ。この年廻りに破門殺を出すまいとするなら、思い付きで物事をしないということにつきる。この年廻りには急に海外へ行ってみたくなったり、にわかに仕事を変えてみたくなったり、気分転換したくなるのだ。しかし、破門殺が入っていれば、それがすべて裏目に出るのはいうまでもない。女性の場合は急に仕事をしたくなって家庭の場を離れたり、さらには離婚して他の男性のもとへ走ったり、家人から見えれば、どうにかなってしまったのでは？　と疑いたくなるような行動を取る人もある。

しかし、これらは大変浅はかなことであったとわかる時には、貴重な時間も金も愛情も失われた後となるので、よくよく注意しなければならない。

また、何よりも注意したいのは、思わぬ大病で倒れることとなったり、しつこい慢性病に陥ったりすることだ。蝎宮は医療の宮なので、医者に縁のできる年廻りが続く。十分に注意して、少しでも変だと思ったら病院で検査を受けることが大切だ。特に房宿年の夏以降は要注意と思ってほしい。急に思いもよらぬ病にかかり、あわてることが多いようだ。

また、一名、富貴（ふうき）宿といわれる房宿だが、破門殺中には経済面は期待できないと思ってほしい。下手に金が入れば入るで、その運用を誤り、元も子も失うのが関の山だ。

さて、最後の心宿の年廻りだが、これは毒害宿でもあり、氐、房、心の中では最もきつい星だ。この年廻りは、孤立無援となったり、人によっては困窮から悪事に手を染めたりするおそれがある。そこまでいかなくても、夜逃げや踏み倒しをせざるをえないくらいのことがしばしばだ。自分の方からは万事休する形であり、下手な考えは休むに似たりなので、苦しまぎれに打って出るなどということは考えてはならない。しかし表面上は思わしくなくても、実はこの年廻りは寒風の中で既に堅いながらも芽が枝先にちゃんとついている。したがって下準備としてはもってこいの年廻りだ。一方、房宿の年に病を得ると、心宿の年に全快することは難しいと思ってほしい。しかし、心宿は蝎宮破門殺最後の年廻りに当たるので、いわば夜明け前であり、年の半ばを過ぎた当たりから、すべてにおいてかすかに光明が差してくる。まだまだ本調子ではないのだから、無理はいけないが……。

だいたい辰年の人は破門殺には強い方だ。この点では十二支中ナンバーワンといってもいいだろう。蝎宮、蟹宮、摩羯宮は、尊星王流では三大悪宮と呼ぶ。これが破門になるのは、辰年、子年、午年の生まれの人々だ。悪宮に破門殺が重なるので、さぞや酷いことになると思うだろうが、三悪宮が破門殺でいく分かは相殺されるため、他の十二支の人より破門殺の圧力は出ないようだ。なお、辰年の人は、本来の蝎宮の時期である旧暦9月16日～10月15日は要注意。

また、辰年生まれは蝎宮の職務である医療関係、医師、看護婦、薬剤師などは向かない。

巳年（みどし）生まれの破門殺現象

巳年の人の破門殺は弓宮に属す宿星で、尾宿、箕宿のめぐった年と斗宿年の旧暦3月までの27ヵ月がこの期間となる。

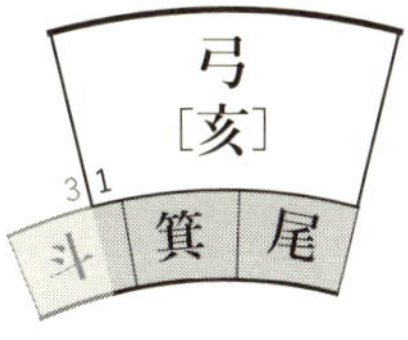

弓宮のうちの尾宿は、毒害宿、箕宿は猛悪宿、斗宿のみが安重宿に属し、なかなか怖い星が並んでいる。もともとは弓は殺傷の道具であり、生物の命を絶つものなので、その点を留意してほしい。

破門殺で尾宿を迎えると、まず物事への執着が強烈となり、ないものねだりのような変なわがままが生じる。また嫉妬心が強くなり、これらが理性や智性のタガを破って暴走させることとなる。したがって、自ら無理なことに大金をかけて損失を招いたり、競争心からいらぬ出費を出したりということになったり、また既に恋人や配偶者があるのに、他の異性を手に入れようとして躍起になり、家庭を崩壊へ招くなどの愚行がある。

何よりも、意固地(いこじ)になるのが一番よくない。破門殺の引き金となる。また、柔軟な心を持つよう心がけねばならぬ年廻りだ。

箕宿は、尾宿よりさらに悪化した状態を作り出す宿星だ。尾宿にはまだ力強く、粘り強く物を推し進める力がある。したがって、破門殺や成宿、壊宿に当たらなければ物事のなる時期といってもよいのだが、箕宿の場合、それもなく、だらしなさが取って代わるので、どうにもならない。ぐずぐずと決断力を失って、物事を悪化させていく。はじめは当事者同士の問題だったものも、第三者を巻き添えにして、ついには元も子もなくなってしまうまで問題は続く。

破門殺でなくても、年でめぐった場合、箕宿は最も始末に負えない宿星の一つだ。尾宿は、年廻りなら「しまった！」と気のつくことが、箕宿ではそうならない。ずるずると底なし沼へ入っていってしまう。

したがって、この年廻りは無計画な借金などをすると、命取りだ。とりわけレジャーや遊びのための借金などもってのほかだし、この年に始まった恋愛は、いわく因縁つきだ。既に相手や配偶者のある人との交際だったり、どうにもならないタカリやヒモ人間との交際であることが多いものだ。内容的にも純愛などというものよりも色欲に溺れての愚行ということになる。また、一般の交際も若い人などは悪い仲間へ引っ張られやすいので十分注意してほしい。病を得れば、悪性の感染症や性病、腫瘍などになりやすい傾向にある。

最後の斗宿は、トラブル含みの年廻りだが、前の2宿に比べればかなりマシのようだ。巳年の人はぜひとも尾、箕の2宿を無事に乗り切ってほしいものだ。斗宿の場合は、人間関係で孤立したり、身に覚えのない罪を着せられて、村八分状態へ追い込まれたりする。また、これは必ずしも悪いこととはいえないが、扶養者が増えて、生活費が増大することもある。この場合は、結婚というよりむしろ老いた親御さんと同居することなどによって生じる。斗宿の破門殺ではどうしても愚痴や文句が多くなることができてくるが、愚痴は措いたとしても、無実の罪を着せられれば黙っていてはならない。言うべきことは言って、是非を正す必要がある。

なお、斗宿の破門殺では、人によって現実感覚を失ってストレス性の気の抜けたような病に陥ることがある。つまり現実逃避だが、これがレジャーや酒色に耽るというようなことではなく、内にこもってしまい、いわゆるノイローゼになるわけである。ストレスの発散を上手にすることも、斗宿を乗り切る大切なポイントと考えてほしい。巳年以外の人にとっての弓宮は、経営者や実業家、政治家や部下を抱える人にとっては権威を高める大切な時だ。また、経済面でもドンと伸びるチャンス。サラリーマン一般にとっても、出世のチャンスであることは同様である。エネルギッシュな時期だが、あまりやりすぎて失敗しないことを心がけてほしい。若い人も何かに夢中になれる時期なので、将来のためにとことん打ち込んでほしいものだ。

なお、巳年の人は弓宮の時期である毎年の旧暦10月16日～11月15日には要注意。

職業では、権威をもってする名誉的職業、政治家とか、官公庁の長とつく職などを目指すのは得策ではない。民間の企業などならよいだろう。何事も名誉より実利を追うべきだ。

午年（うまどし）生まれの破門殺現象

午年の人の破門殺は、摩羯宮に属す斗宿の年の旧暦４月よりはじまって女宿年、虚宿年の旧暦６月の末日までの27ヵ月となる。

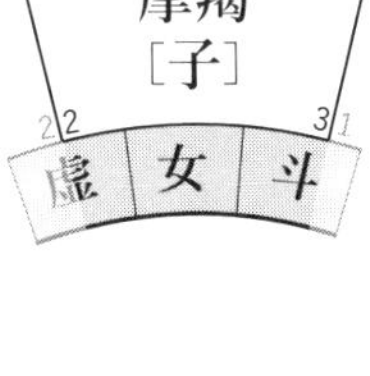

摩羯宮は、安重宿の斗宿、軽躁宿の女宿、虚宿で構成されており、一見するとそんなにきつい年廻りではないが、摩羯宮自体が三悪宮の一つなので、これがめぐるとなかなか辛い目に遭わされる。だが、この三悪宮と破門殺は相殺するので、午年の人は他の人に比べて破門殺の凶意はやや薄いとする。

しかし、もともと三悪宮は凶意の強いところなので、そこへめぐればラッキーとはならない。まず、斗宿の４月１日からの破門殺は物事がすべてストップする。企画などはいいところまでいって水の泡になる。何かやるのなら早くしなくては成立しない。

というものの、破門殺はやはり破門殺なので、大きな企画などは成立することはないし、成ったとしても後で悪化するので、やめておいた方が無難。「考えておく」と言われたら、おおむね駄目だと思っても誤りではない年廻りだ。金銭運や物質運も薄い年廻りなので、その他物事によらず実利的なことは形にならないし、しようとしてもならないのだが、精神的なこと、宗教や芸術、学問などの実利に直結しないことには吉意がある。ズーッと田舎へ帰っていない人は、この年の破門殺を迎えたら、まず田舎への墓所へお詣りしておくことをおすすめする。

さて、次の女宿の年だが、困難な中にも普通は人の協力を得て物事を成し遂げるという年廻りだが、破門殺では衆多の助力もあまり効果が上がらず、焼け石に水だろう。でも、こうした助力がどれほどあるかで、日ごろのその人の人徳がしのばれる。困難の中ならなおさらのことだ。「困ったら僕たちがいるよ」などと言っていても、いざ困って行ってみたら居留守、門前払いなどということは世の中には珍しくない。しかし、それゆえに困った時ほど本当の友が誰なのかを知る絶好の機会なのだ。

もし誰も助けてくれないとしたら、それは人徳の問題であるのかもしれない。この年もノンビリしていてはならない。急ぐことと、機を見るに敏であることだ。また、女宿は摩羯宮の中央に当たる。摩羯宮は刑罰や闘争を表す凶暴な官位なので、争乱や訴訟のもととなる事件が起きたりすることも、一応は注意せねばならない。また、個人的に隠れた悩みごとの起きやすいときでもある。破門殺でも助力はある時なのだが、慢心から人に嫌われないよう、言動に注意すべき年廻りでもある。

最後は虚宿だが、これは女宿よりさらに陰の気が強い宿星だ。この年廻りは、何よりも病気と色情の誤りやトラブルに注意しなくてはいけない。この宿は貧財宿の別名があり、欲にこだわりが出る時だが、財のみにならず異性問題に執着して、とんだ恥をかく時でもある。こちらは純愛のつもりでもあまりしつこく口説くと、ストーカーなどと言われて大変な目に遭ったり、性病やそうでなくても下半身や腰、腎臓の病などには十分注意してほしい。病の場合、形となってからでは遅いので、前年の女宿の年の間に十分注意していないと意味がない。貧財宿とは別に富貴宿の名もある虚宿なので、破門殺中でなければドンと財を当てることもあるのだが、そうはいかず、勝負に出て元も子もなくす。万一にドンと当てたら当てたで、反動は健康や私生活に出るので、派手なことはくれぐれも謹んでほしい年廻りである。虚宿は破門殺に当たっていなくても、だいたいロクなことがない。身動きできずジーッと時を待つ時でもあり、昆虫や爬虫（はちゅう）類の冬籠りと一緒と考えてよい時なのだ。

最初に書いたが、摩羯宮に当たる年廻りは午年の人でなくてもいろいろなトラブルに悩まされる。水の怪獣、摩羯（マカラ）が大暴れするのだ。摩羯は水中の存在だが、これは問題の根が水面下にあって容易に把握できないことを表現するものだ。摩羯に船を覆されぬよう注意して過ごしたいものだ。なお、午年の人は、摩羯宮の本来の時期である旧暦11月16日から12月15日までは要注意である。

摩羯に属する荒々しい作業やもめごと仲裁のような仕事、つまり力仕事一般や食用動物を扱う仕事、刑事やガードマン、弁護士、その他水に関する仕事、漁業や水道局、喫茶店、水商売などには向かない。

未年（ひつじどし）生まれの破門殺現象

未年の人の破門殺は、枰宮に属す虚宿の年の後半、すなわち旧暦7月より危宿、そして室宿年の旧暦9月末日までの27ヵ月が入る。虚宿、危宿は軽躁宿であり、室宿は猛悪宿に属す。

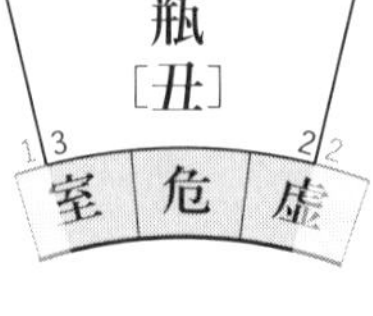

まず、虚宿の後半年だが、この年廻りは人間関係で苦慮する。しかし、これはもともとよく反省してみれば自分のまいた種である場合が少なくない。つまり、相手を利用し、利用しようとする心や甘えがあったため、ついに愛想を尽かされたなどと言う羽目になりやすいのだ。そこまでいかなくても、馴れ合いの関係の破綻（はたん）、親しき仲にも礼儀ありという基本を忘れたためのトラブルが起こりやすい。この点、摩羯宮破門殺の人はくれぐれも注意せねばならない。酷い場合には訴訟まで発展することすら考えられる。また、こうしたトラブルは必ず第三者も巻き込む。

次の危宿年には、酒色のために災いを呼ぶことが考えられる。また、些細なことから腹を立て、長年の人間関係を壊滅させてしまうおそれがある。とりわけお酒を飲む人は酒の席では注意しないと、大きなひんしゅくを買う失態をやらかすことも考えられる。

この年の破門殺は、無暗にカリカリと意丈高になって反省ということを知らない。人の話は馬鹿にして、はじめから聞く気がないのだ。いわば慢心の起こりやすい年なのだが、これがため、周囲から見放されて孤立無援となっては手遅れだ。この点ではくれぐれも注意してほしい。また、水難の予想される年廻りなので、水遊びや船遊び、荒磯での釣りは避けた方が無難だろう。変わったところでは、離婚女性の再婚問題もありえるが、破門殺に当たっている時はやめておくことだ。子供の教育についても頭を痛めることの多い年となる。

破門殺に当たらずに危宿に当たる年を迎えた場合は、志を同じくする人々と共同でことを成し遂げたり、組織を作るには大変よいときだ。共同事業などもよいだろう。

さて未年の破門殺の最後は、室宿の旧暦9月末日までだが、この宿は不信宿の別名があり、人間不信になったり、表面化しない陰険な人間関係の争いがあったりする。

また、同僚などを嫉視（しっし）しなくてはならないような羽目となる。特にサラリーマンにこの特徴は顕著となる。今まで仲のよかった同僚がいきなり出世して納得がいかない、などと言うことが多いのだ。それればかりか自分はとんでもない部署へ追いやられたり、転勤を命じられて、地方へ封じ込められるということにさえなりかねない年だ。

自営業は経営に行き詰まりを感じて商売替えを考えたりするが、なるべくならやめておくことだ。この傾向が最も悪い形で出ると夜逃げということになる。こうなるとやめるもやめないもない。

破門殺にならない室宿を迎えた場合は、転居もしくは転勤が起きたりするが、破門殺中と異なり、それほど深刻なものではない。ただし、火曜星（成宿）、計都星（壊宿）、羅睺星（命、業、胎）に当たる時は、それなりに深刻なものがある。

羊年の人は、本来の秤宮の時期である旧暦12月16日より1月15日までの一年越しの間、要注意だ。また、仕事としては学問、教育、倉庫業などの保管業務の仕事や宝石、貴金属、美術、芸術関係などは向かない。

こうしてみると、未年の人の破門殺期は主として人間関係による苦慮が中心のようだ。しかし、破門殺の性格として悪くなるのは基本的にすべての面なので油断しないでほしい。

申年（さるどし）生まれの破門殺現象

申年の人は、魚宮に当たる宿星が破門殺。すなわち、室宿年の旧暦10月より、壁宿年、奎宿年までの27ヵ月が入る。

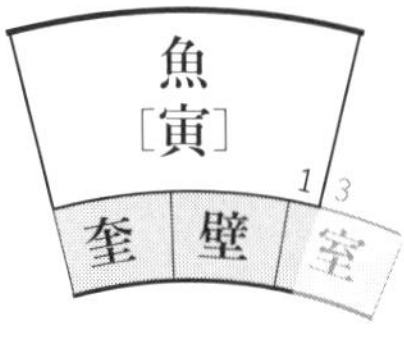

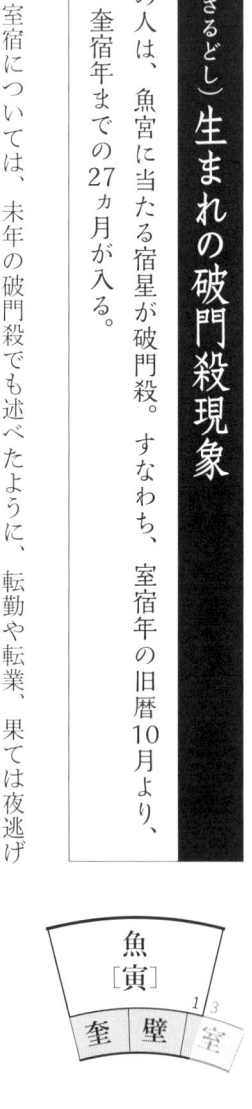

室宿については、未年の破門殺でも述べたように、転勤や転業、果ては夜逃げや都落ちにまで至ることと人間関係の水面下の争いが多いということだが、破門殺に当たらなかった場合は、秤宮に属す室宿の3／4より、魚宮に属す1／4の方が好調だ。室宿の持つ変化運もよい方向へ向くからだ。魚宮は古来、出世魚の宮とされている。変化が出世につながるというわけだ。サラリーマンではない個人を含む事業家の場合も、商売上の思い切った改革が吉意を呼ぶ。

さて、室宿の次は壁宿だ。安重宿に属す壁宿に入ると、人は急に慎重になり、計画的にことを進める知恵がわくのが普通なのだが、破門殺中はそうはいかない。慎重さは頑固頑迷と変じ、計画性は強引にことを勧めようとする無理と変わる。

要するに、自分の決めたことを変えるのが何よりも嫌で、何としてもその通りにしたい愚かな完全主義者となってしまうのだ。本来なら目上の受けもよく上々の年廻りなのだが、破門殺ではこれをよいことに慢心したり、贔屓（ひいき）の引き倒しとなって結局、裏目と出る。

また、不倫などにも至る可能性もあるが、いうまでもなく、これが家庭崩壊への道となるので、家庭が大切なら、どんな魅力的な相手でも思いとどまるべきだ。また、無益な競争心を起こして大きくつまづく時でもある。見栄を張るのもよくない。

申年の破門殺最後の奎宿は、和善宿だ。これも本来なら大変パワーのある年廻りだが、破門殺に回った時は、これもまた大きな負のパワーとなって降りかかる。この年は、破門殺中にあるまじきスケールの大きいことを考えやすい時であり、しかも悪いことに、これがある程度、可能になってしまうのだ。ならなければそれで終わるものも、なってから一挙にひっくり返るので、大変だ。一朝にして全財産を失ったりすることもあるので、くれぐれも破門殺中は大勝負などを打たないことだ。どんなに頑張っても、世の中の流れには逆らえないものだ。この星の破門殺は、大きな正のパワーがより巨大な負の流れによって突き崩されることを暗示するものなのだ。何かをするにしても、破門殺中なら最小限度にとどめておくことである。破門殺に当たらぬ場合でも、この宿の変わった特徴として、得たものを失って後、またこれを得るというものがある。この場合は、泣き笑いの繰り返しだが、結局笑うことになることもあるものだ。破門殺では、泣きで終わることはいうまでもない。

魚宮が破門殺でなく、火曜、計都などの悪曜がめぐらなければ、ここは順調に発展を見る、大変好調な時だ。大いに活用してもらいたい時期だ。

なお、中年の人にとって、本来の魚宮の時期である旧暦1月16日～2月15日は要注意時期だ。

また、職業としては、魚宮の性質を帯びた官吏や教職、大手サラリーマンなどは、外見はよくても内面で葛藤することになる。中年の人は意外にこうした方面を目指す傾向があるが、それは本当にそうしたいというより、幼少期からの教育の結果、そうしたものを選ぶのが一番だと思い込んでいることが多いようだ。つまり基本的に自己を殺しているわけだ。仕事はやりたいものをやるのが一番よく、またそれだけの才も持っているはずなのだが……。

酉年（とりどし）生まれの破門殺現象

酉年の人の破門殺は羊宮に属す婁宿年より、胃宿年、昴宿年の旧暦3月末日までの27ヵ月がこれに当たる。婁宿は急速宿、胃宿は猛悪宿、昴宿は剛柔宿だ。

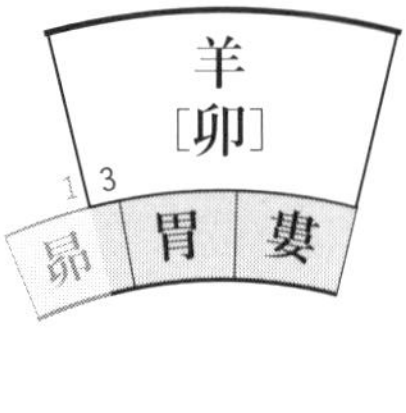

婁宿は、男性と女性では違う出方をする。男性の破門殺の場合は、一見、悦びごと、出世や栄転などの形を取るものの、実質的には大きな負担となるのが特徴的だ。つまり出世昇級で課長になったばかりに難しい責任を一身に負わされ、上からは怒鳴られ、下からは突き上げを食らうがごときは、その典型的な例といえるだろう。ついには、ノイローゼや胃潰瘍となって病院行きとなり、退社を余儀なくするところまで至ることすらある。また、結婚したのはいいが、妻の実家

が何かにつけて干渉し、ついには一族の争乱にまで及ぶことなどもこの好例だ。したがって、この期間が破門殺に当たっていれば、どんなによい話でも、むしろよい話であればあるほど、避けねばならないだろう。しかし、避けようとしても避けられないのが破門殺の難しさなのだ。

女性の場合は、鬱憤（うっぷん）が溜まって思い切った行動に出てしまい、それが取り返しのつかぬこととなったりする。勢い余って会社を辞めるとか、婚家を出たはよいが、その後の生活のめども立たず、結局、実家へ泣きついたり、婚家へ詫びを入れる羽目となる。

この年廻りの破門殺は、短気や剛猛の心は極力抑えて、困窮のことがあれば人と相談しなくてはならない。忍の一字が大切な年ということだろう。

破門殺や三大悪曜（羅睺、火曜、計都）に当たらない時は、男性は心楽しくレジャーや交友にそして恋や結婚にチャンスを得る。もちろん、思わぬ昇級もあるだろう。ただし、婁宿はちょっと怖い面がある。この宿の象意の一つに自殺を意味するものがあるからだ。何の理由もなく衝動的に死にたくなることが考えられるので、情緒不安定な人は要注意しなければならない。また、女性の場合も思い切った行動に出るのは同じことなので、人と相談して慎重にしたいものだ。火災にも注意すること。

胃宿の年は、物事の荷が重い形となる。また自ら、分限にないことを求めて、大きな痛手を被る。しかもこの年廻りは、人間関係の上でもトラブルが多く、ついには一文無しにまで落ちることがあるので、くれぐれも大きな勝負に出ないことだ。自分で戒めていないと、いざこの年になってみると、人の言うことには聞く耳を持たない。

頑迷さと読みの甘さは猛悪宿に破門殺がかかった時の特徴といわねばならない。この年は破門殺になっていなくてもやや用心したい年廻りだ。

昴宿の旧暦3月末までの破門殺は、渡りに船的な形の災難となる。ちょうどよいと思うことが起きて、それに乗っかって駄目になる。しかもそれは昴宿の年まで破門殺現象が出なかったケースであり、たいていそれ以前にもうかなり酷い目に遭っているのが普通だ。

そうなると、今度は逆に破門殺から抜け出すチャンスとして機能してくる。したがって、必ずしも好都合な話はすべて断れといっているわけではない。今まで無事にきて、「なんだ、破門殺なんて全然たいしたことないや」と思っているところへよい耳寄りな話がくる。この場合は、まず乗らないことだ。しかし散々な目に遭った後なら、それは破門殺の終了を告げる夜明けの光がうっすら見えていたと解してほしい。しかし、それでも破門殺が明けるまでは要注意だ。

ただし、この年廻りは親子喧嘩や色難にも注意してほしい。凶星や破門殺なしにこの時期を迎えると、目上の引き立てを受けたり、苦慮している問題に助力を得たりする。芸能人など才能型の人にとっては、デビューのチャンスでもある。酉年の人は本来の羊宮の時期である、旧暦2月16日～3月15日は要注意だ。

また、職業としては、食品、料理、娯楽、レジャー産業などは不向きであるといってよいだろう。この点一般の陰陽道系の考えでは、酉年は酉の星であり、その象意として食品、レジャー、料理などにはむしろ向いていると考えるのだろうが、破門殺の職業とは、それをやりやすいけどやらないでほしい仕事のことだからボヤボヤしているとやってしまう。もともとやりづらい仕事なら注意することもいらない。では、同じ酉の象意である喋る仕事も破門殺かというと、それは違うのだ。

似ていても、働いている原則は十二支占いと違うのだから、従来の占術と混同しないことが本法上達の秘訣だ。

戊年（いぬどし）生まれの破門殺現象

戊年の人の破門殺は牛宮に属す宿星で、昴宿年の旧暦4月より始まって、畢宿年、觜宿年の旧暦6月末日までの27ヵ月がこれに当たる。

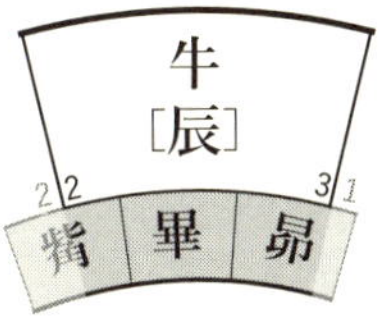

昴宿年は前の酉年人のところでも触れたが、親子喧嘩や色情に注意してほしいのだが、その他に古い問題のむしかえしということがある。したがって、旧悪のある人にとっては最も怖い年廻りとなる。また、昔別れた悪人がよりを戻したいとしつこくつきまとったり、あるいは治ったと思っていた持病のぶり返しが起きたりして、まさに災難は忘れたころにやってくるというのが、昴宿の破門殺の特徴だ。なおざりになっていて、もう済んだと思っていたことが再びクローズアップされて手酷い目に遭わされるわけだ。

また、そこまでいかなくても、古い知人がぶらっとやって来て頼みごとを引き受けたために大変なことになってしまったりする。

破門殺や悪曜がかからねば、人の引き立てを得たり、逆に旧知より耳寄りな話もあり、よい一年となる。

昴宿の年は、家屋や店の移転の問題が起きるが、破門殺の場合はたいてい泣く泣くの移転となる。あるいは事業で失敗して土地や家屋などの不動産を処分することとなったりする年廻りだ。それほどのことのない場合でも、家庭や一族の争乱や経済力を失ってどうにも動きが取れないこととなったり、火災のおそれもある。

破門殺中はこの年に限らず、増改築や移転などは極力避けねばならない。動かないで済むのなら少々辛くても動かない方がよいのだ。この年は、剛柔宿なので本来はバランスよく、落ち着いた一年となるのだが、破門殺中の剛柔宿はその安定した礎石が大きく揺らいでくる。

畢宿の年廻りを破門殺で迎えると、その悪さはまず家庭に及ぶ。畢宿は一名「長育宿（ちょういく）」といい、子供を育てる意味の名を冠しているから、とりわけ子供の教育のことで頭を痛めるケースが多くなる。成績不良、素行不良、家庭内暴力など、考えられることはたくさんあるが、いずれにしても、これという手が打てずに苦しむ。畢宿年はもともと積極的に動くのには不向きな年廻りだが、破門殺ではなおさらのこととなろう。

もう一つのポイントは女性だ。女房や母のことで苦しめられる。最近は浮気をするのは男性とばかりとは限らない。女性もすべてに積極的になってきているので、うかうかしていると夫の方が捨てられてしまいかねない。また、妻が良妻賢母であっても夫婦間に今まで思いもしなかったいろいろな意見の対立が出て、家の中がうまくいかない。これに姑問題が入ってくると、なおさら事態は悪化する。また、女房も子供もないという人でも、母のいない人はいない、老いた母上であれば、当然、健康の問題も出やすい年廻りだ。

その他、土地、不動産にも縁のある年だが、破門殺ではこれを求めるべきでないことはいうまでもない。

觜宿の年は、破門殺でまず第一に注意してもらいたいのは、女性の色情難。この年は、真面目な女性が下らぬ男性のために振り回される年なので、日ごろ、ガードの堅い女性ほど注意しなければならない。変な同情心が恋に変わってしまうこともある。周囲から見れば適当に遊ばれているか、金銭目当てとしか映らないのだが、当人はどうもそうは思わないようだ。和善宿の破門殺では、真心が踏みにじられたり、人の善良さにつけこむ悪人にだまされぬように用心しなくてはならない。

男性の場合も、正義感からしたことが裏目に出たり、味方に裏切られて一人悪者扱いとなったりするので、破門殺の間は人のよいのもほどほどにしておかねばならない。また、人に金を用立てても返済がされないなどという年廻りでもある。男性も、またつまらぬ女性に振り回れたりするので、酒の席でも注意が必要だ。酔ったはずみの口約束がとんだこととなったり、他にも水難や病離など災難が目白押しだ。

こうした年を乗り切るには、情に流されず、機を見るにも敏でなくてはならない。争いごとには加わらないことだ。いつの間にか自分一人が悪者になってしまう。

戌年生まれの破門殺は牛宮なので、毎年旧暦3月16日〜4月15日は注意せねばならない。また戌年の人は、農業や牧畜などは不向き。都会に住むのでなければ本来の運のよさが光らない。

亥年（いどし）生まれの破門殺現象

亥年の破門殺は男女宮に属す宿星で、觜宿年の旧暦7月より始まり、参宿年、井宿年の旧暦9月末日までの27ヵ月間となる。順に和善宿、毒害宿、軽躁宿に当たる。

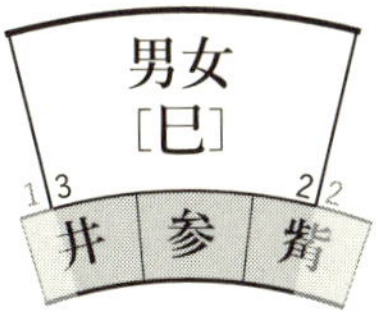

觜宿はだいたい前の戌年の項を参考にしてほしい。ただし、男女宮における觜宿は色難の出る傾向がより強くなる。男女とは子供のことだが、もう一面ではやはり男と女の宮とさ

れる。これがため、男女宮のことを淫宮ともいう。

参宿は増上慢の星だ。毒害宿がめぐると、たいがいはみな思い上がり強く、人を見下すような変な自信がついてくる。本人はひそかに「俺はなんて頭がいいんだ」と思っているが、周囲から見ればそうは映っていない。このため自然とその振る舞いが傍若無人となって、周囲ともめごととなるが、本人はいっこうに平気なので困るのだ。しかし、破門殺はそんなに甘くない。「策士、策に溺れる」、小賢しい言動は裏目となって大きな悔いを残すこととなる。

参宿の破門殺では、人によっては悪心を生ぜしめ、「金のためには多少の世の中のルールを曲げても」と思うようだ。このため、使い込みや不正なお金儲けに手を染める人もあるが、無論、これらは論外のこと。人間、悪いことを悪いと思っていれば、悪事はしないものと思う。つまりは悪いことを誰でもしていること、正しい正しくないだけでなく、ばれないか否かが大切なのだと思うゆえに、ついには警察の世話になることとなる。また、逆にうかうかと人にだまされるのもこの年廻りだ。

いったん破門殺作用が出るや否や、お先真っ暗で日没の森をさまような運気となる。気がつけば周囲に助けてくれる人もあてになる人もなく、独りさまようほかはない。こういうことにならないためには、一にも二にも何事も軽々しくしないことにかぎる。

井宿の破門殺は、これもまた謙虚に過ごしていただきたい時期だ。また、何事も明朗で潔くあらねばならない。もし前年度の参宿で破門殺が出てしまうと、ここでは会社を辞めるか家を出るなど、身辺を移動せざるをえないこととなる。この年は狡い行いというのが一番よくない。また両舌を使って人を仲たがいさせるなどの悪行をしていると、ついに正体を暴かれて誰も本気で相手にしなくなってしまう。会社では転勤なども考えられるが、任地はたいがいとんでもない場所であり、以後は日の目を見ない。

参宿にしても、井宿にしても、普通に星がめぐった場合でも、あまり芳しくないところなので、破門殺であれば、なおさらだ。ただし、井宿は積極的に役職を辞めたいとか、引退して責務を次の人に任せたい時などはオーケーだ。つまり退くにはよく、進む時ではないわけなのだ。

男女宮が破門殺の時は、子供っぽい悪さが出る。それはおおむね、甘え、自分なら大目に見てもらえるという考えや、たいした力もないくせにガキ大将のやる空威張りとなって出る。

亥年の人は、男女宮の本来の時期である旧暦４月16日～５月15日は要注意だ。

また、仕事では子供相手の仕事、幼児教育、保育士、玩具店や銀行業務、会計出納係などは向かない。

破門殺と十二位――人生の弱点を読み取る

［一］十二位とは

十二位とは、主にその人の社会や人や外界との関わり合いを見るもので、十二宮に対応している。すなわちその人の本命宮を定めることによって、自ずから十二位の位置は定まる。

詳しくは後述するが、つまり誕生月ともいうべき十二宮を中心に12のエリアに人事百般を分けたものが十二位である。

十二区分されるので当然十二門とも重なってくるし、そうなれば丸ごと破門と重なる部分も出てくる。そして、そこがその人の人生において弱いところということである。

尊星王流の最大の特徴は、破門殺と並んでこの十二位にあるといっても過言ではない。

現代において、世間一般の宿曜占法で十二位を活用しているものはやはりほとんど見当たらない。

そもそもこれは宿曜占法ではなく、宿曜道の領域になって初めて登場する概念なのである。

具体的には『七曜攘災決（しちようじょうさいけつ）』などの密教経典に見られるが、西洋占星術と大いに共通する一面があるのが、この十二位である。西洋占星術を学ばれている方は比較検討してみると面白いかもしれない。

いわゆる結婚運とか、不動産運、仕事運といった個別の運気を判断できるのはこの十二位が本来つかさどるところといってよい。

いずれの十二位でも破門が入ればよくないのはいうまでもないが、逆に考えれば、誰であれいずれかには必ず破門が入るのである。破門の向かいはすなわち建門であり、その人の人生を開く秘訣は、実はこの建門をいかに活かすかにかかっているといってよい。また、誰でも破門は存在するのだから、あまりむやみに心配することもさして必要ないことを申し添えておきたい。

さて、初伝の第四章（１４４ページ）で説明したように十二宮のうちの本命宮の位置は旧暦の誕生日にしたがって決まっている。

表13　十二支と本命宮　※本命宮を命位とする。

十二位	十二宮											
命位	**魚**	**羊**	**牛**	**男女**	**蟹**	**獅子**	**女**	**秤**	**蝎**	**弓**	**摩羯**	**瓶**
財帛位	羊	牛	男女	蟹	獅子	女	秤	蝎	弓	摩羯	瓶	魚
兄弟位	牛	男女	蟹	獅子	女	秤	蝎	弓	摩羯	瓶	魚	羊
田宅位	男女	蟹	獅子	女	秤	蝎	弓	摩羯	瓶	魚	羊	牛
男女位	蟹	獅子	女	秤	蝎	弓	摩羯	瓶	魚	羊	牛	男女
僮僕位	獅子	女	秤	蝎	弓	摩羯	瓶	魚	羊	牛	男女	蟹
夫妻位	女	秤	蝎	弓	摩羯	瓶	魚	羊	牛	男女	蟹	獅子
病厄位	秤	蝎	弓	摩羯	瓶	魚	羊	牛	男女	蟹	獅子	女
遷移位	蝎	弓	摩羯	瓶	魚	羊	牛	男女	蟹	獅子	女	秤
宮禄位	弓	摩羯	瓶	魚	羊	牛	男女	蟹	獅子	女	秤	蝎
福相位	摩羯	瓶	魚	羊	牛	男女	蟹	獅子	女	秤	蝎	弓
禍害位	瓶	魚	羊	牛	男女	蟹	獅子	女	秤	蝎	弓	摩羯

初伝で算出した本命宮をもとに、十二位を決めよう。これは本命宮が決まれば自然に決まってしまうので、何の計算も手数を必要ない。本命宮を命位として表13の通りだ。

次に十二位の概略について述べておく。なお、以下のうち、兄弟、僮僕（どうぼく）、病厄、禍害の四宮位を四凶位、男女、遷移、福相を三吉位とする。

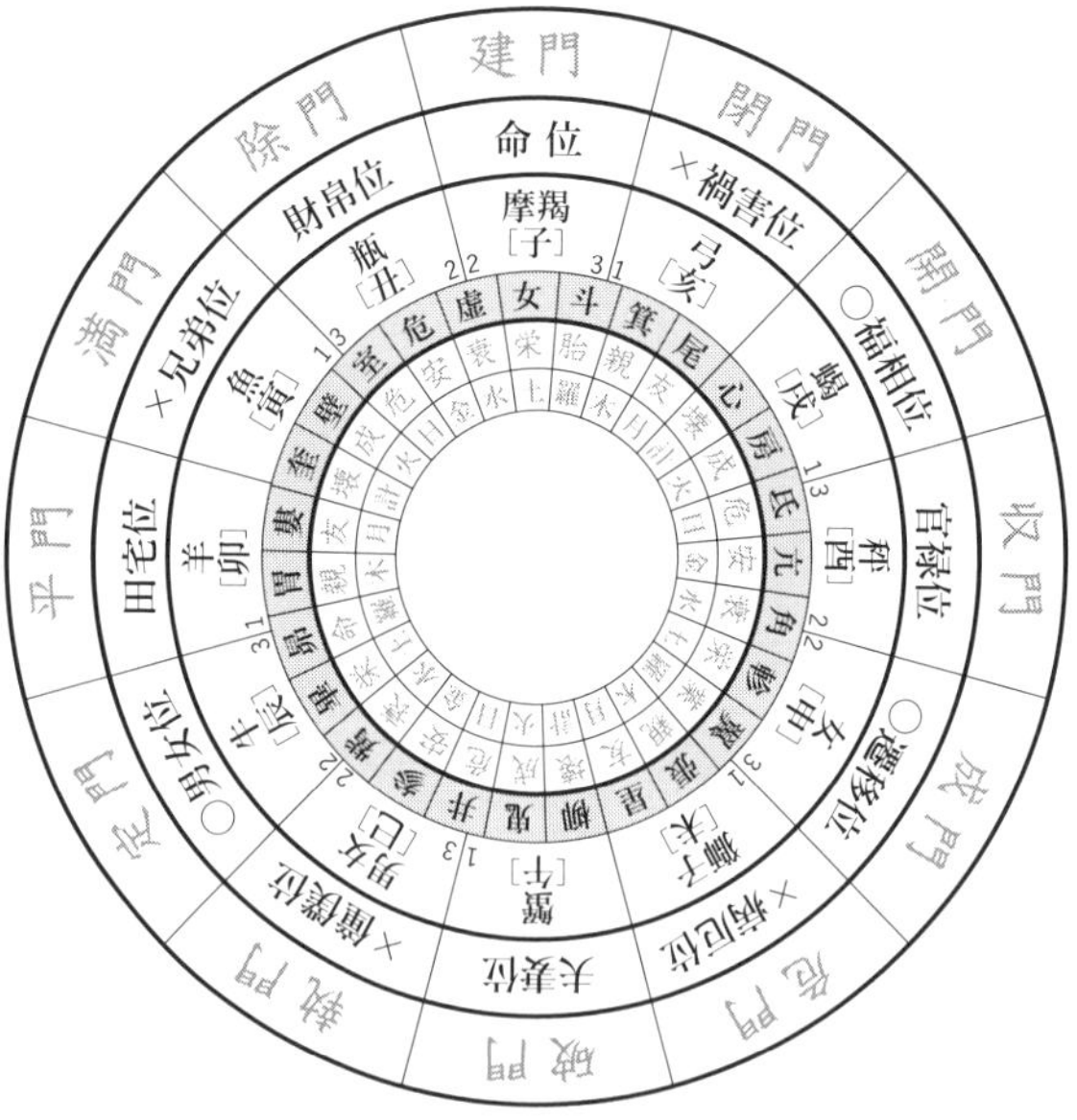

図15　占星盤上の十二位

命位（めいい）

宿がその人そのものを表すのに対し、本命位は主として社会的な自我をつかさどる宮位である。十二位はそもそも、いずれもわれわれと外界との関わり合いを見て取るものだが、なかでも本命位は最重要であり、先天的な運全般をつかさどる。

財帛位（ざいはくい）

金銭や財産との関わり合いをつかさどる。早くいえばわれわれの金運を表す宮位である。

兄弟位（きょうだいい）

文字通り兄弟や親類との関わり合いをつかさどるが、それ以上にコミュニケーションや教育をつかさどる。また、特筆すべきは他動的変動の宮位であることだ。

田宅位（でんたくい）

不動産や家庭運をつかさどる宮位。母親との関係を示すところでもある。また家にいて仕事する人の仕事運もここに現れる。また自分が育った家庭と作る家庭の両方に関わる。

男女位（なんにょい）

男女といえば恋愛運だろうと思う読者諸君もあろう。もちろんそれもある。しかし仏教で男女といえば、子供の意味もある。子孫運や自分の幼少期の運気をつかさどる宮位である。

僮僕位（どうぼくい）

僮僕とは召使いのこと。したがって雇用運や部下運をつかさどるが、その他に運命的な不幸をも表す。要するに運命の召使いになるということだ。

夫妻位（ふさいい）

配偶者運、つまり結婚運をつかさどる宮位。その他、仕事上のパートナーをも表す。その場合はもちろん同性異性を問わない。

病厄位（びょうやくい）

病や災難についてつかさどる。僮僕位の指し示す不幸が仕事上の失敗など、社会的なものを主とするものに対して、私的なものや肉体的な不幸を指し示す傾向が強い。なお吉凶は別にして、性的な事柄や霊的なものもこの宮位に含まれる。

遷移位（せんいい）

兄弟位が他動的変化をつかさどるのに対し、能動的変化や物事の前進成長をつかさどる。

宮禄位（かんろくい）

看命（かんみょう）では仕事運全体や父親との関係をつかさどるが、主にサラリーマンには大切な宮位となる。

福相位（ふくそうい）

趣味や幸福感、友人運をつかさどる宮位である。また精神面での安息や安定を示すともされている。

禍害位（かがいい）

文字通り災難であるが、どちらかというと人為的災いをつかさどる宮位、つまり人に迷惑をかける、かけられるといったことや極端な例では、犯罪の被害、もしくは加害をつかさどる。

〔二〕十二位と破門殺の関係

さて、破門殺と十二位はどのような関係にあるのだろうか。破門が実は十二位のいずれに当たるかでその人の弱い宮位、つまり人生の上でのウィークポイントが明確になるので、この件は大変重要である。筆者が運勢の判断において真っ先に見るのも、実はこの点である。

なお、破門殺の指し示す内容は、看命（かんみょう）と行運（こううん）（運気の時間的変化）では出方が多少異なるのでその点は注意したい。

また、十二位の破門殺の中にはかなり悪いように述べたものもある。だが、この破門殺というのは、どんな命式の人でもどこかしらに入るわけで、いわば絶対的な悪さをいうものではなく、相対的なものでしかない。たとえ釈迦やキリストなどの偉人でも、十二位のどこかしら破門殺が入るのである。

例えば、世界的偉人であるマザー・テレサは遷移位が破門殺である。命式からスラムなどへ行くことはとんでもない。修道院にいて修行仲間に囲まれていた方が無難なはずだ。しかし彼女はスラムへ行き、たくさんの人に福音を与えたのである。

遷移位が破門殺だからこそ、ひとたび動けば、スラムという厳しいところへ赴くことになったのだともいえる。

また、テレサの命宿自体もまず遷移位にあることから考えれば、どうしてもそこへ行くべき運命だったのかもしれない。普通の人の話なら、わざわざ外地へ出かけていって散々な目に遭う命式ということになろうが、彼女はそこへ行き、宗教的に勝利したのである。つまり、厳しい知らない所へ行って苦労するという命理上の性格は変わらないが、彼女の価値観からいえば、それは問題ではなかったのである。

だから、あえていうなら、吉凶は人にあって、星などにあるのではないのである。星はその人の宿命の形を告げるだけだ。占いを見て、良い悪いのだけで終わるのは、見なかったこととたいして変わらない。大事なのは、それをどうするかなのである。

さて、それでは、破門殺との関係から見た十二位の看命について以下に述べていくことにしよう。

命位が破門殺の場合

命位はその人の社会的な関わりの根幹を示す場所である。ここが破門殺ということだと、その人の社会的活動は阻害される傾向があるといわざるをえない。

つまり仕事が自分に合わない。人間関係のトラブルが多い。「誰も理解者がいないから……」にはじまって、「だからもう何もしたくない」という「ひきこもり」も破門殺命位の人にはよくある。あるいは仕事らしい仕事もしないヤクザな人間になるなど、原因の多くはその人の社会性に問題があるのだが、なぜか常に著しく周囲の人と反りの合わぬ環境に置かれてしまう場合もある。つまり場違いな職業や人間環境に陥る傾向もあるということである。その場合は必ずしも本人に問題があるのでなく、むしろ周囲にあるのだが、その場合でも人生の波乱は避けがたいことになる。

また、この命位破門殺を持つ人は概して幼少期に精神的トラウマを持ち、それが不幸にしてこの人の人格形成の上の一大障害となっている場合も少なくない。

素直にいって、破門殺の所在としては最もよくない宮位である。

その上に、もし命宿もこれに加わって破門殺になったらどうだろうか。破門にある命宿は、十二門と命宿の項で述べたように、酷薄の命であって決してよくはない。命位が社会的自我であるなら、命宿は自分そのものである基本的な自我である。その自我が二つながら破門殺になるのだからよいわけはないが、しかしこの組み合わせはときとして大きな成功をもたらすこともある。なぜなら、命位と命宿が重なってお互いが強化されるからだ。つまり、社会的自我と根本的な自我の合一がそこに起きてくるからだ。もちろん破門殺であるから、数々の波乱や時には生命の危機のようなことも考えられるが、それでもただ悪いだけでなく、波乱のうちにチャンスをものにするのだ。無論、成功するという保障はないが、少なくともこの組み合わせでは穏やかな筋書きの成功は期し難い(き)ことになる。特に命宿が毒害宿や猛悪宿であれば、この傾向はいっそう顕著な形となる。また単に命位破門殺にして毒害宿や猛悪宿が命宿であるということは、人生の波乱はよりいっそう大きいものとなることを暗示する。

命位破門殺であるということは、裏を返せば夫妻位が建門であり、看命の上では救いになる宮位である。したがって相性のよい配偶者やパートナーの力を頼みとすることが、破門殺を制化する大切なポイントだ。

ところが、だいたいにおいて命位破門殺の人は頑固であって、自分の好むところを妥協なく追及するので、人間関係においても周囲に救いの神となる人がいるのに気がつかない。もしくは意識的に無視する傾向にある。命位破門殺の人は、何よりも好き嫌いをまずおいて、人を大切にしてことさらに敵や仇を作らないという気持ちが大切である。

仏教的にいうなら、この人の守るべきは「不瞋恚(ふしんに)」ということだ。すなわち怒らないということが大切である。怒らぬということの難しさは、相手に非があり、自分にではないという考えにもとづくからだが、それでも昔から「成らぬ堪忍するが堪忍」という言葉があるように、怒るのが当然でも怒らないようにということである。

もちろん降りかかる火の粉は眺めてはいられないが、済んでしまったことやどうでもいいようなことにまでいちいち腹を立てるのはやめることだ。腹を立てなければ、他の煩悩（ぼんのう）も自然と収まるのが人間である。腹を立てなければ、この世はそれだけで格段に住みやすいところとなる。「不瞋恚」は、徳目であるのみならず、実現できるならば、人生第一の快楽でもある。

財帛位が破門殺の場合

財帛位は経済運や金銭運の宮位だから、これが破門殺というと、直ちに収入が少ないとか、いわゆる貧命ということを考えるかもしれないが、それはいささか早計だ。

財帛位破門殺は貧命、つまり必ずしも貧困であることを表すものではない。

財に困るのではなく、財のことで困るのである。何十億という収入のある企業を経営していたとしても、経費が馬鹿にならず、毎月の資金繰りに追われるというような場合、これは貧命とはいえないが、やはり経済難ではある。財帛位の破門殺というのはそういうことだ。もちろん単純に収入が少なくて大変ということも当然ある。

また、若いころからせっせと貯金していても、思わぬことから失ってしまう人もある。

例えば、自分に直接の責任がなくても、親兄弟の借財や病気の治療費やらで使ってしまうこともあるのだ。

だからお金があったとしても、それがなかなか活かせないということもあるし、さらにどんどん儲けていい調子だと思ったら、最後の最後に大きな損をしてスッテンテンということもありうる。

財帛位破門殺であれば、まずしてはいけないのは金銭の貸借である。借りて返せない、貸して返らないということがある。無論、少ない金額ならそれでもたいしたことはないだろうし、返らないという可能性も低いだろう。ただし、まとまった大きな金額は危険である。また借金の保証人になることも決してしてはならない。どうしても義理があれば、お金を貸さずにいくらか差し上げても保証人も貸し借りもやめるべきだ。

もっとも、企業で銀行の毎月の借り入れ枠のうちでやりくりするとか、住宅ローンなどは無理がないなら問題ないが、不時の借財はいけない。

財帛位破門殺の人は、病厄位が建門である。したがって、基本的には丈夫である人が多いということになっている。考えれば健康以上の財産はない。病気と貧困とどちらが困るかといえば病気である。程度にもよるが、病気であれば働きがままならず、必然として貧困を兼ねざるをえない。また治療代くらい物入りで何も残らぬものもないといわれるが、だとすれば健康が何よりも宝である。

もっともそうはいっても、金銭で苦しむのは身を切られるように苦しいものだろう。単に思うようにお金が使えないというならまだしも、お金で人様に迷惑をかけて、米つきのバッタのように頭を下げ続けるというのはいっそうたまらない。

『毘沙門天王功徳経（びしゃもんてんのうくどくきょう）』などでは、「死苦は受くるとも貧苦は受けるべからず」とまで説いてある。財で苦しむのは仏説では前世で慳吝（けんりん）であったためという。つまりケチの報いである。ケチの業（ごう）を消すものは布施、つまり施しである。われわれ日本人は、ひところほどではないとはいえ、世界の中ではまだまだ裕福な方だろう。私的に行う慈善行為的海外支援なども結構であるし、国内でも慈善事業に無理のない範囲で貢献したいという心を養わなければ本当の布施にはなりがたい。また本来、財帛位が破門殺であろうとなかろうと、こういう行為は善行として実践したいものである。

また無財の施しというものもあり、人に優しい言葉で語ること、優しい眼差しを送ること、笑顔を見せること、席を譲り、軒を貸すこともまた立派な布施である。

さらに、鳥獣や目に見えぬ餓鬼に施すことも大きな功徳である。お寺で行われる施餓鬼法要などに参加してお塔婆を供養することも大変よい。

兄弟位が破門殺の場合

兄弟位は兄弟種類の宮位だから、ここに破門殺が当たれば、仲の良し悪しにかかわらず、力になってくれるような親類や兄弟はほとんどいないことになる。

また別な出方としては、物事の中断、挫折というのがこの破門殺の特徴となる。

最近一番多いのは、学校を中途でやめてしまう人である、会社なども転々として長くは勤まらず、ついに行き場に窮するなどもこれに類する。一因としては、兄弟位破門殺の人には青少年期に一種の憂鬱症に見舞われる人が多々あり、これがために些細なことで嫌気が差して、学校や職場へ行かなくなってしまうこともあるようだ。兄弟位は他動的変化の宮位であることは前に述べたが、この他動的変化というのは、ほとんどが望ましいことではない。いわゆる予期せぬ事態ということだ。したがって破門殺となれば、この傾向がいっそう強く出ることになる。うまくいっていると思った矢先、それが崩れ去ってしまう。肝心なところで引っかかるか、またここ一番で邪魔が入る。特に若年のうちはこの傾向が顕著だ。

それでいて、理屈は上手にあれこれつけて自分が成功しない理由を百も並べるが、自己に反省が及ぶことは少ない。兄弟位は、ただでさえよくない四凶位の第一であるが、その破門殺は比較的重いものとみていい。

兄弟位が破門殺であれば、建門は遷移位となる。遷移位は三吉位の一つであり、これが建門であるのは逆に心強い。つまり、破門殺自体の出方は厳しいものがあるが、やり方次第であるということだ。また、中年期より運気が上昇するのも、この破門殺の特徴である。

遷移位は能動変化の宮位だが、その他に外地や外国へ赴くという象位がある。まず前記のような状態にある人は、いっぺん生家を離れ他郷へ移ってみるのが手である。海外がよいが、国内でもとにかく環境が一変する場所へ移動しなくてはならない。

また、仏教でいう「精進」、つまり何事も振り返ることなく邁進することが大切である。たとえ嫌気が差しても理屈をつけず結論を形にして出すまでは努力しなくてはならない。また、常々をここ一番と心得、何事にも力の出し惜しみがあってはならない。また、何でも自分で選び、自分で進む方がうまくいくのであり、人が決めてくれたことはあまりうまくいかない。

この破門殺を持つ人は、本来、相当の負けず嫌いであり、挫折すると前に進めなくなるのも、多くはプライドが傷つくことを避けて現実逃避であることが少なくない。したがって、方向を変えて必ず最後には成功するという信念を持って進む時は、かつて自分が望んだ領域を超えてはるかに多くのことが可能となるであろう。また、いざという時は、身内より他人から助けてもらえるという特性もある。

田宅位が破門殺の場合

不動産や家庭運、母を表す宮位である田宅位の破門殺では、まず考えられるのは住居や不動産における悩みである。この人は常に住居環境に不満の絶えない傾向があり、それがために引っ越しや増改築などが可能であるなら、繰り返し行うことがある。これがために多大の出費となり、極めて大きな負担となる。

不動産運がないということは、自分の家が持てないことではない。自分の家など持っていない人は現代ではいくらでもおり、それ自体は取り立てて問題ではない。問題は家屋や不動産を入手した場合である。これらを手放すか、あるいは経費がかかり過ぎて居住を断念するなどの結果に至る、ということである。いずれにしても、その住居にかけただけのものについては、損失の方が大きくなりやすい。したがって、田宅位破門殺の人が不動産を買うなら、名義は家族などにして購入費を出した形にした方が問題は起きにくいだろう。

この破門殺の家庭運の悪さは、家庭は夫婦喧嘩で戦場のようになるといったことではない。この人自身が家庭に対する関心が薄いのである。いわば非家庭的人物なのである。よく家庭を顧みない夫というのがあるが、女性が大きく仕事に進出する現代では、女性であっても母や妻としてまるきり家にいるという人は少ないだろうから、形の上では誰しも同じようになってきているのだろう。

それでも暇さえあれば、出かけていきたがる夫とか、料理などにまるきり関心のない妻は、概してこの破門殺に当たる人が多い。

また、この破門殺を持つ人の人生に関しては、母との関係が薄くなる傾向にある。はなはだしくは、幼少期に亡くすこともある。しかし、母の本命宿が自分の命宿の前後七宿、つまり三・九の壊宿から一・九の安宿の間にあれば、逆にいろいろと煩わしいことでの関わりが増大する傾向にある。

田宅位が破門殺であれば、建門は宮禄位である。宮禄は父の宮位でもあるから、宿同志の位置関係もあるが、概してよい意味で父との関係の方が強まりやすい。

なぜ田宅が母のなのか。それは人間にとって最初の家が母胎からだ。

もしあなたが母との関係に悩んでいるなら、生まれずに亡くなった子供の霊を供養することだ。いわゆる水子供養だが、母との関係がよくないは、必ずしも自分に水子があったり、母親に水子があったりするはずだといっているわけではない。しかし、先祖の中にそうした霊がいる可能性は誰しもあるものである。かわいそうな赤ちゃんを供養することは、実は母親とうまくいかない自分自身を供養することでもある。古来、地蔵尊はそうした不幸な魂を慰める仏だから、深く信仰するとよい。水子供養についてはいろいろにいわれているが、そんなに難しいことではない。

つまり、有縁水子精霊ということでお寺で拝んでもらうのである。気持ちさえあれば自分でもできるといいたいところだが、やはり法には法の厳然たる力があるので僧侶に頼むべきである。以前、地蔵尊をお祀りしていた病人が、ある霊能者に「地蔵さんなんておくと、霊が集まってきてロクなことにならない」といわれてとりやめたいと言ってきた例があるが、仏を祀って災いがあるということはありえない。仏を迎えるのは「勧請」といって大変功徳のことである。もっとも、きちんと真心で拝まなくては、意味はない。最近は産科の病院で処理してしまうので、われわれの目に触れることはほとんどないが、胎児が包んでいて胎衣は、以前はそれを埋める方角をやかましくいったもので、「胎衣荒神」といわれた。つまり、胎衣は胎内の中でお世話になった家だから、これを丁重に供養するものだ。荒神はわれわれとともに生まれ変わり死に変わりする倶生神でもある。地蔵尊と合わせて信仰するとよいだろう。

地蔵菩薩の真言は「オン・カカカ・ビサマエイ・ソワカ」、三宝荒神の真言は「オン・ケンバヤ・ケンバヤ・ソワカ」である。

男女位が破門殺の場合

男女位は子供、恋愛をつかさどるが、これが三吉位のうちに入るのは、子供とはわれわれ生命の延長であり、精華だからだ。子孫が続く限り、遺伝子レベルではわれわれは不死ともいえよう。その子供はもちろん男女が愛し合うことで生まれるのだから、これらは同じ宮位に属するとされるのである。

さて、男女位の破門殺は、前記の事柄の障害だから、もちろん子供ができないとか、それ以前に男女の出会いがないという状況をもたらしてくる。また、子供はできたが、その子供の教育問題で頭が痛いとか、あるいは子供が病弱であったり、家庭内暴力やいじめに遭うなどの可能性もある。要するに、子供絡みでの悩みである。もっとも生まれた子供との関係は、三・九宿の吉凶や後に述べる十二位の人間関係(303ページ参照)で見た方が本来である。ただし、本人の子供時代に事情があり、大変だったという人は、それが原因で出きっている場合がある。その場合は自分の子供の心配は半減するだろう。

そもそも破門殺の現象は、すべてがことごとく出るということより、何かしら一つ決まった形で出るということが多い。だから、記してあるその全部の可能性を心配することは必ずしも必要ない。ただし、この破門殺が最もよくない形で出た場合は、本人が夭折（ようせつ）する可能性がある。先ほど述べたように、男女位の破門殺は子供時代の不運を表すものでもあるからだ。愛すべき男女の出会いも子供の出産も、人生の極めて大きな喜びだが、この宮位が破門殺であれば、福相位が建門である。ここは趣味や友人の宮位で、言い換えれば家庭ではなく、外に喜びを求める宮位である。恋愛に恵まれなければ、恋人ならぬ、友と親しむ時間を過ごすことが交際のメインとなるし、家庭を持っても、子供がなければ夫婦ともに趣味に興じるということも多くなる。向かい合う建門破門殺は、多分に二律背反的であるのだ。

ただし、恋愛に恵まれないという場合は、こうした運気以前の問題があることも多い。

まず、恋愛に恵まれない人というのは、自意識が過剰な人であることが多い。おとなしいというより、能動的でないというべきで、これはひたすら相手の出方を見て動こうとするばかりで、相手から見れば面白くない存在ということになる。あるいは、逆に自信過剰な自己本位な交際をしようとする人で、どちらも相手のことより、実は自分のことだけで頭がいっぱいの恋愛であるから、失敗することは請け合いである。人は誰よりも自分のことを意識してくれる人に興味を持たざるをえないのである。その逆は論外である。

さて、子供ができない場合だが、まずよくよく先祖供養をすることである。必ずしも特別なことはいらないが、よく仏壇を拝み、春秋の彼岸や墓参を欠かさないなど、先祖との関係を密にすることである。先祖から見れば、われわれもわれわれの子供も、ともに可愛い子孫であり、その誕生を喜ばぬはずはないからだ。しかし、供養がロクにされないのでは、先祖も力を貸したくても、難しいということになる。家が栄えるためには、先祖が大切にされていることが大切な条件である。先祖は死んでいる先祖ばかりが先祖ではない。今生きている両親には孝養（きょうよう）を尽くしてこそ、本当の先祖供養である。また、親子が睦（むつ）まじければ、さらに子孫もできやすいのである。

なお、子授けの神である訶梨帝母（かりていも）（鬼子母神）を信仰し、真言を唱えるとよい。真言は、「オン・トドマリ・キャキテイ・ソワカ」である。

僮僕位が破門殺の場合

僮僕位は、四凶位の第2位だが、これが破門殺であれば、凶の上に凶を重ねるイメージとなる。しかしながらこの組み合わせは、命位の隣宮を強化するため、悪運に対する耐性があるといってよい。破門殺の影響は、主にこの人の公的な面での人間関係の障害となって出ることが多い。せっかく能力があっても、人の妨害があって思うにまかせないのだ。

すなわち、職場で軋轢があったり、部下や同僚が無能であったり、あるいは賢かったりすれば、裏切られ欺かれることも予想される。また、命宿が毒害宿や猛悪宿などの相性の悪い宿であれば、本人が反社会的な人物となって世の中に背を向けることもあり、さらに極端な場合は、犯罪者となって刑に服することもありうる。これは向かい合う禍害位は、災いに遭うというより、害を加える側の宮位であるから、これが建門で旺盛であれば、犯罪という可能性も出てくるわけである。禍害位は加害位であるといいえる。だから、この人の人間関係上の問題については、もともとはこの人が知らず知らずのうちに行う言動が、他者に対して少なからず攻撃的であることに起因している可能性も考えなくてはならない。ここで占星術上の考え方として正しておきたいのは、建門は根源的には活性化の意味であり、単純に「吉なるところ」と考えるのは本来的ではないということだ。

例えば、財産運や友人運などが活性化すれば救いになる。しかしよい意味ではない宮位が活性化しても、理屈からいえばかえって不具合である。したがって僮僕位破門殺は、占星盤の上では救いになるべき建門が基本的には役に立たない形となる。ただし、禍害位にはアウトロー的要素があるので、これが活かされればその限りではない。つまり、芸能や芸術、思想、研究、政治、発明など、特徴的かつ奇抜なことがともすれば有利となる業種では、そうした要素がその人の大きな武器とも魅力ともなるからである。しかしこれらの道はいずれも不断の努力を要する分野であり、やすやすと誰もが歩める道ではないこともまた事実である。成功しても王道にあるよりは、在野で無冠の雄になる命である。つまり、前述したように、この破門殺の人は悪運逆境には強いということはいえる。

ただし、この組み合わせに命宿破門殺まで重なれば、凶意は深刻である。こういう人は前世からのマイナス要素が大きいと考えられるので、つとめて仏教に信を置き、清らかな生活を送り、自己の業を浄めていくのが肝要だろう。古来、そうした過去世からの業障（ごうしょう）を除くという経典や真言などは多い。しかし今、唱えやすく覚えやすいということでいうなら、光明真言が最も至当と思う。「オンアボキャ・ビルシャナ・マカボダラ・マニハンドマ・ジンバラ・ハラバリタヤ・ウン」というもので、どこかで聞いたことのある読者も多いだろう。

江戸時代の真言宗の高僧であった浄厳（じょうごん）和尚などは、これを唱えることを滅罪生善の要道として、『光明真言金壺（きんこ）集』を著し、大いに推奨している。また、その弟子の蓮体阿闍梨（れんたいあじゃり）は『光明真言観誦要門（かんずようもん）』

を著して、同じく光明真言の民衆布教に努めた。

この両者はかなり専門的であり、在家を対象にして説かれたものとはいえ、密教および仏教の基礎的教養がないと難しいくらいだが、『観誦要門』の前書きに「光明真言ハ毘盧遮那仏(びるしゃなぶつ)ノ大真言トシテ一切ノ神呪ニ超過セリ。地獄ヲ破壊シ重罪ヲ消滅スル秘術コレニ過ギタルハ無シ」と書かれているごとく、真言天台の両宗の別を問わず、最高の真言として古来これを珍重する。

この両者はかなり専門的な唱え方を紹介しているが、そこまでしなくても、まず日に100遍ほどを唱えることを日課としてみたらいかがだろうか。

夫妻位が破門殺の場合

まずこの破門殺の人は、自我が強烈である。それは対冲する命位が建門であり、自我意識が最大限活性化するためである。現象として「伴(とも)を絶する」ということで、孤独である。

夫妻位が破門殺でも、結婚している人は案外多い。ただ、結婚していながら孤独を感じるのである。本人は意識していないかもしれないが、要するに相手はついてこれないのである。このように配偶者が割り切った家庭では、表面上の問題は一見、何もないようであろう。しかしその場合、次の世代にこの破門殺の影響は持ち越されるので、その意味では十二位別の各破門殺の中でもとりわけ恐ろしいということができる。

三・九でいう安宿、壊宿との結婚でも、似たようなことが起こる。次世代の結婚運の方へ持ち越されるのである。単純にいうなら、結婚運の悪い子が生まれやすいのだ。

また仮に三・九関係がよくても、夫妻位破門殺があればこれを打ち消すことはできない。特に星がすぐ隣の栄・親の関係では離れるに離れられず、衝突を繰り返しながらも離婚はできないという例は多々ある。星が遠ければ、特に二・九の領域の配偶者であれば、逆に離婚率はグッと高くなってくる。ただし、晩婚や再婚の方が破門殺の凶意はやや少なくなる傾向にある。自分が初婚でも相手が再婚だというのも、これに入る。

また、それ以前に単に結婚できない、いわゆる縁遠いという形の破門殺現象も存在する。もっとも結婚や子供を作ること自体に興味を持つ人が少なくなりつつある現代では、さほど苦には思わない人もいるだろう。家庭なんて興味ないし、実力をつけて思い切り飛び回って一代の栄華を極めたいなどという人には、かえってよいのかもしれない。

ただ問題は、自我の強さであり、誰もが追随できぬほどの実力でもあれば別だが、しょせん世の中はお互い様で成り立っている。だからワンマンが過ぎてはやがて人にも愛想を尽かされ、公私ともに孤独と成り果ててしまう。ましてや実力がないと悲惨である。ただの扱いづらい変人としてけむたがられるのみだからだ。また、共同事業などもあまり期待できない。最初はよくても途中から訣別となる。これは相性がよくても多分にそうなる。ただし、その場合は円満に解散することにはなろう。短期間ならよい場合もある。

話を結婚に戻すが、この命式の人が跡継ぎであり、他に兄弟がいないなら、その家は家系断絶の因縁があると考えられる。これを回避するには結婚できなくても養子を取ればいいのだが、なかなか縁に恵まれない。でも、結婚自体をどうしても諦められないという人は、まず万人に好かれることを心がけたい。えてして自分が関心のない人にはまるきり冷淡でいて、自分の理想像ばかり執着するという人が、いっこうに縁がないなどと言ってくる。太陽のように分け隔てなく、まずすべての人に感じよく接すること、それもさわやかに屈託なく接することを心がけるべきだ。

そんなことはできないという人は、どこかに人を尊敬できない心がひそんでいるのだろう。だからこそ人間をまず好きにならなくてはいけない。全く軽蔑に値する人というのもあろうが、そんな人は多くはないはずだ。「別に私は人嫌いなんかじゃないよ」などと言うより、まず笑顔である。はじめからあの人にだけは笑顔で、他の人なんて関係ない、ではいけない。

かくいうのも、夫妻位破門殺の欠点として、人を軽く見下したり無視したりする傾向があるからである。仏教では和顔愛語といって、立派な布施とされている。こうした笑顔の布施を続けることは、実は結婚運だけでなく、あらゆるすべての運をよくすることにつながるのである。

病厄位が破門殺の場合

四凶位の第3位である病厄位は、僮僕位がどちらかというと公的側面のマイナスをいうのに対して、私的側面の問題をいうものである。まず第一に、読んで字のごとく病と厄であるから、体調不良ということである。これはもともと体が弱いということもあれば、後天的に大病したり怪我によって体を損なうということもある。そこまでではなくても、慢性病や持病のために、いろいろ煩わしい思いをするというケースもある。

命宿がもし病厄位にあれば、破門殺をともなわなくても、生来あまり丈夫ではないという傾向を表す。まして、これに破門殺が重ねれば、重大な疾患や身体の不具合があるという暗示になる。また、ここにいう病は身体のみに限らず、精神疾患の可能性も含める。

あるいは、命宿がこの宮位にあれば、いわゆる霊感体質という形で出ることもある。

病厄位破門殺であれば、さらに霊障ということで出ることもある。命宿も含めばかなり深刻な形になる。ただし、何か特別な霊的な障りがあるというケースは、これとは別である。命式での霊障というのは先天的に根があるので、加持祈禱やお祓いでもなかなか簡単にはよくなりにくい。障っているとされる霊も特定しにくく、一つ解決すれば次は動物霊だとか水子だとか地縛霊だとか、本人にそういう霊に関する知識があれば、霊が変わる変わるいろいろなことを際限なく訴えることが多い。これは霊そのものが語るというより、本人がそうした霊的障害に突き動かされて喋るからだろう。

十二位の破門殺は、均等に考えると、もちろん12人に一人がこの破門殺なわけなので、こうなるとそんなに多くの人がそんな状況であるはずはないと思う人もいるだろう。もちろん、これは病厄位破門殺の出方の一つのパターンにすぎない。程度問題も人それぞれだが、例えば沖縄では神ダーリィという憑霊現象があり、女性においては60パーセントの人が過去にそうした体験を訴えている。これは沖縄だけに限られたことなのだろうか。決してそうではあるまい。本土ではそうした現象に対する民俗学的基盤が失われているので、認識が希薄なのだろう、とある研究者は話してくれた。

神ダーリィの心理的構造はともかく、自分はいわゆる霊的体質であるという人々は、まず自分の幼少期を顧みられたい。何か強い恐怖を受けた記憶はないだろうか。あるいは両親に対してそうした思いはないだろうか。われわれの精神的バリアは、幼少期にもっぱら親の愛護を背後として形成される。しかし、何らかの事情でこれの形成が阻害されると、常に外部に対して不安に怯えるようになる。典型的な例は親による虐待である。これは実際に虐待というようなものでなくても、受け取る側がショックを受ければ、そうなる可能性がある。これは無論本当の霊障ではないが、これをきっかけにそうしたものを引き込んでしまうことがある。心理現象と霊現象は地続きだからだ。

この他、いわゆる色情因縁というのもこの破門殺に属する。男女関係についてどうしても肉体的なものが先行してしまう傾向があり、それがために問題を起こすということである。この破門殺では、建門の財帛位である。金運は活性化するわけであるが、これも単に金持ちになれるということではない。女性で財帛位建門であれば、まず経済活動の基盤は自分にあるということで、終生家庭に入らずに働くという傾向もあるのだ。裕福な家庭婦人のイメージはむしろ田宅位建門のものである。もっともバリバリと働くことを人生の主眼に考える女性には悪くないだろう。もちろん男性も金銭感覚がすぐれているので、お金を作ることは上手である。ただし、お金ができれば次は色ということで、失敗する人も多いので注意されたい。

財帛位と病厄位は向かい合っているように、並外れて棚ボタ式にお金が儲かると、今度は健康を損なうという運命の法則があるので、何事も極端は避けるべきだ。この破門殺では「不慳貪（ふけんどん）」、つまり何事にも程を知り、貪りを戒め施しを心がけた人生を歩みたい。

なお、四凶位の破門のうち、憧僕と病厄は前後に命位と建門が並ぶため、命位から強化されるので、個性を活かすことができれば、意外に成功している人が多い。

遷移位が破門殺の場合

遷移位は、発展の宮位であり、三吉位の第2位であるから、これが破門殺ということはいささか残念である。つまり、はなばなしく打って出られないのがこの破門殺である。

まず、遠方や他郷へ行ってはなかなか成功しがたい。無論絶対成功しないということではないが、本来の命式には反するので、かなりの苦労をするだろう。

兄弟位が建門だから、一族や知己を恃(たの)み、あるいは住み慣れた地盤を恃みにした方が、はるかに有利なのである。ただし、地元で成功したからといって、よそに打って出ると痛い目を見ることも少なくない。この命式では、真向かいの兄弟位破門殺の人と違って、まずレールを無難に進む青少年時代を送ることが多い。学業もそこそこできるはずである。またコミュニケーション上手である。子供のうちはできがよく、将来楽しみなどともいわれる。兄弟位建門なので、他動的状況、つまり両親の庇(ひ)護(ご)下にあるうちは好調なのである。だから一生を安全に、そして有意義に暮らしたいのなら、少年期になるべく勉強しておくことだ。許される限りの学習をしておくことが大切である。できはよくても、さほどたくましくはないので、いったんレールから外れると、ガタガタになって総崩れということになる。そういう時に頼みにすべきは、何より一族である。この点も他人からの恩恵の方が厚い兄弟位破門殺とは正反対である。

事業をするにも、協力的な知己や身内をメンバーに入れることで、運気はアップする。

また、他人であっても、身内の紹介ということであると、その人は運をもたらしてくれるだろう。

また、家業があっても継ぐか継がないかというなら、この人は継がない方がよいタイプである。この破門殺の人は常に協調と理解のもとに前進すべきであり、ワンマンにものを押し切れば、結果的によくはならない。つまり自分だけでの判断は裏目となるのである。投機的なことは最もよろしくない。この破門殺の人で、一族に頼るべきがなく、年来の知己のない人は、基本的に運気は真にまずい結果となる。なお、知己は幼なじみや長年来の親交の厚い人のことであり、単なる友人とは異なる。仲がいいだけでお互いをよく知っていないと知己とはいえない。

親類、兄弟とではなく、こうした極めて親しい人物と二人で仕事を立ち上げるのも、またよいかもしれない。無論そういう場合でも、三・九がよい相手を選びたい。

また、先ほど述べた投機的なものはいうに及ばず、他に海外貿易業や旅行業、長距離運送業などの仕事も思わぬ失敗をしやすいので注意したい。

なお、助けとなる一族というのは生きている人のことだけではない。よくよく先祖や眷属(けんぞく)の供養も心がけたい。筆者の知り合いの400年以上続いた名家というのがあるが、ここの先祖が『法華経』を1000部読んだという石碑が菩提寺にある。『法華経』は1部が8部28品だからこれを1000回読んだということである。1部すべて読むのに、慣れていても8時間はかかる。おそらく祈願というより先祖供養のための読誦(どくじゅ)だろうが、この家は元武家で、主家は戦国時代に滅亡したのだというが、それが今日まで栄えて続いているのは、こうした熱心な信仰の賜物だろう。

宮禄位が破門殺の場合

宮禄位破門殺の特徴は、まず一般サラリーマンなどの仕事が向かないことにある。何も能力的に勤めができないというわけではない。ただ、この破門殺を持つ人の多くは、そういう形では人生を満足できないのである。

世の中で働いている人の大半は、まずサラリーマンである。それで世の中が動いているのだから、これはこれで尊いことなのだが、例えば、勤めに行ってサラリー（月給）をもらって女房や子供を養って余暇を楽しみ、子供の成長を喜び、ということのみで満足はできない人種である。いってみれば、独立性が極めて強いというのだろうか。非協調的であるというべきか、とにかく組織や人の下にいて、というのが不得手な人である。もし組織にいるのなら、一部門任されるくらいでないと満足しない。それはたとえ部下が１００人だろうが、自分一人だろうが関係ない。自由にやらしてもらえればいいのである。もちろん、それ相応の実力があるなら、それで認められることもあろう。だが、そうでないと、社内では扱いづらい変人やはみ出し者となって、疎まれる羽目となる。ある意味、組織がしっかりしていればいるほど、この人には不向きな会社ということになる。勤めるなら、特性の活かせる自由さが必要なのである。

したがって、この破門殺の人は基本的に独立業向きということになる。企業で働くにも、フリーで仕事を請け負う外人部隊の方がよい。しかも多分に技術系がよい。

したがって、大切なのは独立して生きていけるだけの能力やスキルである。これがなくては話にならない。何をおいても養うべきはそれである。だから、この破門殺でこれという特異な能力や技術もない場合、愚痴を言いながら、面白くもなく会社員をやっていくことになる。しかもこれはまだよい場合で、実際、勤めもならず、これという能力もなく、家でまことに迷惑な食客となってくすぶる人もある。

さらにこの人は、名誉欲は極力捨てた方がよい。なぜなら、多くの場合、有名無実の存在となって煩わしい思いをするだけだからである。つまり、出世に中身がなく、苦労や責任が押し寄せるということになるのである。名より実ということを忘れないでいただきたい。名誉が欲しければ、人生の最後の最後にそれこそ実務のともなわぬ名誉だけのものを手に入れることだ。そうでないと、名ばかりの苦労を背負うことになる。

なお、この破門殺の人は、田宅位が建門である。したがって、店舗を出すような仕事に向いている。また、現金に比べて不動産は入手しやすい。また家庭は円満で大きな問題は起きにくい。

この人が人生に勝利するには、何よりも仏教でいう「精進」、つまり不断の努力と勉強が肝心である。なお、この破門殺は、母が助力になるのに対し、父からの助けは空しいものになるか、折り合いが悪くなる傾向になる。

福相位が破門殺の場合

福相位はその人の精神的幸福をつかさどる宮位である。したがってそこが破門殺ということは、楽しみが少なく、鬱々とした人生を送りやすい。よくいう根暗な人になりやすい。また常時そのようではなくても、突然鬱病的に小心になり、起きてもいない災難を必要以上に想定して憂鬱になったり、神経がピリピリして落ち着かなくなるなどということがある。正直であり、感情が即顔に出る人でもある。素直と言えば素直でもある。

人間はいたって真面目であるが、ときに挫折を経験して自暴自棄になり、酒に溺れたり、賭けごとにはまるなどの逃避行為に走り、ますます窮地に立つ場合もある。本人はこういうことをしていて楽しいかというとそうではなく、不安をごまかすのみで心底楽しくはない。いってみれば、ストレスを溜めやすいのであり、そこまでいかなくてもついつい煙草や酒量が増える人もある。つまり、ナイーブな性格なのである。基本的に交際下手なので人にないがしろにされて、不当に面白くない思いをしなくてはならない。また同情心や慈悲心からつまらぬ人物を助けて、恩を仇で返されたりするのでくれぐれも注意したい。

ただし、この人は男女位という三吉門が建門となる。したがってこの人の子や孫は発展しやすく、紆余曲折はあっても、まず期待通りに育ってくれる。伝来の家業がある家では、親が望むなら継いでくれたりもしやすいだろう。

女性なら教育熱心な親になるだろうが、知育よりも徳育の行き届いた教育をした方が子供の人生を豊かにする。この人の持つ心の優しさが、子供にもよく伝わるからである。男性は恋愛運はよい。見合いよりは恋愛で結婚した方がよい。女性は恋愛運がいささか弱いが、見合いや紹介などで結婚をまとめることができよう。その場合もあまり警戒していると、永遠にチャンスを逸するので注意したい。「積善の家に余慶あり」という持ち前の真面目さで頑張ってほしい。

なお、福相位のもう一つの意味は友や趣味だが、破門殺ではそうした交友や趣味を楽しむ機会が失われやすい。経済的余裕はあっても時間的余裕がないか、暇はあっても経済的余裕、もしくは精神的な余裕がなくなるかである。

しかし、人生を豊かにするためにも、ぜひ努力してそうした機会を作ってほしい。

禍害位が破門殺の場合

禍害位が破門殺であると、普段はこれといって何もないが、突発的な思わぬ不運に泣くことになる。その多くは天災よりも人災が多い傾向である。元来は常識的に申し分なく、しかも割合、目上の人には受けもよく、部下や同僚にも慕われる傾向にある。つまり、基本的には僮僕位が建門なので、職場も楽しく、サラリーマン生活が向いている、ということができるわけだ。

性格的には人はよい方であり、庶民的で愛想もよい。しかし、ふとした思いつきや要らぬ人の世話事はほどほどにしておかないと、よかれとしたことで大きな失敗をすることがあるので、何事も時期や事柄をよくわきまえ、友人や目上に相談するという習慣をつけておくといい。

この破門殺では、災いというほどでなくても、あてにしていたことが駄目になったりするのはよくあるので、何事にも安心しきって油断するということのないよう、念には念を入れたい。災いは忘れたころにやってくるというのは、この破門殺のことである。四凶位の最後がこの禍害位であるが、禍害には犯罪にあう意味があり、犯罪被害者となって泣く暗示があるので、「そんなこと、ありえない」などと言わず、人一倍の用心をしておくことである。すなわち、知らない人物とむやみに親しくなったりせず、電話などでも知らない人には用心して軽々しくその言を信用したりしないことである。この破門殺は、比較的たやすく人を信用しやすい傾向がある。当て外れの命式なので、投機的なことはひかえた方がまず無難である。また、この破門殺は、比較的たやすく人を信用しやすい傾向がある。

この破門殺は最悪の場合、横死（おうし）、つまり事故死や他殺というシナリオがあるので、危険なことや怪しい人間は何によらず、近づかないようにすべきである。とはいえ、そういうことをなかなか注意できないのが人間である。だから日ごろから神仏を信仰して未然に災難を防ぐようにするのがよい。もっとも、禍害位が破門殺というだけで早死にしたりするのではなく、あくまで一つの因子ということだから、むやみに恐れることはない。ただし、この破門殺に命宿まで入ってしまった時は、それ相応の用心をしなくてはいけない。

古来そのような横死を除き、寿命を長からしめるには准胝(じゅんてい)観音や普賢延命菩薩(ふげんえんめいぼさつ)などの諸尊を信仰するとよいといわれる。また、『金剛寿命陀羅尼経(こんごうじゅみょうだらにきょう)』というお経がある。これは毎日読むと寿命を増やすというから、入手できたなら読むとよい。人のために読誦してあげても、功徳が増すということになっている。普賢延命真言は、「オン・バサラ・ユゼイ・ソワカ」である。また、長寿を願う人は特に無益な殺生は戒めなくてはいけない。たとえ昆虫のようなものであれ、害もないものを殺したりすることは厳に戒めるべきだ。

最近は、「不快害虫」などといって、見た目が嫌だから実害がなくても駆除する対象になっている生物もあるが、この考え方自体が傲慢で不快な駆除すべき考え方だろう。地球の上で生きているのは人間だけではないのだ。

〔三〕十二位と主宮の関係

次に、十二宮のいずれに本命宿（生日の二十七宿）が入っているか、さらにその宮が十二位のいずれかに当たるかについての判断を、簡単に述べておきたい。自分の本命宿に入る十二宮を「主宮」という。主宮の位する十二位は、その人の一生のテーマとなる宮である。

なお、主宮が二つの宮にまたがる場合は、生時によって決する。つまり、1宿は4足からなるので、午前6時までなら1足目、正午までに生まれていれば2足目、3足目は午後6時まで、それ以降の生まれは4足目となる。具体的には表14を参照されたい。

表14　本命宮が二つの宮にまたがる場合の主宮

本命宮	主宮
角宿	午前生まれは女宮、午後生まれは秤宮
虚宿	午前生まれは摩羯宮、午後生まれは瓶宮
觜宿	午前生まれは牛宮、午後生まれは男女宮
氐宿	午後6時までの生まれは秤宮、それ以降の生まれは蝎宮
室宿	午後6時までの生まれは瓶宮、それ以降の生まれは魚宮
井宿	午後6時までの生まれは男女宮、それ以降の生まれは蟹宮
斗宿	午前6時までの生まれは弓宮、それ以降の生まれは摩羯宮
昴宿	午前6時までの生まれは羊宮、それ以降の生まれは牛宮
翼宿	午前6時までの生まれは獅子宮、それ以降の生まれは女宮

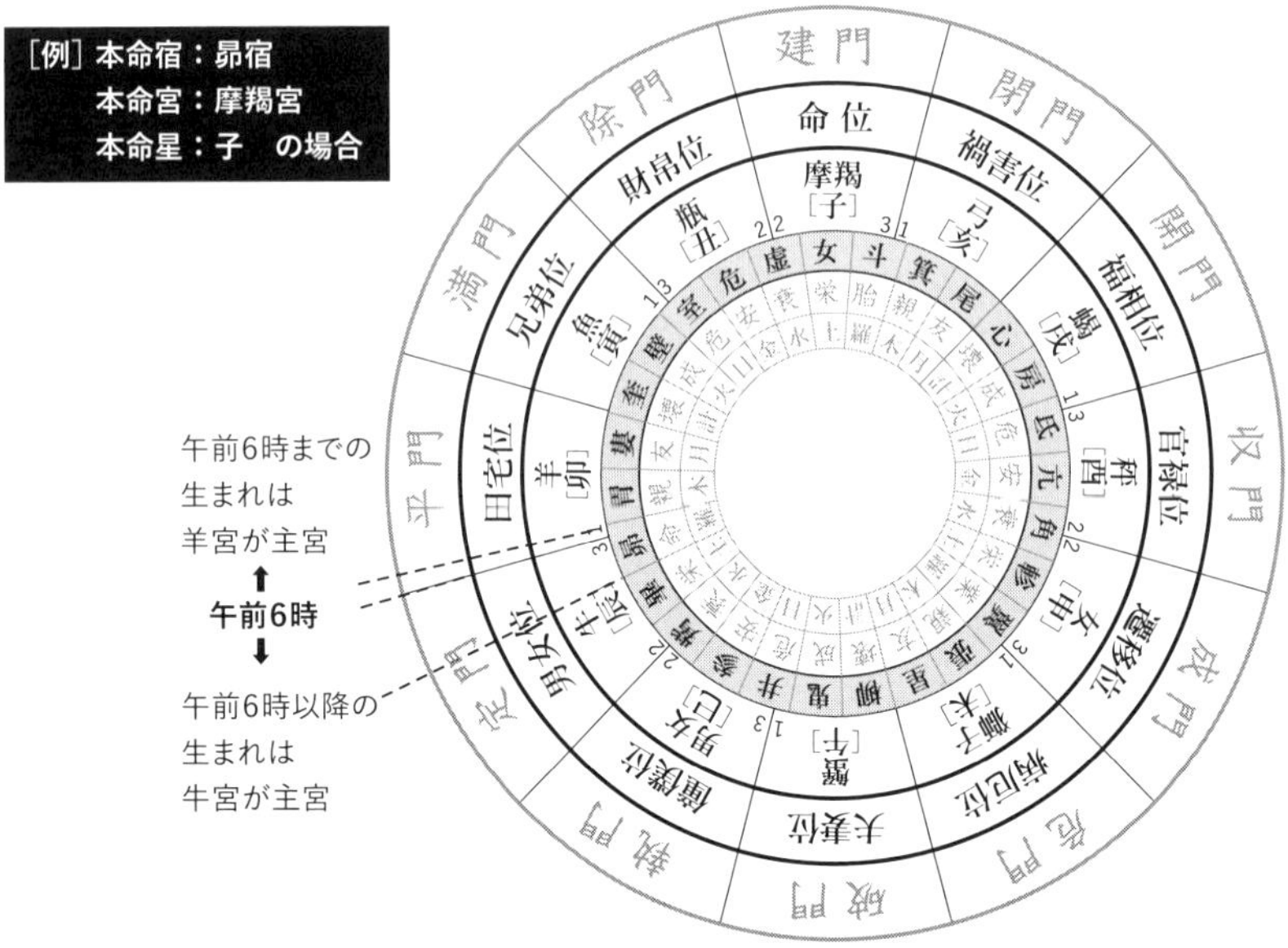

図16　主宮と十二位の関係

なお、残った方の宮も準主宮ということで参考にする。もし生時がわからなければ、命宿のかかっている両宮の主宮現象を比較検討して逆に生時を特定されたい。

また、今一つ特筆すべきことは、建門に本命宿がある場合は、主宮が命位である（つまり命位に本命宿がある）以上に、破門殺を逆転する力が強いということである。

主宮が命位であることによる破門殺回避率が50パーセントとするなら、建門命宿では実に80パーセント以上と思われたい。

この場合、破門殺は逆転して命理上、建門同様の働きをするのである。ただし、その出方は不安定で、なおかつ極端となる傾向はまぬかれない。

しかし、破門殺を逆転できるということは、それだけで大変有利な命式であるともいえる。

もっとも、これはあくまでも命理上の破門殺のことである。

後述するが、（293ページ）行運でめぐってくる破門殺の場合は、基本的にはどんな人でもこれをまぬかれることは難しいということは覚えておいてほしい。

さて、それでは以下に、十二位ごとにそれぞれの主宮の命理を具体的に見ていくことにしたい。

主宮が命位の人

本命宿が命位にあれば、この生まれである。

この生まれは上分の生まれ、つまり運気の強い生まれである。命式上の破門殺の影響を抑え、場合によっては逆転させて吉を呼び込むこともある。例えば、財帛位破門殺で主宮が命位だとすると、財が横発（おうはつ）、つまり普通でなく儲かることなどが起こる。サラリーマンのように収入が決まった人でも、突然思わぬ遺産の相続を受けたり、あるいは懸賞金が当たるなどの不時の収入がある命となる。

ただし、破門殺が主宮と重なる場合は、自我の願望のために多くの犠牲を人に強いるような結果となる。いわば、一将功成りて万骨枯るというようなものである。

なお、この主宮の人は、破門殺が四凶位になる人より、三吉位にある人の方がより吉命である。

主宮が財帛位の人

本命宿が財帛位にあれば、この生まれとなる。金銭がテーマとなる一生になりやすい。こういうと守銭奴か金の亡者のようであるが、そうではない。会社経営などをしていてこの命式だと、資金のことで始終頭が痛いかもしれない。お金持ちなら、お金持ちであるがための悩みも出てくる。この主宮だから貧乏とはいえないが、どちらかというとお金のことでいろいろと思案する人生ではある。しかし、銀行や金融機関など、お金を扱う仕事には向いている。ただし、破門殺が加わると破産の暗示がある。

主宮が兄弟位の人

命宿が兄弟位にあれば、この生まれとなる。

兄弟や親類、従兄弟などのために、奔走したりストレスとなることが起こりやすい。世話を焼くのもほどほどにできればいいのだが、こういう組み合わせの人はどうもそうはいかないらしい。まあいってみれば、親戚関係が密なのだろう。

疎遠なよりはずっとよいが、加えて破門殺だとその兄弟親戚に決定的に迷惑をかけられることになりそうだ。

主宮が田宅位の人

命宿が田宅位にあれば、この生まれとなる。この生まれは家族思いの人が多い。

家族や特に母親のことで心配したり、不動産、住居のことで何かと頭の痛いことが起きやすい。逆にいえば、不動産や母親に縁が深いということである。職場は不動産や法律関係、鑑定業などがよい。加えて破門殺だと、それが足を引っ張って相当に苦労するか、成育環境が悲惨だったことを表すものとなる。

主宮が男女位の人

命宿が男女位にあればこの生まれとなる。

若いころは一種の恋愛至上主義で、子供ができれば子煩悩な人物となる。子供を対象とする仕事、教師や保育士などが適職である。加えて破門殺であると、子供ができないよりも、むしろ生まれた子供のために大きな犠牲を払うことになる暗示がある。かと思えば、いつまでも子供じみていて人間として未熟児のような人物になって、周囲に迷惑となる人もある。

主宮が僮僕位の人

命宿が僮僕位にあればこの生まれとなる。

職場や同僚などのこと、とりわけ部下の件で頭を痛めやすい。言い換えれば、かなり面倒見のよい部分があるということである。

サラリーマンとしては成功しやすいタイプである。ただし、これに対して破門殺が加われば、仕事上での大きな失敗や失脚を企む同僚や部下の存在が予想される。特にこの命式の企業経営者は、側近の人物選びには注意したい。

主宮が夫妻位の人

理想的な人との結婚に夢を持つ人が多いが、そのためにあれこれ注文が多くなり、とかく結婚は遅くなりそう。なかには一転して思うような理想の人など探してもいないと悟り、結婚しないというケースもある。結婚したらしたで、配偶者のことで心配やトラブルが出てくる。

加えて破門殺だと配偶者が重病だったり、仕事上でも相棒が莫大(ばくだい)な借金を作って遁走(とんそう)するなど、大変な苦労を強いられることもある。

基本的には共同事業などは、心を労することが多く、あまり向かない。

主宮が病厄位の人

第一に心身の健康状態のことで心配が多い。なかにはいわゆるお化けを見たり、何かが憑依するなどの霊的問題を訴える場合もある。また、人によっては泥沼の色情問題を起こして騒動になるなどということもある。なお、この人は健康体なら医療関係は適職である。こうした問題は必ずしも本人によらず、そういう人が家にいてももめることもある。加えて破門殺だと、これらの問題がいっそう影響して重大性を帯びることになる。

主宮が遷移位の人

移動することが好きで、移転や旅行などを年中考える傾向がある。また海外にも強い関心があり、いずれにしても活動的で家でじっとしてはいないタイプである。

この人が閉じこもるような時は、必ず運気は低迷しているといってよい。オフィス内より外商で回るなどの方が調子はよい。移動や変化に富む仕事に向いている。しかし加えて破門殺であると、出張先や旅行先、外地でのトラブルや災難に遭う暗示がある。

主宮が宮禄位の人

四六時中仕事のことで頭がいっぱいである。それが発展的な場合もあれば、単にトラブル発生によるものもあり、いろいろ。いずれにしても、バリバリと仕事熱心な人間ではある。

なかには、仕事だけで他はさっぱりの仕事馬鹿のような人もいる。さらに主宮が破門殺だと、突然解雇されたり、自分がした仕事の責任上、職業生命にかかわる失敗も予想される。また就労がうまくいかず、食いつめるということもありうる。また父親が病弱であったり、あるいはとんでもない人物で迷惑をかけられたりすることもありうる。

主宮が福相位の人

趣味に生きる自由人とでもいおうか、趣味や友人との交際がこの人の主要な関心事となる。また、これという趣味はなく、いつも夢見がちな目で空想に耽る人もある。

これもある程度、余裕のある人ならよいが、度を越すと金銭を私的交際や趣味につぎこんで、大きな借金になったり、周囲が愛想を尽かす羽目になる。また、そのために本来の仕事が疎かになることもある。破門殺だと、この傾向は常軌を逸するものとなる可能性がある。ただし、趣味が仕事になれば問題はほとんどない。

主宮が禍害位の人

だいたい何かしら暗い記憶を持っている傾向にある。それは本人に責任がなく、幼少期の環境問題だったりする。またたいしたことではなくても、本人のトラウマとなっているかもしれない。物事に対する問題意識が鋭敏で、場合によってはいささかひねくれた部分もある。秘密めいたことを好む傾向があり、またフィクションよりノンフィクションに心惹かれる。破門殺が加わると、法律に触れるようなことや残酷なことが本人もしくは周囲に起こりやすい。独立業よりはサラリーマンが向いている。

建門と命位が重なる命式においては、主宮は四凶意を除いてすべて吉意を帯びる。逆に四凶意はさらに凶意を増す傾向にある。

〔四〕十二位と行運の関係

次に十二位の行運（運気の時間的変化）について述べよう。

行運の繰り方については第二章の破門殺の算出方法と全く同じである。つまり本命宿を起点として年々1宿ずつ進んでいくと考えればよいのである。頭で考えず、まず占星盤に向かって星を繰ってみればすぐ要領がわかることと思う。今度は宿ではなく、その宿が所属する十二位を見ればよいだけのことである。すなわち、年々に二十七宿を1宿ずつめぐる運気は、当然その者が所属する十二位を通過するわけだから、その十二位の影響も強く受けることになる。十二位は、2と1／4宿に対応する一位の期間が大限では27ヵ月で2年3ヵ月相当（閏月が入る場合は28ヵ月で2年4ヵ月相当）中限では約67日前後、小限では54時間に当たる。

この項では大限について述べておくことにする。

大限では本命宿を起点として、1宿が1年となる。したがって、再びもとの宿に至る年は27歳の年廻りとなる。

27宿を3周すれば、満で81歳の年を迎えることになる。例えば、角宿生まれなら2歳の時は氐宿、11歳なら室宿が当たる。つまりは、本命宿の次から年の数だけ繰ればよいのである。

無論、その年が十二位のいずれに属すかは、その人の本命宿・本命宮によって異なることになる。

例えば、角宿を本命宿とするこの人の場合、仮に本命宿が女宮であるならば、2歳を迎える年廻り、すなわち氐宿の年は、旧暦9月末までは財帛位に、それ以降兄弟位に属することになる。同様に、11歳を迎

［例］本命宿：角宿
本命宮：女宮
本命星：申
の場合

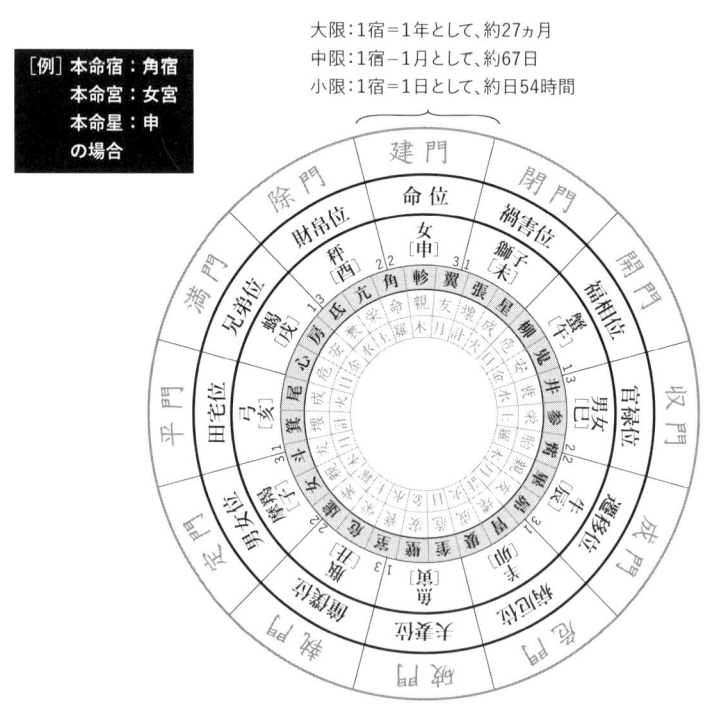

大限：1宿＝1年として、約27ヵ月
中限：1宿－1月として、約67日
小限：1宿＝1日として、約日54時間

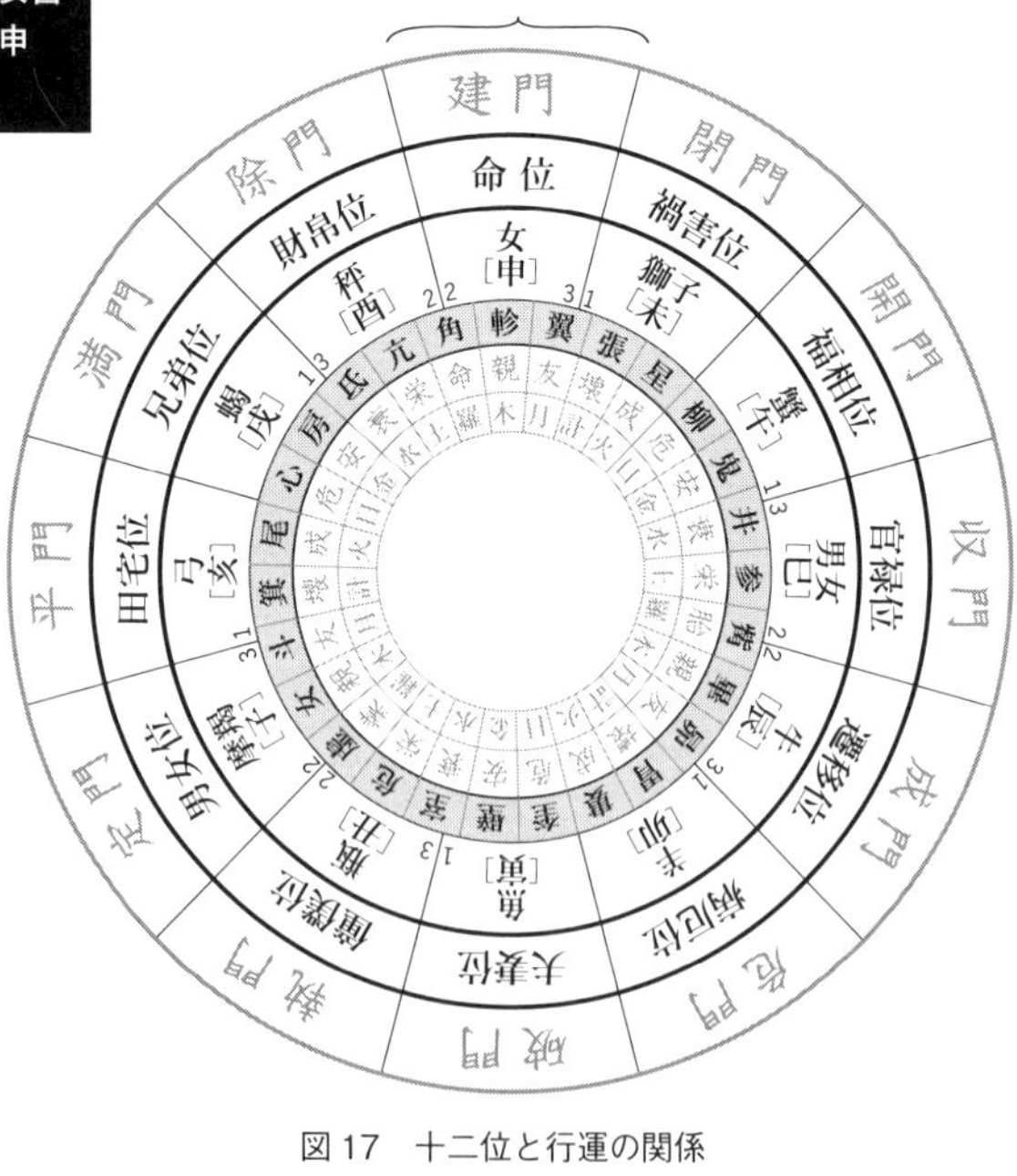

図 17　十二位と行運の関係

える年廻り、すなわち室宿の年は、旧暦9月末までは僮僕位、それ以降は夫妻位に属すということになる。

ただし、破門殺の現象は基本的に十二位の意味内容を越えて起こる傾向にある。つまり、宮禄位の破門殺で大病したり、男女位の破門殺中に交通事故に遭ったりすることもあるということである。なお、よい意味の建門の現象であっても、故意に程を越すと裏にある破門殺が発動することがある。この場合は破門殺は象意が限定された形が多い。

例えば、財帛位の建門であまりに儲かってしまって裏の病厄位破門殺が発動し病に倒れるということも、起こりうるということである。

また、建門命宿や命位命宿が重なると、破門殺を逆転することを先に述べたが、行運での破門殺は原則的にこれを逆転することができないということも記しておく。

命位がめぐる大限の行運

命位は一身上の大事の起きやすい時期である。他動的に起こることには望ましいことは少ない。だいたいの人は人生に3回めぐってくるが、のちの27年間の方針を決めるべき時期でもある。したがって、何かを選択するということを慎重に行わなくてはならなくなることが多い。もし命位が主宮に当たっていれば、この傾向は増大する。この特性を活かして積極的に人生計画を遂行するのも手であるが、何分、大事の起きやすい時だから、慎重にするに越したことはない。晩年にこの大限に至ると死期になることもあるので、とりわけ健康には十分に注意すべきだ。破門殺がめぐると、あらゆる方面での災いが予想される。破門殺の行運においては、破門殺に入る前後の時期が特に要注意だ。

建門では運気が上昇しても、やり過ぎはいけない。満ちれば欠けるであって、一転、奈落の底ということもあるからだ。

財帛位がめぐる大限の行運

財に関する大きな動きが予想される。単に儲かるとか儲からないというより、大きい財の支出、もしくは収入があるということである。例えば、大きな借り入れとかその返済や遺産の相続、会社や不動産の売却、買収などである。この宮位に壊宿があるなら、えてして損失の方が大きくなる。財帛位が主宮であれば、支出収入いずれにしても大変大きくなる。安宿があれば損失はあっても少なく、収入は大きくなる。破門殺になっていると、財に限らずあらゆる災禍が予想されるが、それに伴う損金も当然大きくなる。例えば、この時期に難しい病気の手術で莫大なお金が必要ということもありうるわけだ。

建門だと経済面が活性化するが、下手に投資などをすれば、当然、大損失もありうる。

兄弟位がめぐる大限の行運

親類兄弟の相談事が出るということもあろうが、まず、他動的変化が身の回りで起きて、そのために対応に追われることになる。例えば、不意に転勤を命じられたり、行政の方針で立ち退きになる。はなはだしきは、会社を解雇されるということもあり、他動的には喜ばしいことはほとんどない。なにせ、この宮位は四凶位のうちであるから、悪いのが普通なのだ。

ただし、安宿があれば、凶意は少なくなる。また逆に壊宿があれば、凶意が増すことになる。主宮であれば、どちらにしてもこの時期に起きたことが人生に大きな影響を与えることとなる。破門殺であると、あらゆる方面に急変化が予想され、それが大禍となる。

なお、この時期に何事かの学習を始めるのが望ましい。

田宅位がめぐる大限の行運

住宅の購入や処分、増改築や引っ越しなどが予想される。また、老母を家に迎えてともに住むということもあろう。壊宿が入っていると、これらが不本意であってもしなくてはいけないことを暗示する。安宿であれば、これらは望む形で行われる。

建門になっていれば不動産が増大することもある。つまり家はあるのに、また別に家屋を相続するなどである。無論、購入ということもある。破門殺であれば、家庭内の争乱や不動産をめぐる争いなどが起きたり、何かお金のいることで泣く泣く不動産を売却することもある。

男女位がめぐる大限の行運

若い人では恋愛のチャンスがある。また家庭を持っている人では、子供の進学や将来のための準備や出費に追われる。また子供のいまだいない家では、ベビー誕生や養子を迎えることもある。安宿があるなら、これらは大過なく行われるだろう。しかし壊宿や破門殺では、子供のことで問題が発生する。はなはだしくは、子供の家庭内暴力や不登校や非行などの問題もある。

その他でも、破門殺の現象は発生するおそれがあるが、男女位は吉位であるので、子供や男女問題以外に起きてくることは、凶意がいくぶんセーブされる傾向にある。ただし、破門殺の時期の出産に関しては十分注意しないと難産や死産、出産時障害などのおそれもある。

僮僕位がめぐる大限の行運

僮僕位がめぐれば、職場や仕事を中心にいろいろな騒動が起きてくる。はなはだしくは、左遷や解雇になったり、管理職の人は職を追われるなどということにもなる。またおかしな顧客のために無理難題をつきつけられたりして、この宮位は四凶位の第2位に当たるので、ただでさえロクなことはない。これに壊宿が入れば、さらに凶々(まがまが)しさは増す。安宿が入れば、災厄が起きても救いが暗示されている。破門殺であれば、人生百般にわたり凶意は最大級となる。

なおここが建門でも行運が四凶位の場合は吉とはでない。これは他の兄弟位、病厄位、禍害位でも同じである。主宮の場合は、ここで起きた事件は大限が過ぎても影響する可能性がある。

夫妻位がめぐる大限の行運

結婚期の宮位である。両者がここに入るという必要はないが、少なくとも一方が男女位か夫妻位、福相位などに入っていることが望ましい。さらにいえば、相手が四凶位や破門殺の時期であれば、時期を見合わせたい。結婚以外では、共同事業を立ち上げる、親友知己とコンビで仕事を始めるなどのこともある。ただし、既婚者ではこの時期は夫婦間のもめごとの勃発が予想される。極端な時は離婚となる。離婚は安宿では比較的円満に運ぶが、壊宿だともめやすい。

破門殺だと離婚以外に生別、死別、配偶者の大病や怪我が予想される。また既に共同事業やコンビで仕事をしている場合は、見直し、解散などを検討するようになる。建門ではよいことと悪いこと両方が起きる可能性があり、破門殺はよい現象は一切ないとみてよい。

病厄位がめぐる大限の行運

四凶位の第3位、体調が大きく崩れる時期なので、この時期に入る前に健康診断などをしておくのがよい。病気以外にも私的な交際や経済など全般にわたって運気は低下する。なかには不倫などに陥って抜き差しならないことになったり、知らない人の勧めに乗ってだまされたりということになりやすい。いずれにしても、襟を正した生活態度が大切である。また悪いことではないが、この時期に墓を求めたり、先祖や亡くなった人に関わることが多くなる傾向がある。

壊宿があれば、体調の変化はかなり大きいものとなったり、あってはならない肉体関係が表沙汰になるということもある。さらには破門殺であれば、災いは病厄位の範囲をこえていっそう大なるものとなる。建門でもこの時期はよくはない。主宮だともとも遺伝的にもっていた病が発動したり、人によっては幻覚などを体験することとなる。安宿だといくぶん凶意は軽減する。

遷移位がめぐる大限の行運

発展、移動、進出などをつかさどる宮位であり、三吉位の第2位に当たる。この時期は計画遂行の大好機であるから、大いに尽力したい。ただし何か目的を決めておく必要がある。無計画に過ごしては実にもったいない。続く宮禄位を含めて、ここぞ働きどころのあしかけ6年間となる。安宿なら安心して進めてよいが、壊宿があってもくじけずに邁進したい。壊宿があれば、よい方に出れば、殺人的な多忙という形になるので、安閑としていてはかえって凶に変ずる。

ただし破門殺となるとわけが違う。進出、改革、拡大などを企て、大きく衰退することが暗示されているからである。

あまり冒険的なことはできない。逆に建門では飛躍的に成長することもある。主宮であれば自分の個性を活かす方法を採りたい。

宮禄位がめぐる大限の行運

仕事に本領を発揮すべき時である。せいぜい頑張りたい。看命上での宮禄位は勧めを表したが行運では独立業も含めて仕事全般を表すので、この違いに留意されたい。

つまり、どんな仕事の人にも発展期である。壊宿があれば、多忙と失敗の両方に働く可能性を秘めていることになる。安宿ならまず穏当にいくであろう。建門では大きく発展していくことが望める。

ただし、建門の裏は破門殺だから、あまり仕事仕事といっていると、逆に家庭運の破門殺現象がときならず起きたりもする。破門殺では仕事上の大いなる失敗となったり、逆に仕事以外の問題であったものが膨らんで仕事にまで波及するような難事が起きてくる。

主宮でかつ建門や破門殺に当たれば吉凶ともに大きく出る。

福相位がめぐる大限の行運

三吉位の第3位だが、実はそんなにパワーは強くない。発展性を求めるというより、収穫を喜び、リラックスする時期である。農業でいうなら、刈り入れ後の秋祭りである。

だからこの時期は趣味や旅行、友人との交際を楽しみたい。逆に仕事にシャカリキになっても大した成果は上がらない。ノンビリしてていいのである。ただ、これは「アリとキリギリス」のアリの場合である。前の遷移位や宮禄位の期間でも、何らめぼしい成果が上がっていないと厳しいことになる。つまり、稲の実らなかった田んぼに再び時期外れの乏しい種をまかなくてはならないようなことになる。

壊宿や破門殺があれば、この時期に友人から迷惑をかけられたり、私的な買い物をし過ぎてローンで首が回らないなどということになる。またこの時期に仕事を退職してからやることがなくなって無気力になったりする。

また、この時期は女性の未婚者では恋愛結婚の可能性がある。安宿があれば安心してノンビリできるし、建門なら楽しい私的時間になるだろう。

禍害位がめぐる大限の行運

四凶位の第4位だが、ここの凶意はさほど強いものではない。ただ何となく憂鬱で所在ないという程度が一番多いのだが、破門殺や壊宿などがあると、犯罪被害者になったり、事故に遭ったり、そこまでいかなくても秘密にしなくてはいけないようなことや、思わぬことから人の恨みを買うなどである。この時期の悪現象は、他動的というよりも自分に責任の一端があることが多い。建門でも似たようなことが起きてくるが、その場合はただ被害を受けるのみならず、これに対して争う構えとなることもある。さらに知らず知らずのうちに法律に触れて訴えられたりということもありうる。

[中限の出し方について]

中限は、大限と同じく命宿を生まれた年の生月宮として1宮ごとに宿を繰っていく方法である。考え方として命宿を起点とするのは同じである。1年で12宮操る、10年で120宮である。ただし、指で数えていくわけにもいかないので、簡単な算出方法を教える。

九曜星のめぐりによって、本年、自分の生月宮が何宿に当たっているかを見ることにより、その前後の月の行運もわかるというものである。それは次の通りである。

羅睺星　命宿

土曜星　二九の安宿
水曜星　三九の壊宿
金曜星　業宿
日曜星　三九の安宿
火曜星　一九の壊宿
計都星　胎宿
月曜星　一九の安宿
木曜星　二九の壊宿

つまりここがその年の本命宮に当たる宿というものである。

中限の破門殺現象も基本的大限に準じるが、決してあなどれないものである。２年３ヵ月におよそ70日めぐるので用心したい。なお、中限の始まりと終わりも十二宮を本としているのでその切れ目は次のとおりである。月の一日零時から始まり三ヵ月後の七日の1午前中で終わるグループは羊宮・獅子宮・弓宮。月の七日の午後から始まり三ヵ月後の十五日いっぱいで終わるグループは牛宮・女宮・摩羯宮。月の十六日零時から始まり三ヵ月後の二十二日午前で終わるグループは瓶宮・男女宮・秤宮。月の二十二日午後から始まり三ヵ月後の月末いっぱいで終わるグループは魚宮・蟹宮・蠍宮。いづれも旧暦であることは言うまでもない。これによって中限破門も運気も同様に出すことが可能である。

判断は前述の大限を参考にされたい。

[五] 十二位から見る相性

相手の星（本命宿）が自分の十二位のいずれにあるかを見て、人間関係を判断することもできる。二つの宮にまたがる宿は、前に述べた主宮の決め方に準じて、相手の生時によってどちらに所属するかを決定してほしい。なお、念のため記しておくと、次に説く文の見出しに見える各十二位は、自己の占星盤上の十二位のことを、「本命宿」とは相手の本命宿を指す。文中の星が遠い近いというのは、自己の本命宿から見た距離となる。

命位に相手の本命宿がある人との関係

大きな影響をもたらすが、星が遠いと接触は少なく一時的なものとなる。例えば、二・九の領域の宿はいずれも遠い存在といえる。これほどの十二位にあっても同じことである。

星が極めて近ければ親友、知己になる可能性が高い。遠ければ、一時的に強い影響を与えて消えていく。しかし、破門殺だと近いほど悪影響を及ぼす相手となる。

財帛位に相手の本命宿がある人との関係

財的なつながりのある人ということになるが、星が遠いとさして影響力がない。

壊宿では損失をかけられる傾向にある。例えば儲け仕事を持ち込まれても、うまくいかない傾向にある。これは相手に悪意がなくても、そうなりやすい。

栄宿、親宿の関係であると、財的に有益な知り合いになる可能性がある。

破門殺だと、この人が引き金になって失財することになる暗示となる。

兄弟位に相手の本命宿がある人との関係

この宿の人は四凶位だが、兄弟のように仲のよい間柄になることがある。ただし遠慮がなく、会話も敬意が薄いものになりがちなため、上司と部下、先輩と後輩という間柄では不都合なことになる。極めて私的な付き合いであれば、問題は少ない。これも近い星ほど影響が大である。安宿、壊宿の関係だと感情を害することが多くある。

田宅位に相手の本命宿がある人との関係

近ければ、寝泊りしたり同じ釜の飯を食べたりといった家族的な付き合いをする人ということになるが、遠いとたまに家に遊びに行くだけの存在となる。また、一時期そこに逗留（とうりゅう）して世話になるということもある。安宿、壊宿だと、トラブル含みで決裂する。

この宮位の親戚があれば、そこへよく遊びに行くことになる。

男女位に相手の本命宿がある人との関係

恋愛結婚によい間柄だが、それ以外に自分の子星なので、面倒を見るという立場をも表す。星が近いとその度合いは強くなる。安宿、壊宿ではそれがかえって害となる傾向を持つ。またこの星は、子供がいない人が養子に取るにはよい。その場合でも安宿、壊宿や破門殺ではやめた方がよいのはいうまでもない。また星が二・九にあるなど遠いと成り立たない。結婚も同じである。また相手から見てこちらが破門殺や四凶位でもよくない。

僮僕位に相手の本命宿がある人との関係

四凶位の第2位だから、本来、よろしくない。ただし、職場などにいる人だと、それに象意をとられ、特別な凶意はなくなる。しかし、この宿に属する人との共同事業や結婚などは、基本的にあまり勧められない。こうした場合、相手から自分を見て三吉位にあるとか、夫妻位にあればいいだろう。その場合でも安宿、壊宿の関係はいけない。破門殺にいたっては問題外である。なお、職場結婚のお相手ではこの星が入ることがよくある。したがって、その場合は単純に凶と判断してはいけない。また栄宿、親宿の関係なら危険はないだろう。

夫妻位に相手の本命宿がある人との関係

本来、結婚の正位に当たる星なので、破門殺、壊宿、安宿などの間柄でなければ、まず問題ないといえよう。ただし星が遠いと、後で離婚となることが少なくない。共同事業などの相手としても同じように判断してよいだろう。ただし、二・九の危宿、成宿とは一時的に強烈に惹き合うことがある。もっとも多くの場合、しまいには別々の道を歩むことになるだろう。

相手の星が同じように夫妻位であったり、男女位、福相位、命位にあれば、結婚相手として最も適正な人ということができる。

病厄位に相手の本命宿がある人との関係

もともと災いの位である。僮僕位と違って、象意が他のものにとられて凶意が軽くなるということがない。その点では、四凶位の中では随一の悪さである。ただし、これも星が遠い人からはさしたる害も受けない。また、不倫相手に多い星でもあるが、この相手としまいにめでたくおさまるということはほとんどありえない。もっとも、相手から夫妻位、男女位、福相位などにあれば、略奪婚のようなこともありうる。ただし、この仲はもともと肉体関係だけが先行しやすく、真面目な交際に成りにくい傾向にある。破門殺や安、壊宿なら大凶。ただし、行きつけの医療関係者や霊的指導者、宗教家がこの星で、破門殺や安・壊になければ正位とする。

遷移位に相手の本命宿がある人との関係

自分の先達になるべき人で、この人からは何かしら有益な情報や助けが得られることが多い。それは全体的なものもあれば、部分的なもの、技術的なノウハウであったり、いろいろである。建門であれば、それは大変大きな影響をもたらすものである。

この星の人はなにかしら自分にはない有益なものをもたらしてくれるので、破門殺でなければ、一人は知り合いにほしいところである。安、壊宿では、有益なものばかりがもたらされるわけではないが、それでも取るべきところはあるだろう。

宮禄位に相手の本命宿がある人との関係

普通には仕事上でよく関わる人の宿である。いわば、こちらから見れば公的人物であり、仕事での絡みで会う人物としては申し分はない。

その他、この宿の人が仕事の紹介者であったりすることがある。三・九関係がよければ、交際を進めれば仕事上で有益な味方を作ることとなる。ただし、破門殺であれば、この人との交際は浅い程度にとどめておいた方が無難だ。安、壊だと、仕事上、目障りなライバルとなることもある。

福相位に相手の本命宿がある人との関係

友人としては心楽しい人物が多いだろう。ただし、仕事の仲間としては、有力な人物とはなりにくいだろう。

いくら楽しくても一緒に商売などをしない方が無難だろう。特に安、壊の関係では損を作って友人関係も壊れるのが関の山である。破門殺ならできれば近づかない方がよいだろう。だいたい趣味や同好の士としての付き合いの他は、あまり発展しない仲である。また、友といっても刎頸（ふんけい）の友を表す星ではない。ただし、三・九関係がよければ、お互いリラックスして明日の活力を作れる。

禍害位に相手の本命宿がある人との関係

普段はどうということのない人であるが、この人のもたらす情報や知り合い、紹介などはすべて裏目に出やすい。小さなことならよいが、重大なことはやめておくのが無難である。

連鎖反応的にすべてが困ったことになることもある。また、共通の秘密を持つことになったりする。したがって、この宿との交際はいかなる場合であれ、ある程度は距離をおいた方がよろしい。安、壊宿は破門殺だと、第三者も巻き込んで決定的にマイナスなことが起きてくる。

破門殺をどう生きるか ―― 凶現象を生き抜く対処法

〔一〕さまざまな破門殺現象

さて、ここまでお読みいただいた読者には破門殺がいかなるものか、また破門殺がいかなる凶現象を引き起こすものかということが理解いただけたことと思う。

ただし、同じ破門殺であっても立場によりその出方もさまざまである。

そこで、ここでは読者諸賢の立場に立って具体的に破門殺にいかに対峙するかを一緒に考えてみることにしたい。

サラリーマンと破門殺

日本の労働人口のほとんどはサラリーマンだ。サラリーマンは文字通りサラリー（月給）をいただいて生活しているわけだから、破門殺がめぐったからといっても、個人事業主のように直ちに大打撃になるということは少ないものである。むしろこの時期は、失敗を重ねたり、上司との衝突から左遷されてしまって収入が減ったり、あるいはとんでもないところへ飛ばされるといったことの方が多いだろう。誰でも失敗しようとして失敗するわけではないのだから、注意は先に立たないものだが破門殺というのは、時期としては入った時と出る前後が一番危ないわけだ。

当流では信徒が破門殺に入ると、星の神である「尊星王」の秘法で祈ってあげるのだが、「破門殺に入っているのはわかったが、今のところ何も災いはないし、あと少しで抜けるからお祈りまではいらない」と言っている人に限って抜ける時期の前後にドーンと大きく破門殺が出て、泣きの涙を見ることがあるようだ。現実的に何事か起きてからでは祈禱のみならず現実的な対処が必要となって、散々苦労することになる。

また、会社でつきものの人間関係の軋轢も見逃せない。同じ会社で長く勤めてこれたのは、業種が向いているというより、周囲の人間関係のおかげという人は多いものである。

それだけ比重の大きいものなので、これが悪化したため、会社を辞めたいという人も当然あるわけだ。こういう時に同僚や相談相手のいない人、味方のいない人は寂しい惨めな思いをせざるをえない。敵がいても味方がしっかりいれば、精神的に頑張り通すことができる。これは日ごろの人望の問題だ。付け焼き刃では間に合わない。また、地方へ飛ばされた時は方位にも十分注意してほしい。方位がよくないので転勤は困る、などとは言えないので、せめて神社、仏閣でしっかり方位除け祈禱をしてもらうことだ。

事業主と破門殺

破門殺の財的側面の影響をモロに受けるのは、事業主の人たちである。単純に物が売れないことからはじまって取引先の提示条件の悪化、銀行の融資が止まったり、在庫を抱えて倒れたりと、ありとあらゆることがありえる。はなはだしきは、いわずも知れた倒産ということとなる。

また、新しく会社を始めようとする人は、この時期に設立、創業をすることを絶対にしてはならない。組織を組んだ仲間の中に破門殺の時期に入っている人がいてもいけない。

だいたいこういう時期に組織作りをすると、メンバーは安宿、壊宿のような凶星関係の人が多いものだ。

よく会社には守護神としてお稲荷さんなどが祀ってあるが、こうした神々をお迎えして経営を守ってもらうことは大きな力となる。ただし、祀る以上はきちんとしなくてはならない。信心しているのに全く駄目という事業主は結構あるようだが、聞いてみると御礼をもらってきても拝みもせず、置いてあるだけというのがほとんどだ。

拝んでこその神仏であり、拝みもしない木や紙の御礼からどうしてご利益がありえようか。せめて事業主自らが毎日、水、供え物くらいは替えて、灯明も点けて（仏教系なら加えて線香）、拝まなくてはご利益などあるわけがない。

逆にこういうことを毎日きちんとしていると、霊的バックアップを受けてギリギリでも倒れずにすんだり、たとえ倒れるにしても整理が速やかにできて大きな負債も残らなかったりする。困った時の神頼みに終始しては、神仏の失笑を買うのが関の山だろう。

こうした会社の守り神と自分はコンビなんだと思うくらいでないといけない。

特に先代からの守護神であれば、最低でも一年に一度くらいは本宮へお詣りして報恩（ほうおん）したいものである。

また、サラリーマンと違って事業経営にはそれなりのセンスというものが必要だ。センスのない人が親の跡を継いでできるような甘いものではない。事業家に向いている人というのは、お金を得ること自体より会社経営自体に喜びを感じなくては駄目である。

つまり生活のために嫌々やっているというのでは、人もついてこないし、もちろんお金もついてこないのだ。

若者と破門殺

若いうちの苦労は買ってでもしろという言葉は、最近あまり聞かれなくなった。しかし、それでも破門殺を迎えるのなら若いうち、20代後半から30代前半に来てくれるのが一番よいだろう。

破門殺は27年ごとに来るので、出生時が破門殺だとすると、27歳、54歳、81歳あたりに来るし、逆に一番遅く24歳くらいに来たとすると、次は51歳、78歳に来る。

したがって、だいたいの人が20代に破門殺が1回は来ることになっているのだが、10代のうち、例えば17歳くらいで来ると、次が44歳、その次は71歳で一番よくない。若いといっても17歳では自分では何とかできることはほんの少しだし、次の44歳は人生で最も脂に乗った時期、71歳も人生の完成期であり、これら大切なポイントとなる年代が台無しだ。17歳、18歳で受験に失敗し、44歳でリストラ、

71歳で癌になっておしまいでは悲し過ぎる。これに対して、一応、社会人として一人前といえる20代後半から30代後半だと、苦境を乗り切って大きな勉強できるのだ。

立ち直りだって十分に利くし、男性の場合、20代では結婚していない人だって多いので小回りが利き、身軽だ。いわばお金はたいしてなくても、それなりに何とでもなる年齢なのだ。ここでは破門殺を迎えて打ち勝つことによって必ずや大きな何かを得るはずだ。

もちろん、これは破門殺の存在を知り、迎え撃つ覚悟ができてこその話だが、そうでないにしても、他の年代で迎えるよりは、はるかにマシではないだろうか?

破門殺は誰にも来る冬の時期だ。冬の寒さは樹木を堅く丈夫にする。若い人はこのことを念頭に置いて頑張ってほしい。もし、今、20代、30代に破門殺に当たっているとしたら、それはむしろ喜ばしいことと思ってもいいだろう。

女性と破門殺

昔と違い、現代では全くの専業主婦という人は少なくなっているようだが、それでも家の中のことは、とかく主婦の負担になってしまうことが圧倒的に多いようだ。

もしあなたが全くの専業主婦であるとしたら、破門殺中は体の不調の方を注意してほしい。収入のある仕事のない場合、体の方へ破門殺が出る可能性が大なのだ。破門殺の前の年には、一応は徹底して健康診断を受けておくべきだろう。夫の不倫、浮気からのトラブルも破門殺では顕著となり、以前はたいして文句を言わなかった夫が家の中のことなどで盛んに口うるさくなじるようになったら赤信号だ。はなはだしきは、浮気どころか離婚話を切り出される前兆である。

社会的職場で働く女性の場合は、破門殺に入ると、リストラや左遷、あるいは職場での嫌がらせやセクハラに遭う可能性が高くなる。女性は結婚してしまうと、家庭に入ってしまうケースが今もって少なくないが、相性がよくない場合は、共働きによってそれを緩和できる。一緒にいる時間が長いほど、星の悪現象が出やすいからだ。

また、育児問題でノイローゼなどと言うことも少なくないが、子供の年齢にもよるが、この場合は破門殺に入っていない夫の方が育児に関わった方がよいだろう。子供の登校拒否や非行化の問題も、破門殺に陥っている主婦が躍起(やっき)になっても、なかなか好転しない。夫の十分な協力が何よりも大切となる。

また未婚の女性は、年運の破門殺期間の縁談は、まずうまくいかないと思ってほしい。こういう人は自分の壊宿だったりすることが多いものだ。

子供と破門殺

子供のうちに破門殺が来ても、あまり記憶にない人が多いようだ。これは人間が、古い嫌なことは忘れ、楽しいことのみ頭に残るようにできているためだろう。忘れるということは、大切な人間の機能だ。

ただし、客観的にはやはり子供にも破門殺が作用することは大人と少しも変わらない。一番怖いのは病気だ。酷い時には、幼くして死んでしまうことすらある。

また、子供の事故、怪我、水難などにも十分注意しなくてはならない。試験時に破門殺に入っていると、かなり実力があっても落ちることがある。しかし大切なのは、落ちる、落ちないそのものより、子供が受験の失敗を機に、自分をくだらない無用の存在と思い込むことの無いようにすることである。叱咤激励は、現代では必ずしも通用しない。現代の子供は、いろいろなストレスで精神的には半病人状態であると考えても、考え過ぎではないようだ。したがって試験に向かって厳しく励まし叱咤すること、その反面、結果がよくなくても、いたわりのある優しくあたたかい心をもってすることを忘れてはならない。受験に限らず、子供はデリケートなのだ。

少年時代の破門殺は、当人に大きなショックを与え、それが一生の心傷（トラウマ）となって人格の一部を形成してしまう。

そのようなことのないように、親がその加害者とならぬように、配慮してもらいたいものだ。また、最近少年の犯罪や少年の自殺などが目立って多くなっている。以前なら考えられないようなことも起きている。子供によっては破門殺期にはそのようなことも考えられるので、日ごろから知に偏らず、あたたかい心を養う教育をすることこそが何よりも大切だろう。

当流では「子供には何か生き物を飼わせるとよい。犬でも猫でも金魚でもよい。日ごろ、子供を、面倒を見てもらうだけの体験で育ててはならず、子供にも面倒を見ることを教えるべきだ。手間のかからぬ愛情など存在せず、愛情とは手間をかけることによって育まれるのだ」と教えている。子供は次世代を担う宝だ。破門殺に負けてしまわぬよう上手に育てたいものだ。

高齢者と破門殺

現代では定年後、高齢者がご隠居さんをしていられるような楽な時代ではなくなってしまった。退職後もまた次の職探しをせねばならないが、破門殺がかかっているときは、当然、職探しなどはままならない。それよりも健康が心配である。

特に70を超えて破門殺を迎える時は、体力も衰えているので十分注意しなくてはならない。いわゆる円熟期に破門殺を迎えるくらい不幸なことはない。50代後半から60代前半くらいだと、多くの人がまだ十分、現役では働いていることと思うが、ここで破門殺が出ると人生の仕上げの舞台がバットエンドということになってしまう。年を取ってから、せっかく作ってきた財産や家を失うことになるのである。

自営業の人なら、ある程度の年齢まで働いているから、この可能性は高いものとなる。経営上の失敗、あるいは関連企業の倒産ということからも不幸は起きてくる。

また、最近の60代、70代の人は昔の40代位の若々しさがあるので、人によっては色恋沙汰の間違いや再婚話もあるだろう。破門殺ではこれらが不幸の引き金になることはいうまでもない。再婚したはよいが若い配偶者に財産をいいように支配され、自分は部屋へ封じ込まれて死ぬのを待たれているというようなことだって考えられる。

また、老人をターゲットにしたいろいろな詐欺、つまり利殖、不動産、高額商品、保険産業などにはくれぐれも注意すること。一人でことを決めない。その場でことを決めない。これは鉄則だ。必ず信頼できる親族などに相談せねばならない。

また、高齢で破門殺を迎える時は、一応、健康診断も受け、いざという時、入るべき病院、また、万一のための遺言なども用意しておくべきだろう。死なない人はいないのだから、そんなことを考えるのは縁起でもないなどと言わず、真面目に考えねばならない。

［二］破門殺中に避けること

さて、いよいよ破門殺を迎えるための心づもりを話す段となった。まず第一に、破門殺中に避けたいことを挙げていくと、次のようになる。

1 開店、開業

開店、開業を破門殺中にしてしまうと、ちょうど人間が悪い星を持って生まれたのと同じことになるので、たとえ破門殺が過ぎてもうまくいかず、結局は暗礁（あんしょう）に乗り上げるような最後に至りやすいものだ。

もしどうしてもというのなら、破門殺の過ぎたあたりで店を閉めて、店名を変えて再スタートするとよいだろう。しかし、会社となると、個人のように軽々とはいかないので、やはり時期を待つべきかと思う。

転職や着任などでも破門殺中はよくないのだが、働かないでは生活できないので、これを避けることは無理だ。

2 結婚

結婚というのは戸籍上のこともあるが、二人で暮らし始めることをいう。もし、破門殺中に暮らし始めたのなら、一度、実家やよそへ行って、再び時期をおいて再スタートするという方法もあるが、相手が納得しないと無理だろう。一方、恋愛は基本的に構わない。結婚するなら、これもできるだけ破門殺以降に結婚してほしい。よく籍を入れる時、結婚式を行う時など、どの時期に一番こだわるべきかなどといわれるが、(i)二人で暮らし始める時、(ii)式を行う時、(iii)戸籍に入れる時のうち、(i)は二人の間のことなので基本だ。しかし、これは結婚しようと二人が口に出し、お互いにそう思っていない間は関係ない。ただの同棲でなく、具体的に結婚しようという行動としての同居に始まる。(ii)は社会的なもので、親族や会社の人など、二人を取り巻く周囲との問題における結婚だ。(iii)法律的、つまり財産法上の結婚だ。

したがって、この三つはそれぞれ影響するものが違うわけである。仮に籍だけ破門殺中に入れて、式や同居は後から……ということをすると、お金や権利のことで親族ともめることになるだろうし、式を破門殺中にすれば、対外的に結婚相手がトラブルを起こすことなどが予想される。したがって、(i)(ii)(iii)とも破門殺を避けるべきは明白だ。

3 移転、転居、増改築

方位術家にいわせると、悪い運気のときは吉方へ行くことによって凶を避け、吉を呼べるというが、悪い運気の間はたとえ吉方へ行ってもその吉意は出にくいものだし、不動産などもよくない物を購入しやすいということになる。したがって吉方移転ということも思うようには効果が上がらない。ただし、破門殺が終わってからよくなってくることはあるだろう。しかし、その場合も、求めた物件や借り家自体は不備があったり、地理的条件が悪かったり、近隣に変な住人がいてトラブルになったりすることはその後も変わらない場合が多いので、勧められることではないのだ。

増改築についても、凶方位をいじってしまったり、たとえ吉方位でも増改築工事自体にミスがあったりする。吉方位を造作すれば、吉現象が出るとはされていても、造作自体は破門殺の影響下にあり、ごく小さなものならともかく、大がかりなものはいけない。ことに建て替えなどは厳に慎んでほしい。新築より悪さが出やすい。

4 大金の貸し借り

これをすると、貸した方は返らない、借りた方は返せないということになってしまうので、貸す方も借りる方にもともによくない。どうしてもというのなら、双方最小限度とすべきだ。義理があってどうしても貸さざるをえないなどという時も、むしろ捨てたと思って、困らない範囲でお金を貸すことがよいだろう。なくてはならないお金は、すぐ返すと言われても決して貸してはならない。

また、借金の保証人になるなどもってのほかだ。必ず大変なこととなり、人によっては家も土地も売り払っても、なお負債が残るなどということになるので、そのくらいなら無理のない額を提供する方がまだマシだ。そもそも保証人というのは保証能力があっての保証人だし、絶対に迷惑はかけないなどと言っても、迷惑をかけることを前提として決めるのが保証人なので、いざとなれば「あんなに絶対、迷惑をかけないと言っておいて……」と泣いて怒っても後の祭りであることをくれぐれも忘れてはならない。

また、破門殺中は、金融機関からお金をぜひ借りてほしいと言われても、少額にとどめ、手を付けないか、全く借りないことが一番である。

5 養子をもらう・養子に行く

これも両方いけない。破門殺中に決めたことはたとえ悪気がなくても、すべて狂ってきてしまうのだ。したがって、最初はとてもよい人物だと思って養子にした人も、その後トラブルを起こしたりして、何とかして追い出したいと思うほどになるものだ。また、行く方にしても、最初は大切にされても、だんだんと締め付けられたり、親戚が口を出したりして話が大きく変わってしまう。

6 仕事上のパートナーを迎えること

破門殺中には大変な目に遭うわけなので、誰でも欲しいのは助力や助言だ。これを求めることはむしろ大切なことであり、これまでいけないというのはいささか考え過ぎだが、ただし、利益を共有する人を迎え入れるのはやめておいた方がいい。これは、広い意味では共同経営の出発と同じことであり、破門殺にそうした人を入れてしまうと、後々、その人が邪魔になるか、あるいは意見が対立して経営そのものまでおかしくなることも考えられる。アドバイスは大いに求めたいところだが、経営に参加してもらうのは、破門殺が終わってからにすべきだろう。

[三] 破門殺中にしてもよいこと

それでは破門殺中にしてもよいこととは何なのだろうか。

1 就学や新人の就職

社会生活上、しないわけにはいかない。ただし、それなりに苦労は覚悟しておくこと。就職の場合は、後に転職することになりやすいだろう。

2 恋愛

恋愛はこの期間にしても構わないが、プロポーズは待ってもらいたいものだ。よい関係であればあるほど、大切にしたいものである。破門殺中のプロポーズは、当然ケチがついて、せっかくの交際が駄目になる。破門殺中には相手方の両親にも、一応は友人か、せいぜい恋人関係として紹介するにとどめるべきだろう。

3 退職と転職

破門殺中はいろいろと面白くないことが続出するので、当然、辞めたい、移りたいということはあるだろうが、辞めるのなら破門殺の終わりあたりで辞めることにして、それまでは我慢したいものだ。次の仕事に就くまでのブランクがあってもよい人はさっさと辞めてもよいのだが、好ましい仕事に就くことは、原則として破門殺中はできにくい。このことを考えて計画してほしい。

4 長期旅行

何かを学んだり、修行するために行くのならよいのだが、ただのレジャーはよくない。留学なども渡航先で十分注意しなくてはいけない。方位が悪ければやめるべきだ。この期間は大変だが、初めから辛い修行を覚悟して行く分には、成果を上げられるだろう。ただし、スムーズにはいきにくいことはいうまでもない。転職、長期出張は他動的なものであり、自由が利かないので、さらに困難だろう。小旅行は差し支えない。

5 墓を立てたり、社を建てること

いわゆる宗教関連のことは、大いにしてもらってよいだろう。生前に墓を立てておくと縁起が悪いなどというが、必ずしもそうとはいえない。気になる場合は、墓石は立てず、一応、墓所だけ求めておくことだ。逆に、亡くなった人がいるのに、墓地がないなどと言う場合は、ぜひ求めてほしいものだ。破門殺には、霊的因縁も噴き出すので、先祖供養なども大切にしたいものである。

また、家内安全や商売繁盛のため、庭や会社の敷地に神祠（しんし）を建てたり、社を築いたりすることも結構である。レジャーとしてではなく、信仰の上から寺社詣りもぜひしてほしい。

その場合、わずかなお賽銭（さいせん）を放り込んでやたらと願いごとをしないことだ。お寺やお社を拝見させていただきありがとうございました、お詣りさせていただきありがとうございました、という心でお詣りしてほしい。

祈禱をしてもらうのもいいだろうが、その場合、必ずお礼詣りにも来る覚悟でお頼みすべきだ。頼

みっぱなしはかえって運を傷つける。

ただし、今はやはりの宗教ビジネスなどにはめられるおそれはあるので、その点は十分注意すること。

万人共通の最も大切な破門殺の過ごし方

いかなる立場の人でも大切な破門殺の過ごし方は「奉仕」ということである。

破門殺はあなたの大事なものを引きちぎるように奪っていく性質がある。だとすれば、むしろ積極的に与えることによって、その凶意を弱めることは可能なのである。たとえ、人に与える金品がなくても、人に奉仕し、サービスを提供することによってそれが成立するのである。

なお、どうしても困ることがあれば、中国古典の『菜根譚（さいこんたん）』を読むことをお勧めする。『菜根譚』は禅を基本とした中国思想の書である。必ずそこにあなたに必要な答えが見い出せるだろう。

〔四〕破門殺のもたらす恩恵

最後に破門殺の説明を終えるにあたり、とても大事なことがある。

それは、破門殺には悪い面だけではなく、実は大きな恩恵もあるということである。

破門殺とは生まれた十二支の対冲に当たるのだから、いわゆる「向かい干支」であり、原理的には九星術でいう歳破のようなものである。

生まれた年の十二支は誰にでもある。つまり、命理として誰にでも破門殺はあるし、行運として破門殺は誰にでも来るということである。

不運な人とか特殊な人だけにあるとか、起きるのではないということを再認識していただきたい。

特に時期的なことをいうのなら、見方を一転させれば「破門殺」こそは人生になくてはならない「自己（じこ）陶冶（とうや）」そして「学び」の時であり、新たな「飛躍」への準備期間でもある。

ちょうど、樹木における冬の時期のように幹をしっかり固くしてくれるのが破門殺なのだ。厳しい冬の時期、これがために樹木はしっかりと内にエネルギーを蓄え、外材などには負けないしっかりした材木となりうるのである。

なお、個人の体験の中では比較できないが、対策として破門殺の時期に、いわゆる「厄除け」の祈禱というのをするとしないではやはり大きく違う。

確かに、実際のダメージは最小限レベルとなるようだ。

これはいわゆる「厄」とは時期的にことなるが、しかるべき寺社仏閣で厄除け祈禱、あるいはそれに準ずる祈禱をしてもらえばいいのである。なるべくなら厄除けで定評のある霊所がよい（なお、希望があれば筆者の寺「蒼竜院」でも独自の秘法により「破門殺除け祈禱」を承っている）。

しかし、そうした祈禱をしても、好ましくないイベント自体はこれでもか、と起こる。

起きてくる事象は普通、避けられない。誰も無事ではいられない。

ただ、何が違ってくるのかというと、祈禱しておくと結果的な実害はかなり受けにくいのである。

見方を一転するなら、破門殺は恐ろしい鬼の姿はしていても、大きな福の神なのである。

なぜなら、人生の初年期に来る破門殺は戸惑いの中にも、最も多くの重要な人生の学びを与えてくれるだろう。

中年期には、その人を人生の荒波で鍛えて、真に「大人」にしてくれるのも破門殺の学びならでは、である。晩年においてさえも、破門殺は最後の「人生変革」と「人格完成」の大きなチャンスをもたらしてくれるだろう。

「破門殺」は密教占星術の考えであり、密教は輪廻転生を建前とする教えである。人生最後の学びも、きっと次の人生？　を豊かにしてくれるのに違いないと当流では考えるのである。

その考え方は苛烈を極めるが、なくてはならない人生のスパルタ教師こそが破門殺なのだ。

そう思えば、むしろ無闇に怖がったり、嫌がったりするばかりではなく、真向かいから受け止め、積極的に学ぼうではないか。

「破門殺」の意義はそこにこそあり、真の「破門殺制化法」もまたそこにこそあるのだ。

この章を終わるにあたり、このことは是非憶えておいていただきたい。

付伝　破門殺と星供養・星祭

密教占星術と妙見信仰 ―― 仏教と占いの深層

〔一〕運勢は変えられるのか

前伝では、破門殺を迎えるための具体的努力を説いたが、人間としてどんなに注意していても、やはりそれだけで完全にこれを防ぐことは、実際はなかなか難しいものである。これは何も破門殺に限るものではなく、いわゆるよくない星回りというもののいつわらざる実体である。したがって、占術の現場では、しばしば悪運を退け開運に導くために、引っ越しや旅行で方位を取る、家相を改善する、よい時期を待つ、あるいは姓名を変更する、というような方法を採る。

これに対して密教占星術はどうするかといえば、仏教への信仰を重視するのである。

前者が外的方法であるとするなら、後者は内的方法であるといえよう。つまり、その人に外界から時空の影響を及して運気に変化を与えようとするのに対して、その人に本質的に内蔵している運気を質的に変化させようというものだ。

仏教では、われわれの運気はよそからくるものではないと考えている。われわれ自身の業（カルマ）が形となったのが運気なのである。これはすなわちその人の業の違いである。

本来、密教占星法は、この過去世から持ち越した業を先天運としては把握するのだが、それでもやはり完璧にはほど遠い。例えば、同じ生年月日、さらに生時まで同じでも、人の歩む道はそれぞれで、決して同じではない。生まれた場所も同じ双子であってもそうである。中国占術には、生時を15分単位で区切って先天運を鑑定する手の込んだものもあるが、このようなことをしてもなお把握できないのが、人というものの真実の姿である。

私（監修者）もこの占法を提唱しているのだから、もちろん、占星術を否定するためにこういうことを申し上げているのではない。言いたいのは、それでもまだザルのように把握できず、漏れていくものはあるということである。

例えば、砂金をよりわけるにしても、どんなに細かくしてもザルはザルで、漏れていくものはある。細かければ細かいほどよいというものでもない。あまり細かくすると、砂金と砂の区別がつかず、ザルの役目をなさなくなる。

どんな占いにも同じようなことはいえるし、ことに占星術は実はオンリーワンの運を取り出すものではない。時間という循環する数から割り出した分類学的なものである。分類は百種百通りでは分類にならない。細かな差異を置いてカテゴリーにおしこめて把握するからこそ、分類なのである。

ある方から、さる占術の先生のところへ行って、占術の勉強をしたが、どうもこれは8割くらいしか当たらないので、今度はこちらで世話になりたいという話があったが、そもそも私は占い自体がそんなに当たるものではないと思っている。「8割当たるならば、その先生は最上だと思う」と言って帰っていただいたこともある。１００パーセント当たるということは、運勢は全く決まってくるという宿命論が前提とならねば成り立たない。しかし、仏教はそういう考えを採らないのである。

例えば、受験などの合否も、受からないといっても受かるといっても、勉強しない人はしない。前者は絶対的予定論者であり、後者は運勢を可能性としてとらえている。少なくとも仏教的占術は後者である。

したがって、無論すべてではないが、運勢は変えられる。例えば、この時代に生まれたこと、この国に生まれたこと、男に生まれたこと、女に生まれたことだけで、限定される枠はできる。これらは基本的に変えられない。国籍を変えても日本人から生まれた日本人はやはり日本人であるし、たとえ性転換手術をしても、それは本来の性的機能を失っただけのことであり、もともとの男性は子供を産めないし、もともとの女性が女性に子を産ましめるわけではない。もっと医学が進めば可能になるかもしれないが、それでも何らかの根本的な違いが残るだろう。

国籍が変わることや性転換自体の議論はともかく、このような本質として変わらないものは変わらない。しかし変えられるものもあるはずである。少なくとも桃に桜を咲かせるようなことはできなくても、尋常ならぬ不幸な状態は転換したいと思うのが人情である。それは、桃に桜を咲かせなくても、ちゃんと桃の実をならすことである。

[二] 現代における星辰信仰の意義

密教では、星供（ほしく）という方法で運命を転換できると考えている。

これには大きく分けて当年星供（とうねんじょうく）と本命星供（ほんめい）がある。

当年星供とは、毎年めぐってくる星である九曜星を供養して、その一年の安泰をはかるものであり、本命星供は、生まれによって決められている北斗七星のうちから選ばれる星を祈って、除災開運を祈るものである。いってみれば前者は後天運であり、後者は先天運をつかさどると考えてよい。

人によっては、星を祈るなんて非科学的もいいところと思うだろうが、密教でいう星は、実は、われわれの業の象徴である。だから実のところ、星にしても星にあらずである。年月日時というのは、すべて天体の運行によって定められている。いわば時間の本源は天体であり、天体は時間の象徴でもある。

つらつらわれわれの人間の実相を考えてみれば、実は、それは時間軸の上での存在でしかないという一面に気がつくのではないか。つまり人間とは、長くてもたかだか１００年くらいの間、空間に展開する存在にすぎず、それも時々刻々、熱エントロピーの消滅に向かって突き進み、消耗しつつある存在である。つまり実相としては、一刻として固定した存在ではありえず、時間の流れの中を自ら変化しながら流れていく存在である。仏教では、この時々刻々が、実はそれさえ把握できないものであるという観法を通して、一切は空であるという悟りへと到達する道も用意している。

最近の物理学では、時間と空間は、結局、同じものだという見解さえ示しているようだが、このことはそうした仏教の思想とも一致してくることになる。

星供とは、いわば仏教的な業の認識のもとに行われる、われわれ自身の存在確認でもあるわけである。つまり、生きていることのとらえ直しといってもよい。要するに、われわれの存在は一冊の本や一巻の映画フィルムのようなものである。そのどのページやどのカットにも自分はいるが、それは自分の時間的一部分でしかない。自分というもののすべては、あるようでいてどこにもないのだ。しかし、それこそがわれわれの人生であり、われわれそのものなのである。だから、言い換えれば星を祭るということも、時間として自分を祭り祈ることでもあるのだ。

先に述べた当年星供や本命星供は、専門的であるので一般人には行えないが、ここではそうした星のすべてを象徴する尊として、妙見菩薩の信仰を紹介しておきたい。

〔三〕妙見菩薩とは

妙見尊は北極星の神である。北極星は不動の星であるゆえ、天体の中枢とされ、天の帝王とされてきた。天台、真言、禅、法華、浄土と、各宗にわたって広く信仰されている。

天台宗寺門派ではこれを「尊星王」と呼び、尊星王供を宮中の祈禱である御修法として承るのは、古来、園城寺のみであった。もっとも呼称としての尊星王は広く使われてきた。尊星王流という当流の呼称も、ここから来ている。この宿曜の研究においても、どんなに助けられたかわからない。妙見様のお導きなしでは、決してわからないことばかりで、この占法の存在もなければ、この本がこうして読者の目に触れることもなかっただろうと思う。だから、感謝の意味を込めてこの呼称を冠したのである。

妙見尊はすべての星宿の主催者だが、極めて霊験のすぐれた尊であることが『鎮宅霊符神縁起集説』などに数々説かれている。この本は家宅の安全を祈る鎮宅霊符の霊験を説くものだが、鎮宅霊符神は妙見尊であるといっている。また、さらに大正10年に大阪の真言僧、山岸乾順師が金華山人という号で書いた『鎮宅霊符神感応秘密修法集』も、この本の近代版ともいうべき名著である。

妙見尊の霊験は多々あるが、ある尼僧の方から聞いた話にこんな不思議なものがある。

その尼僧が、ある先輩の尼僧のお寺に用向きで何日か宿泊することになった。ところが、通された部屋というのが、何ともいえず陰気で嫌な感じであった。

果たして、夜になると亡霊か妖怪かもしれない怪しい老婆が壁から現れて、寝ている尼僧さんの頭をなで回すのだそうである。その恐ろしさといったら、なかったそうだが、そんなことを人にいえば頭が変になったように思われるかもしれないので、黙っていた。

老婆は次の日も、また次の日も現れた。決まって夜3時の時計の鐘が鳴ると出てくる。しかも、体が動けなくなるのだそうである。これは客観的にはそういう悪夢を見ているということも考えられるが、それにしても毎晩そんな夢を見るのだとすれば、やはりただごとならぬ怪異というべきだろう。

そこで、逗留する最後の夜、思い出したように信仰している妙見尊の真言を唱えてみた。すると老婆は尼僧の寝ている畳のふちでパタッと止まり、何か壁でもあるかのように空間をなで回している。そのうち、そのままの姿で尼僧の寝ている空間をなでながら回り出した。まるで、四方に見えない壁ができたように感じたそうである。そして、ついに諦めたのか、また壁の中へと消えていったという。

そもそもこの尼僧が信仰していた妙見尊は、何でもお寺の壁の中に空間があったのを、偶然、破って発見された尊像だという。ご本人から写真で拝ませていただいたが、神将形(しんしょうぎょう)の包卦(ほうか)、示卦(じか)の両童子をしたがえた、実に彫りのよい小さな神仙型の椅像(いぞう)であった。包卦、示卦というのは易学の用語であり、この尊が東アジアの占術の母体ともいうべき易学思想とも極めて密に信仰されてきたことを示すものである。

これなどは『鎮宅霊符神縁起集説』に説く13の特功の一つである、「掃除精怪(そうじょせいかい)（怪しい精霊をはらう）」の利益をそのままにしたような話である。また変わったところでは、妙見というその名から、眼病を祈る仏としても人気がある。しかし、何といってもこの尊は星宿の総帥であり、善星の威光を増し、悪星を退ける開運の尊として信仰されることが大である。

妙見菩薩は、仏典では密教経典である『七仏八菩薩大陀羅尼神呪経』に北辰菩薩として登場するほかは、実はあまり登場しない尊である。この経典はその利益を説くが、形像は説かないので、逆に古来さまざまな姿が説かれるようになった。多くは水天をモデルとしている。これは北極星の所在が北だからであろう。北は五行では水の方位となる。北が水の方位というのは、多分に陰陽道的だが、そもそも妙見尊は神道の国常立尊であるともいい、陰陽師の鎮宅霊符神とも道教の真武大帝ともいい、極めてシンクレティズム的な尊格なのである。密教的には菩薩系の座像が基本で、手にした蓮華の上に北斗七星を置く。その他、亀に乗る童子形や尊星王のような龍に乗る天女形のものもあるが、どちらも本来は水天の属性である。天女形の尊星王は、園城寺では吉祥天と同体であるともいう。

また、日蓮宗系の刀を受け立ちにかまえた武神的座像は、大将軍などの陰陽道神を参考にしてできたように思う。いわゆる能勢の妙見様のスタイルがそれである。

もちろん、信仰される場合はどんな姿でも差し支えない。さらにいうなら、尊像や仏画がなくても、北に向かえば、そこには昼夜問わず、ほんものの北極星があるのだから、信仰心があるならば、別段尊像がなくてもよいのである。

第二章

実践・星供養——開運へ導くための密教秘術

〔一〕いかにして祀るか

以下では、一番簡略な星供養の仕方を教えよう。

まず北に祭壇を構えてそこに「北辰妙見大菩薩」と半紙か奉書に書いて壁に貼る。画鋲（がびょう）などではなく、両面テープなどで貼った方がよいだろう。もし、マンションなどで壁を汚すおそれがあるなら、板や厚紙に貼って立てかけておいてもよい。

本物の本尊は天にあるので、神経質になる必要はないが、いわば本尊の代わりだからなるべく大切に扱う。したがって、字はできれば墨をおろし、筆で丁寧に書きたい。

次に必要なものは香、華、灯明である。つまり、香炉、花立て、ろうそく立てである。香炉を中心にして、向かって左に灯明、右に花立てを各1個おけばよい。ろうそくは火の用心の意味から、先に電球のついたろうそく型照明でもよい。これらはすべて、仏具店にいけば手に入る。

花立てには、本来、キンモクセイを立てるが、仏花でもいいし、樒（しきみ）でも榊（さかき）でもよい。樒は密教ではよく用いる。香りがあり、葉の形が花の開いたように見えるので古来、青蓮華（しょうれんげ）にたとえる。榊は神道のものだが、妙見尊は神仏習合の尊だから、差し支えない。なお、造花はあまりふさわしくない。常に新鮮なものを差し上げるという心がお参りの基本だからだ。だから、水なども毎日新しく供え、量はいらないが、適宜、果物や菓子などの供物も新しくし、またご飯を炊いたなら、まず誰よりも先に尊前にお供えするようにする。尊前の食器は専用にして、他に用いてはならない。

また、線香は自分が気に入ったなるべく香りのよいものにする。毎日焚くのだから嫌なにおいでは苦痛になる。さらに打ち鳴らしも必要だ。いわゆる御鈴(おりん)である。

あとは数珠(じゅず)である。私は修法の都合から天台宗の数珠を使っているが、緒留(おど)めの玉が一つなので、玉が繰りやすい。宗派にこだわりがなければ、お勧めしておく。それというのも、ここでは数珠は唱えた真言の数を数えるために用いるからである。

もし、こうした壇を北に向けて設けることが困難なら、どの方位でもよい。どの方位に向けても、そこが修法の上では北と観念して設けるのである。なお、その上の天井に北と紙に書いて貼っておくとよい。

また、香合(こうごう)に塗香(ずこう)を用意して、礼拝の前に手などを塗って用いる。これはお清めの意味である。塗香は茶道具店で求めることができる。

[二] 修法の実際

◎まず手を洗い、口を濯(そそ)いで修法にのぞむ。

次の言葉を唱えながら、座蒲団の前で、座する前に3礼する。その際、手の甲と頭を地につける。

南無本尊妙見菩薩　本命元辰諸宿曜等

◎終わって座蒲団に座る。
もし机の上に本尊を祭るなら、椅子に座ってよい。立礼なら、合掌したまま3礼でもよい。

座ったら、塗香を使う。すなわち、額と口唇と手につけて清める。（以下、◎印は説明文なので、読まない。丁とあるところで打ち鳴らしを叩く。1丁なら1回、3丁は3回）

◎次に星供養祭文を読む。

それ本年何月何日日本国○○県○○町今この庭において
信心の施主［姓名］沐浴潔斎して礼典をささげたてまつる。
謹請北辰妙見尊星王
謹請本命北斗七星
謹請当年九執曜宿
謹請生月宮十二宮神
謹請生日曜七曜神
謹請七星四曜二十八宿神

謹請九曜四方三十六禽神
謹請九宮九九八十一神
謹請八卦八九七十二神
謹請天地両盤神祇冥衆
伏して願わくは衆神降臨影向就座して哀愍護念し所献を尚饗めしたまえ　再拝
再拝

◎再び合掌して低頭。

謹んで衆星曜宿等に啓す。それおもんみれば南北父母種を元辰におろし、寅申陰陽根を行年に萌す。しかしてもとよりこのかた生を七星に受けて、かたじけなくも天地の間に人となり、年を九曜に運ぶ。幸いに乾坤のあいだに遊び、なかんづく年月の吉辰は戒品の軽重により、日時の善悪は業因の深浅に酬う。所護の衆生好悪あるによって能護の星宿は禍福を司るところなり。ここに吉星必ず悪宮にいれば吉にあらず災いをなす。凶曜必ず吉宿にいれば凶曜ならず慶びをなす。ただし貧福は宿執の力に酬うといえども楽哀定んで星宿のはかりべによる。これによって景公咎を謝せしめ、七星三舎の喜びを授け、一行の難にあいしかば九曜火羅の闇を照らす。いよいよ南斗北斗その品異なるに似たれども本命当年その精を等しゅうする者か。いかんとなれば陰陽といっぱ天地の法体、五星といっぱ五万の本主なり。日月といっぱ陰陽の総主、羅計といっぱ日月の光触、本命の七星とは五星に日月をくわえ当年の九曜といっぱ七星に羅計をそえる。

二六、一十二宮とは諸曜輪転のすみか、四七、二十八宿とは衆星順逆の泊まりなり。八卦といっぱ九方の中央を除く。九宮といっぱ八方に中宮を加え、ただこれ陰陽順逆の相生、相克の名なり。五行開合輪転廃合の異なりなり。謹んで儀軌を考え、敬って本誓に尋ぬるに君臣の帰するものは宝祚かぎりなし、庶人これを敬えば災横いたることなし。

これによって北天の万乗の聖は御悩を癒し、三衣の祭勤において南海五百の商客は鬼難を免れ一時の称念において漢土中宗黄帝は祭祀をいたして宝等を増し、扶桑の吉備の大臣は祈請を凝らして高位に昇る。よって今幣帛金銭を捧げて再拝のよそおいをかいつくろい清酒美果を整えて三献の礼をいたす。礼典わずかなりといえども精誠大地にいたってこいねがわくは死籍をこの宮にけずり、永く三災七難の不祥を祓い生銘を南閣に録して千秋万歳の寿福を保たんことを。

(注) 星供養祭文は、旧暦の元日、節分もしくは妙見星降臨の日に読むのみでよい。降臨日は左のごとし(旧暦)。1月7日、2月8日、3月3日、4月4日、5月5日、6月7日、7月7日、8月15日、9月9日、10月7日、11月7日、12月7日

◎懺悔文（ざんげもん）　2丁

我昔所造諸悪業（がしゃくしょぞうしょあくごう）　皆由無始貪瞋痴（かいゆうむしとんじんち）
従身語意之所生（じゅうしんごいししょしょう）　一切我今皆懺悔（いっさいがこんかいざんげ）

◎三帰（さんき）　1丁

一切恭敬（いっせいくけい）
自帰依仏（じきえぶつ）　当願衆生（とうがんしゅじょう）　体解大道（たいげだいどう）　発無上意（ほつむじょうい）
自帰依法（じきえほう）　当願衆生（とうがんしゅじょう）　深入経蔵（じんにゅうきょうぞう）　知恵如海（ちえにょかい）
自帰依僧（じきえそう）　当願衆生（とうがんしゅじょう）　統理大衆（とうりだいしゅ）　一切無碍（いっさいむげ）

◎七仏通戒偈（しちぶつつうかいげ）　1丁

諸悪莫作（しょあくまくさ）　諸善奉行（しょぜんぶぎょう）　自浄其意（じじょうごい）　是諸仏教（ぜしょぶっきょう）

◎発願文（はつがんもん）　1丁

至心発願　読誦妙典　神呪功徳　本尊聖者　北辰妙見　尊星菩薩
七星九曜　二十八宿　本命元辰　当年属星　善星皆来　悪星退散
七難即滅　七福即生　天下泰平　万民豊楽　乃至法界　平等利益

◎開経偈

無上甚深微妙法　百千万劫難遭遇
我今見聞得受持　願解如来真実義

◎般若心経　1巻ないし3巻　1丁

摩訶般若波羅蜜多心経　観自在菩薩　行深般若波羅蜜多時　照見五蘊皆空　度
一切苦厄　舎利子　色不異空　空不異色　色即是空　空即是色　受想行識亦復如是
舎利子　是諸法空相　不生不滅　不垢不浄　不増不減　是故空中　無色　無受想　行
識　無眼耳鼻舌身意　無色声香味触法　無眼界　乃至無意識界　無無明　亦無無明
尽　乃至無老死　亦無老死尽　無苦集滅道　無智亦無得　以無所得故　菩提薩埵
依般若波羅蜜多故　心無罣礙　無罣礙故　無有恐怖　遠離一切顛倒夢想　究竟涅槃

三世諸仏　依般若波羅蜜多故　得阿耨多羅三藐三菩提　故知般若波羅蜜多　是大神呪　是大明呪　是無上呪　是無等等呪　能除一切苦　真実不虚　故説般若波羅蜜多呪　即説呪曰　羯諦　羯諦　波羅羯諦　波羅僧羯諦　菩提薩婆訶　般若心経

◎北辰菩薩陀羅尼経　1丁

北辰菩薩陀羅尼経　我北辰菩薩　名曰妙見　今欲説神呪擁護諸国土　所作甚奇特故名曰妙見　処於閻浮提　衆星中最勝　神仙中之仙　菩薩之大将　光目諸菩薩曠済諸群生　有大神呪　名胡捺波

ボクチテイ　トソタ　アジャビタ　ウトタ　グキタ　ハラチタ　ヤビジャタ　ウトタ　クラテイタ　ギマタソワカ

誦呪五遍　縷七色結作三結　繫痛処此大神呪　乃是過去四十億恒河沙諸仏所説我於過去　従諸仏所　得聞説此大神呪力　従是以来　経七百劫住閻浮提　為大国師領　四天下　衆星中王　得最自在　四天下中一切国事　我悉當之若　諸人王　不以正　法任用臣下心無慚愧　暴虐　濁乱従諸群臣　酷虐百姓　我能退之　徴召賢能代其王位　若能慚愧　改悪修善　若能任善　退諸悪人　其心弘廣普慈一切　容受極済猶如橋船包含民物　猶如父母　国有賢能當徴召之　敬賢尊聖如視父母　王自窮

身　臨政断事　不枉民物　猶如明鏡　若其国王　能修是徳　改往修来　悔先所作慚
愧自責　鄙悼僁咎　自悔責己　當修三徳　一者恭敬三尊　二者憐愍貧窮　国土孤
老當憮恤之三者　於怨親中　心常平等　断理怨枉不枉民物若能修行　上来諸徳
我時當率諸大天王諸天帝釈　司命都尉　天曹都尉　除死定生滅　罪増福　益算延寿
白　諸天曹　差諸善神一千七百　羅衛国界守護国土　除其災患　滅其奸悪風雨順時
穀米豊熟疫気消除無諸強敵　人民安楽　称王之徳　是王若能兼行読誦此陀羅尼
譬如転輪聖王得如意宝珠是珠神気　消伏災禍　我今以此大神呪力　上来諸徳　悉能
弁之　消災滅悪　亦復如是　当知是此大神呪力　如王明珠　亦復如是

◎奇特真言　３遍　１丁

オン・ソチリシュタ・ソワカ

◎真言念誦　各３遍、７遍、21遍、１００遍など任意。ただし、妙見は１００遍、１０００遍。
なお、別に信仰する仏の真言あればここに加えるも可。数は念珠で繰る。１周１００遍（あるいは１０８遍）。また、念仏や題目を加えてもよい。

大日如来　アビラウンケン
仏眼仏母（ぶつげんぶつも）　オン・ボダロシャニ・ソワカ
薬師如来　オン・コロコロ・センダリ・マトウギ・ソワカ
文殊菩薩（もんじゅ）　オン・アラハシャナ
妙見尊　オン・ソチリシュタ・ソワカ
九曜十二宮（くようじゅうにぐう）　オン・ギャラケイジバリヤ・ハラハタジュチラマヤ・ソワカ
一切星宿（いっさいせいしゅく）　オン・ニリソダニエイ・ソワカ
破宿曜障（はしゅくようしょう）　オン・サラバタラ・サマエイシリエイ・ソワカ
消災妙吉祥陀羅尼（しょうさいみょうきっしょうだらに）　ナマク・サマンダ・ボダナン・アハラチカテイ・カタシャ・シャサノウナン・タニヤタ・オンギャーギャーギャーキーギャーキー・ウンウン・ジバラ・ジバラ・ハラジバラ・ハラジバラ・チシュタチシュタ・シュチリシュチリ・センチギャ・シリエイ・ソワカ
一時金輪（いちじきんりん）　ボロオン　2丁

◎回向文（えこうもん）　3丁

上来北辰妙見大菩薩（じょうらいほくしんみょうけんだいぼさつ）のご宝前（ほうぜん）に読誦（どくじゅ）したてまつる妙典神呪（みょうてんじんじゅ）の功徳（くどく）をもっては

天下泰平万民豊楽別しては信心それがしが本命元辰当年属星威光増益して
家内安全心体堅固心中一々善願満足　善星皆来悪星退散成らしめ給え

◎退座。

その後、先のごとく「南無本尊妙見菩薩　本命元辰諸宿曜等」と言い、３礼して終わる。

参考　『北辰菩薩陀羅尼経』について

この経典は『七仏八菩薩大陀羅尼神呪経』の略出であって、はじめから独立した形の経典であったわけではない。要するに、信仰上の必要からそうした作業が行われ編纂されたお経であって、諸尊信仰のお経にはよく見られることである。同経は訳出者は失訳、つまり不明ということである。

さて、内容的にはまず妙見の名の由来が説かれる。

江戸時代に刊行された従来の解説書では「所作甚だ奇特の故妙見という」とあるのをして、妙見とは、つまりその所作の不思議さが霊妙に見えるという意味だと解釈しており、爾来今日までだいたい同じように言われている。しかし梵名のSudarustiのうち、スは妙、ダルスティは見るの意で、妙に見えるという受動の意味ではなく、ただ単に「妙に見る」という能動詞の組み合わせであり、従来的な意味にはならないようだ。後述する内容からみて、国土の王や国民をよく観察するというのであるから、ここはむしろこの尊の千里眼的な神通力をして妙見という方が、妥当なように思われる。

「処閻浮提」とあり、この尊は閻浮提、つまりこの世界に縁ある尊とされている。「光目諸菩薩」とは「ひろく諸菩薩を目し」と読み、ここでは光は広いの意、目すは見るとか判断するという動詞であるから、広く仏教の修行者を見守るという意味であり、やはり「見られる」というより「見る」である。

つまり観世音が、『法華経』の経説のとおり、世の中の音である衆生の声を聴く菩薩であるがゆえに観世音というなら、この菩薩は衆生を見る菩薩なのだろう。

また文中に「神仙中之仙」とあることから、中国仙道との関わりがいわれ、ひいては我が国の修験道においても仙仏としてこの尊を崇めるのだが、仏典でもインドにも仙人といわれる聖者がいることはよく知られているから、この一事をもって中国仙道とは関連づけられない。

また「菩薩の大将」という語から、この尊は我が国では一種の軍神や武神として広く信仰された。例えば、戦国大名である上杉謙信の用いた印には、摩利支天（まりしてん）、勝軍地蔵とならんで妙見の名が刻まれ、また江戸文政年間、北辰一刀流の剣術を開いた千葉周作は妙見を信仰して一流を創始したので、北辰の名を流派に冠したという。このほか、江戸時代の有名な信仰者をいうなら、絵師の葛飾北斎（かつしかほくさい）があり、北斎の北という字も北辰妙見にちなむという。また観相家として、今に有名な水野南北（みずのなんぼく）も、深く妙見を信仰した人である。

経典はさらに、神呪を説いて七色の索（さく）を三つに結んで痛むところにかければそれを癒すという呪法を説くが、こうした索を結んで身につけるという呪法は、今日のヒンドゥー教にもあり、よく行うものと聞いている。

これ以下の内容は、「四天下中一切国事、我悉當之」とあるように、主に為政者の善し悪しを判断して、人民を苦しめ搾取する為政者は追放し、かわりによい為政者を選び、またもし慚愧（ざんき）して改善の努力があれば悪人から遠ざけ慈悲深い人となさしむるとある。

また、船や橋がよくものを渡すように民や国の財産を守り、父母のようでもあるという。橋や船がものを守るという表現は奇異であるが、国の民も財産も常に動いていて止まっているものではない。したがって、船や橋を安全なるもののたとえにしているのは、むしろうがっている。また、もし為政者自らが困窮しても、民や物を私してはならないと諫めている。また為政者は次の三徳を修めよという。

それは第一には三尊を敬うこと。これを阿弥陀三尊のこととしている本があるが、この経典はもともと密教のもので、浄土信仰とは特別な関係はないし、他の経典では通例として阿弥陀三尊をして三尊などという説き方もしない。すなわちこれは、仏法僧の三宝と見るのが至当である。第二には、貧しいもの弱いものをいたわり保護せよといい、第三には怨親において心に私心なく正邪をわきまえなければならないとしている。

文面通りにいえば、これらは為政者に対する要件だが、身近な意味にとれば、われわれ自身も自らの心を束ねる王であり、やはり同じ心がけが問われていることになろう。つまり、妙見尊の教えとは、一貫して自らの都合次第で不当に人や人の所有物を扱ってはいけないとしているのである。そして、それが正しく行われているか否かを常に諸天や帝釈天、天曹都尉や司命都尉といった神々をはじめ１７００もの眷属に命じて見回らせているのだという。天胄都尉や司命都尉は道教的なイメージの神だが、先に述べたように、インドに淵源する呪法も説かれており、通説通り『七仏八菩薩大陀羅尼神呪経』の全文が中国で成立した経典とは言い切れない複雑さが見られる。司命都尉は閻魔天の眷属司命神とも関係があろう。また、天曹都尉は、のちに我が国の陰陽道で天曹地府祭の本尊となる神のモデルであろうと思う。

そして国に天候の不順や疫病や侵略などがなく、人民は安楽にして王の徳の深さをたたえるような国土にするのである。為政者はこれらの徳を修めるとともに、この陀羅尼を読誦すべきである。この神呪は転輪聖王という理想の王者の持つ如意宝珠のように、災いをなくし処々の徳を収めると結んでいる。転輪聖王は仏陀と並び称される偉大な存在で、釈尊はその資質もあったが、あえて仏陀の道を採ったといわれている。この転輪聖王の仏格化は如意輪観音である。如意輪観音は輪王座という転輪聖王の姿勢で宝珠を持ち、宝輪を転ずる姿で表現される。しばしば妙見尊の本地としても知られ、そのためか、七星如意加星供など星にまつわる密教の修法も知られている。

なおこの経典の異本に、より長文の『三星大仙人所説陀羅尼経』というものがあり、『七寺古逸経典叢書』第4巻（大東出版社）に収録されているので、興味のある人は参照されたい。また前後するが、経典の前にかかげた「星供養祭文」は愛媛の修験者、田辺辰嶽師より私の師へ伝えられたものだが、星や星占いについて数々の重要な密教的示唆に富んでいる。ただし、あまりに長文なので、その初段のみを掲げた。

運を拓く瞑想法と星祭

虚空蔵菩薩瞑想法

虚空蔵菩薩はすべての星の総本地である。つまり、すべての星は虚空蔵菩薩の化身という発想だ。これは我が国の「本地垂迹（ほんちすいじゃく）」という思想にもとづく独特の考え方である。

私たち日本人はすべてを仏の表れと見てきた長い歴史がある。蛇や鳥のようなもの、石や樹木もそう扱われてきた経緯がある。この考えでは星も当然そうだ。

この瞑想は密教瞑想を簡略化したもので、椅子があるならどこでもできるものである。もちろん、座禅スタイルや正座でもいい。気楽に楽しんでもらいたい。

本来の密教瞑想法は、道場を整えて、その序段において礼拝や読経などを伴い行われるが、ここではそういうものは一切省いた。

たびたび行うことで運気アップにもつながる。

手順① 椅子に軽く腰掛けて目を閉じ、背骨を真っ直ぐにする。この姿勢が大事である。ほかはリラックスしていいが、背骨だけは真っ直ぐにしてほしい。ただ、健康上、その姿勢が無理な人は背もたれにもたれかかってもいい。無理はしないでもらいたい。
準備できたら、まず深呼吸を3回しよう。

手順②
月輪、つまり胸の中に白い直径30センチから40センチくらいのボールを思う。ぼんやり淡く輝く月のようなイメージである。あるいは鏡のような平面の方がイメージしやすければそれでもいい。

手順③
それが少しずつ大きくなる。自分を超える大きさになったら、自分そのものが月輪になったように思う。

手順④
そのまま、どんどん大きくしていく。家の大きさもビルの大きさも超え、日本の大きさも超え、どんどん拡大させていくイメージ。ここは最初のうちは少し時間をかけよう。そんなに時間にこだわることもいらないが、焦らないでやってもらいたい。この中に、海も山も日本の国も知っている人間も知らない人間も、すべてが入っているのだという観念でいよう。

手順⑤
もう地球からも出て、太陽系も銀河も宇宙も包み込むまでに拡大させる。もう月輪の外側は光の速度で限りなく拡大していてとらえられない。ただ今はもう、その光の中にいると考えよう。

手順⑥ その光の中で自分の今行き当たって問題を照らし出す。それが光の中で癒され改善していくと考えよう。ここで虚空蔵菩薩のイメージを感じよう。

観音様のような壮麗なお姿で、その方は蓮華に座っている。身にはさまざまな玉飾りが美しく飾られている。右手には知恵の剣、左には宝の玉を持たれて、慈悲の眼差しであなたを見下ろしている。

荘厳で優しい光に満ちている。

「南無虚空蔵菩薩」と呼びかけるように何回か唱えてみよう。しばらくこの観念を味わう。

何か祈願や困りごとがあるなら、この時にお願いしてもいい。

しばらくしたら、虚空蔵菩薩が胸に入って溶け込む。

手順⑦ そのまま今度は月輪を治めていく。銀河から太陽系、地球へと急速に小さくしていく。

手順⑧ 最後に、日本の今の位置に戻って椅子に座っている自分にまで戻る。

手順⑨ ボール状の月輪が胸に溶け込んでいく。

以上で終わる。静かに目を開けよう。

在家星祭略作法

在家星祭法は自分でできる破門殺除けの方法である。

用意するもの

1　祭壇

これは普通の机でよい。

2　本尊

半紙に「南無大雲星光菩薩」と書き、祭壇（机）の正面に貼って祀る。北に向かう形であればなお良い。

3　香炉一つ

左右にはろうそく立て12個を用意する。カップキャンドルでの代用も可。左右には金木犀（きんもくせい）の葉がいいとされが、榊かシキミを立てることでの代用も可。

4　六種のお供え物

陶器の小皿（神具店に置いてある）を6枚新品で用意する。他の小皿で代用もできるか未使用品を用いること。小皿それぞれに、①果物、②餅、③ナツメ、④茶、⑤小豆、⑥米をのせる。ナツメは干したものでもよい。茶は茶葉のまま、小豆と米も生のままでよい。

5　幣帛（へいはく）二つ

本来は和紙が使われるが、略儀にはＢ５程度の紙を二つ折りにして折り目を下にして弊串（へいぐし）を刺す。弊串は利休箸や竹串でも代用可。

6　銭

穴の開いた五十円玉か五円玉を年の数だけ用意して、水引でくくる。年は数え年なので今年取る年齢より一つ多くすること。

7　その他

数珠（百八珠の正規のもの）と打ち鳴らし（おりん）を用意する。おりんは向かって右、数珠は左に置く。手に塗る塗香（大きな仏具か茶道具の店にある）と焼香も用意する。ともに香合（こうごう）に入れて香りが飛ばないようにする。香合は仏具店に置いてある。廉価なものでよいので、二つ用意する。

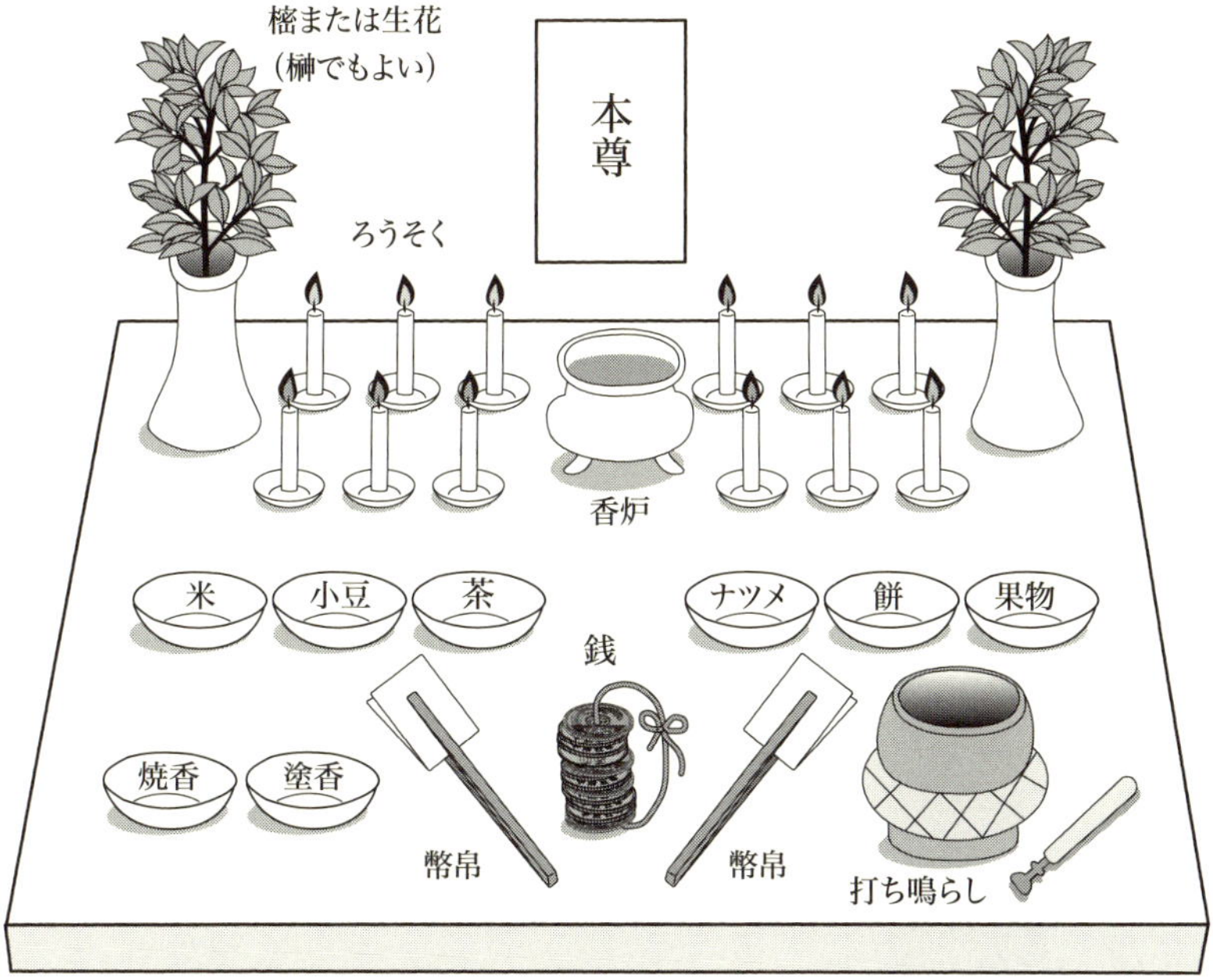
樒または生花
(榊でもよい)
本尊
ろうそく
香炉
米
小豆
茶
ナツメ
餅
果物
銭
焼香
塗香
幣帛
幣帛
打ち鳴らし

《幣帛の作り方》

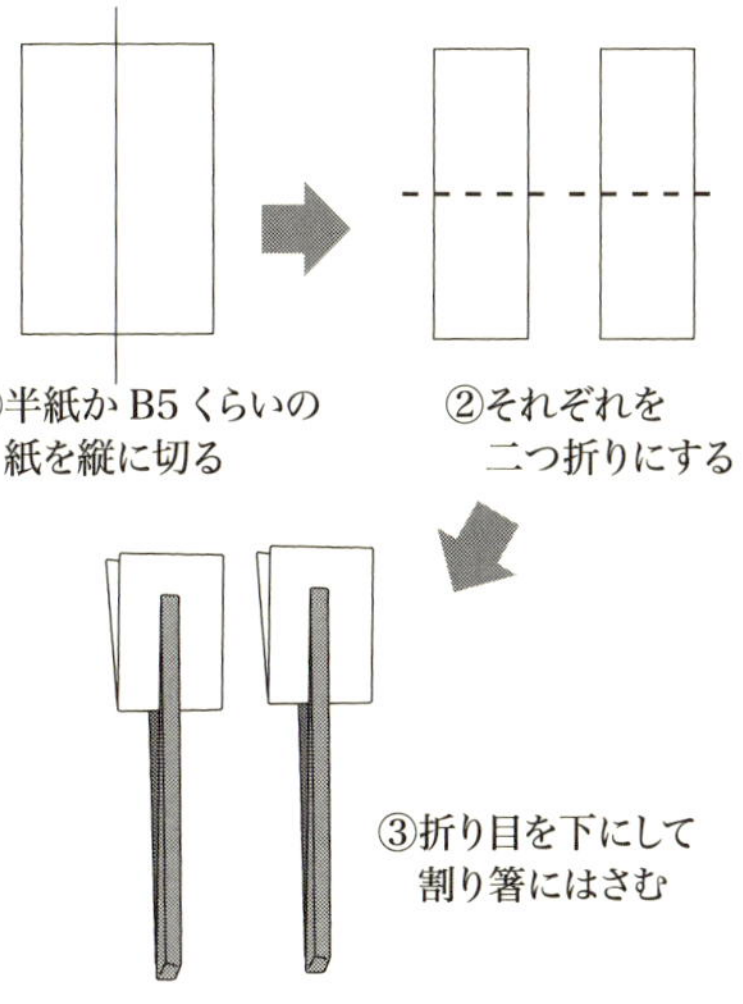
①半紙か B5 くらいの
紙を縦に切る
②それぞれを
二つ折りにする
③折り目を下にして
割り箸にはさむ

《銭の準備》

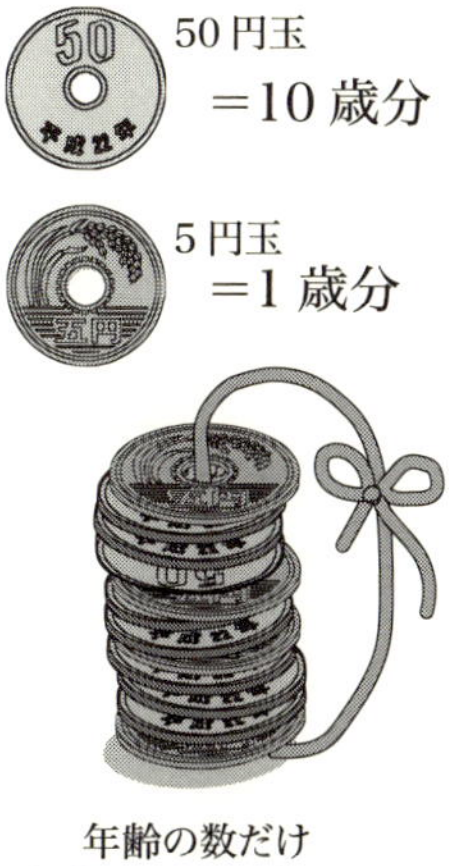
50円玉
＝10 歳分
5円玉
＝1 歳分
年齢の数だけ
水引かこよりで束ねる

具体的作法

① 座布団もしくは机前の椅子に座り、「南無大雲星光菩薩」と唱えながら、合掌から両手の平を上にして、差出し礼拝する。これを3回繰り返す。

② 塗香を使う。ごく少量を手にとって左手にのせて右手人差し指につけ、額、唇、胸につけ、あとは手でこする。

③ 焼香をする。ろうそくに点火をする。

④ 両手に幣帛を取り、八の字に構えて次の言葉を唱える。

◆滅罪真言（自らの身口意の業を浄める真言）

「我心自空　在福無生　ソワラソワラバビシュインデイ」　3遍

◆悪日加持真言（その日の凶意を除く真言）

「オン　バサラソリキャソワカ」　3遍

⑤ 幣帛を置き、合掌して唱える。

「謹請　謹請　最勝王経中一切諸天　ことには大雲星光菩薩
北斗七星、十二宮神、七星、九曜、二十八宿等に申さく、
弟子○○（あなたの氏名をいう）當に今、精誠の供養を致し、最勝王経の真文を唱え、かねては秘密の神呪をとなえ奉る。こいねがわくば、
我が所属の悪星を変じ転じて息災延命、如意吉祥に守らせたまえ」

「至心発願　本師釈迦　四方四仏　本尊界会　大雲星光　威徳菩薩　一切曜宿
降臨道場
納受法味　哀愍微供　善星皆来　悪星退散　七難即滅　七福即生　乃至法界　平等利益
衆生無辺誓願度
福智無辺誓願集
法門無量誓願学
如来無辺誓願仕
無上菩薩誓願証

⑥合掌して「最勝王経読誦奉賛文」「最勝王経滅業障品第五」を唱える。

【最勝王経読誦奉賛文】

金光明最勝王経序品第一にいわく。金光明の妙法は最勝諸経の王にして甚深にして聞き難き諸仏の境界なり。我まさに大衆のために宣説す。並びに四方の諸仏、偉神ともに加護する。東方の阿閦尊、南方の宝相仏、西方の無量寿、北方の天鼓音。我また妙法吉祥懺のなかの勝れたるを演べて、よく一切の罪を滅ぼし、諸の悪業を浄除し、および衆の苦患を消す。常に無量の楽、一切智の根本、諸の功徳荘厳を与えん。衆生その身不具にして寿命まさに損減せんとし、諸の悪相現前し、天神皆捨離し、親友嗔恨を懐き眷属悉く分離し、彼此ともに乖き違い、珍財皆散失し、悪星変化をなし、あるいは邪蠱に侵され、もしくはまた憂愁多くして衆苦にせまられ睡眠に悪夢を見、これによりて煩悩を生ぜんにこの人まさに澡浴し、鮮潔の衣を着し、この妙経王の甚深なる仏の讃ずるにおいて専注に心乱れることなく読誦受持すべし。この経の威力によりてよく諸の災横を離れ及び余の諸の苦難皆滅除せざるはなし。

護世の四王衆および大臣眷属無量の諸夜叉、一心に皆擁衛し、大弁才天女、尼蓮河水神、訶梨底母神、堅牢地神衆、梵王、帝釈王、竜王、緊那羅、及び金翅鳥王、阿蘇羅、天衆かくのごとくの天童等皆来たりてこの人を護り昼夜にはなれずと。この故に謹んで読誦し奉る。

【最勝王経滅業障品第五（要文）】

阿耨多羅三藐三菩提を得たまへるものに帰命頂礼したてまつる。妙法輪を轉じ、照法輪を持し、大法雨をふらし、大法鼓を繋ち、大法螺を吹き、大法幢を建て、大法炬を秉りたまふ。諸の衆生を利益し、安楽にせんと欲せんが為の故に、常に法施を行じ、群迷を誘進し、大果を得て常楽を證することを得しめんが故に、是の如き等の諸佛世尊、身語意を以て稽首し、帰誠し、至心に禮敬す。彼諸の世尊、眞實慧を以て眞實眼、眞實證明、眞實平等を以て、一切衆生の善悪の業を悉く知り悉く見たまふ。我、無始の生死より以来、悪に随ひて流轉し、諸の衆生と共に業障の罪を造れり。貪瞋痴の為に轉縛せられ、未だ仏を識らざる時、未だ法を識らざる時、未だ僧を識らざる時、未だ善悪を識らず、身語意に由りて無間罪を造りぬ。

悪心もて仏心より血を出し、正法を誹謗し、和合僧を破り、阿羅漢を殺し、父母を殺害す。身の三と、語の四と、意の三種との行に十悪業を造り、自ら作し、他を教へ、作すを見て随喜し、諸の善人に於いて横に毀謗を生じ、斗秤を欺誑し、偽を以て眞と為し、不浄の飲食を一切に施與し、六道の中に於いてあらゆる父母更に相悩害せり。或は卒塔婆物、四方僧物、現前僧物を盗み、自在に用ひ、世尊の法律は奉行することを楽はず、師長の教示は相随順せず、声聞、独覚、大乗の行を行ふものを見ては、喜んで罵辱を生じ、諸の行人をして心に悔悩を生ぜしむ。己に勝るものあるを見ては、便ち嫉妬を懐き、法施と財施とに常に慳惜を生じ、無明に覆はれ、邪見、心を惑はし善因を修せず、悪をして増長せしめ、諸仏に於いて誹謗を起こし、法に非法を説き、非法に法を説く。是の如きの衆罪、仏は眞實慧、眞實眼、眞實證明、眞實平等を以て、悉く知り、悉く見たまふ。

我今帰命して諸仏の前に対し、皆悉く発露して敢へて覆蔵せず。未作の罪は更に復た作らず、巳作の罪は今皆懺悔せん。所作の業障は悪道地獄傍生餓鬼の中、阿蘇羅及び八難処に堕つべし。願わくば我が此生の有らゆる業障を皆消滅することを得て、有らゆる悪報は未来に受けざらん。亦過去の諸大菩薩、菩提の行を修し、有らゆる業障を悉く皆懺悔するが如く、我業障も今亦懺悔し、咸悉く発露して敢へて復蔵せず。巳作の罪は願わくば徐滅することを得て、未来の悪更に敢へて造らじ。亦、未来の諸菩薩、菩提の行を修し、有らゆる障悉く皆、懺悔するが如く、我業障今亦懺悔し皆悉く発露して敢へて覆蔵せず。巳に作れる罪、願わくば徐滅することを得て、未来の悪は更に敢へて造らじ。亦、現在十方世界の諸大菩薩、菩提の行を修し、有らゆる業障悉く皆、懺悔するが如く、我業障今亦懺悔し、皆悉く発露して敢へて覆蔵せず。巳作の罪は願わくば徐滅することを得て、未来の悪更に敢へて造らじ。

⑦続いて、以下の真言などを指定の回数だけ唱える。回数を数える時は、数珠を一つずつ繰って数える。

大日如来「アビラウンケン　バサラダトバン」　21遍

仏眼仏母「オン　ボダロシャニ　ソワカ」　21遍

一字金輪「ボロン」　21遍

大雲星光菩薩（妙見菩薩、尊星王とも）「オン　ソチリシュタ　ソワカ」　100遍

破宿曜障真言「オン　サラバタラ　サマエイシリエイ　ソワカ」　7遍

金勝陀羅尼「ナモ　アラタンナタラヤヤ　タニヤタ　クンデイクンデイ　クシャレイクシャレイ　イチリミチリ　ソワカ」　7遍

南無大金光明最勝王経　7遍

⑧合掌した両手に念珠をはさみ、以下のように唱える。

「願我念珠所生福　奉入本尊智恵海　平等一味同法性　我及衆生倶成仏」　1打

「上来読誦したてまつる諸仏名号最勝王経、秘密真言の功力を以ては釈迦牟尼世尊、

四方四仏、本尊、大雲星光菩薩に回向(えこう)し奉る。仰ぎ願わくは弟子が身の上の悪星を退け、善星照耀(しょうよう)　宿業転化　如意吉祥ならしめたまえ」　3打して焼香

「南無大雲星光菩薩諸宿曜等」　①と同様に3礼して終了

以上を破門殺に入る前に21回行う。この間はなるべく心身を清浄に保つこと。21回終わったら本尊名号を書いた紙を畳んで、ポチ袋などに入れて身に着けるとよい。

期間が終わったら感謝の意を込めて1回同様の作法をして廃棄する。

著者後書き

縁あって著者のところに宿曜占法の判断を求めて訪れる方々は、いうまでもなく人生上何らかの障害につき当たって、その解決の糸口を求めて来られるのだが、その多くの方が尊星王流の宿曜道でいう「破門殺」という時期に当たっていることには、しばしば驚かされる。

程度の差はあるものの、誰もが27年間のうちの2年3ヵ月の間、厳しい星の制約を受けることになる。それが破門殺である。

読者各位には未来より、まず先に過去の破門殺を算出し、それが人生においてどのような時期に当たっていたか、回想していただくことをお勧めしたい。本書に書かれていることに少なからず驚き、そして納得されるのではないだろうか。

さらには、「あの時、あの年、自分の運気はどうだったのだろうか」、あるいは「あの人物とは星がどういう位置関係にあったのだろうか」などと、さまざまな思いを抱かれることだろう。

本書には、読者がたどってきた星たちが何をもたらしたかが書かれてある。過去を検証することで、また未来における占術の信憑性もはかられるとよいだろう。

ただし、断っておきたいのは、本書の目的は決してそのような衰運気を提示して、いたずらに不安感をもたらすことにあるわけではない、ということである。

占星術を知ろうが知るまいが、信じようが否定しようが、人生に起伏があることは事実である。本書奥伝の「破門殺をどう生きるか」の章で示したことは、実は破門殺のみならず、尊星王流ではあらゆる衰運気に通じるものである。したがって、このところ運がよくないなと思う時には、破門殺に限らず衰運気の過ごし方として参考にしていただけるのではないかと考えている。

宿曜占法はいうまでもなく、仏教を背景としている。真にこれを活用するには仏教の理解がなくては不完全であることは、もちろんである。

そこで最もお勧めしたいのは、仏教の基本である積善（せきぜん）を心がける生き方である。

現代の世相における凶悪犯罪の多発などを見ると、怨恨や貧窮によるというより、実は多分に他者の存在を無視した、未発達で幼稚なパーソナリティによるものであることに気がつく。幼稚ということは、とりもなおさず社会の中での自分を確立していない、もしくは見失っているということである。社会とは、ただの人の集まりでも自分にサービスしてくれる機関でもない。われわれが参加して、常によりよいものにしていかなくてはならないものだろう。

ここにいう積善ということは特に難しいことではない。実は必ずしも特別な慈善活動のようなものだけをいうのではなく、まずは常によき社会人たらんとすることに出発するのではないだろうか。

また、誰でも自分の仕事を通して社会に奉仕することは可能である。同じ働く毎日でも、要はそういう意識があるかないかだろう。そうした意識が、公私ともに生活をより豊かな自信に満ちたものにしていくのではないだろうか。

よく往々にして「何をやってもうまくいかない」という相談を受けるが、実のところ、「開運」などということも、まずこの意識を抜きにしてはありえないと思うのである。

このたびの増補進版の刊行に当たっては、特に「十二位」の解説を加筆することで、破門殺のような衰運気のみならず、ビジネスや結婚あるいは住宅購入のチャンスを迎える好機を、誰も知ることができるように配慮してある。

本書を十分に活用されて、何かしら読者の皆様の人生に裨益(ひえき)するところがあれば、著者としてこれに過ぎる喜びはない。

脇　長央

※本書の内容に関するご質問のうち、占法技法についての詳細なご質問にはお答えしかねる場合がございます。あらかじめご了承下さい。

監修者後書き

多年、密教の占星術としての「宿曜道」を追求してきた。近い形であれば、インド占星術などを学んだらそれでいいのだと思うが、それでも「宿曜」というスタイルにこだわってきたのは、思うに私が密教僧であったからである。

世上修験者や密教行者も占いをよく行い、九星術、四柱推命などはその双璧だと思うが、私的に考える限りではどちらもルーツを尋ねれば中国に源を持つ陰陽五行系の占いであり、いささか密教者が行うには一抹の違和感を残すものがあった。

もちろん、どういうものではあれ、こうした占いを習得しておくことも、余技ながら祈禱などを行う上では、大事だと多年この職にあるものとして実感しているし、実際、私は九星十二支などについては今もって研究している。

もちろん、「宿曜道」においても全く同じである。その意味で、永遠に完成はない。

今年、私は還暦の年廻りである。思うに、好きな道で生きてきたので嫌ではないが、常に研究と精進を怠らないことが大事だと今でも思っている。怠れば退歩しかないのは、何の道でも同じことだろう。まあ、それ以外何もないのである。ましてこの道は、私の多年研究によるもので、誰かについて習ったとかというものではないので、データも少なく、尋ねたくとも門を叩ける人もない。

以前、本書の内容の原典は四庫全書をはじめ、中国の文献をくまなく見てみたが、それらしいものがなかったという研究家の方に出会った。それは徒労である。この書はほとんどが寺院などの古文書から起こされたもので、手書きの写本などにもとづいているからである。中国由来ではない。日本のシンクレティズムの中でできたものである。

それもその多くは決してまとまったものや親切にすべて説明してあるものではなく、多くは推測や推論と実占によって組み立てるという作業が不可欠だった。その繰り返しである。だからこの術はいまだに試論であるといってもいいだろう。

単に占いをやりたいということなら、従来の精度の高い占いを明るい人について習えば事足るのに、自分でも「もの好き」だと思う。そもそもの出だしは、師匠に占いについて尋ねたら「自分で勉強しろ」といわれたのが出だしである。

どうせやるなら密教家は「密教占星術」だと思っていたが、その肝心の密教占星術というのは、調べれば調べるほどに、世間の要求に対して必ずしも満足のいく答えを出せるような体裁のものではなかった。

それでも懲りずに探っていくうちに掘り当てたのがこの術だといってよい。まあ、当てもなく金鉱を掘るようなものであった。

運も良かったのだろうし、そのような研究に協力してくれたり、文書類を見せていただいた諸氏や仏天のおかげだと今もって深謝している。

平成29年6月　監修者　羽田守快

新暦旧暦月日換算表
十二支早見表
各宿の占星盤

新暦旧暦月日換算表（七曜算出表付き）　１９２６年～２０５５年

（１）各ページの最上段は新暦（太陽暦）の各月１日を、下段の各欄は旧暦の月日と曜日を表す。
（２）旧暦月のうち、アミカケのものは大の月（30日）でそれ以外はすべて小の月（29日）であることを示す。
（３）備考欄には各年の段にて漏れた旧暦月の１日とそれに対応する新暦月の１日を表記する。
（４）旧暦月の「閏」とは閏月であることを示す。

【事例１】

質問：１９２８年５月８日の旧暦は？

回答：換算表の１９２８年５月１日を見ると、旧暦３月12日（火）。ここから順算すると、５月８日は旧暦３月19日（火）となる。

【事例２】

質問：１９５８年12月26日の旧暦は？

回答：換算表の１９５８年12月１日を見ると、旧暦10月21日（月）。旧暦10月は大の月なので30日まであり、それを踏まえて順算すると、旧暦11月16日となり、曜日は（金）となる。

新暦＼西暦	1926年	1927年	1928年	1929年	1930年	1931年	1932年	1933年	1934年	1935年
1/1	11/17（金）	11/28（土）	12/9（日）	11/21（火）	12/2（水）	11/13（木）	11/24（金）	12/6（日）	11/16（月）	11/26（火）
2/1	12/19（月）	12/29（火）	1/10（水）	12/22（金）	1/3（土）	12/14（日）	12/25（月）	1/7（水）	12/18（木）	12/28（金）
3/1	1/17（月）	1/28（火）	2/10（木）	1/20（金）	2/2（火）	1/13（日）	1/25（火）	2/6（水）	1/16（木）	1/26（金）
4/1	2/19（木）	2/29（金）	閏2/11（日）	2/22（月）	3/3（火）	2/14（水）	2/26（金）	3/7（土）	2/18（日）	2/28（月）
5/1	3/20（土）	4/1（日）	3/12（火）	3/22（水）	4/3（木）	3/14（木）	3/26（日）	4/7（月）	3/18（火）	3/29（水）
6/1	4/21（火）	5/2（水）	4/14（金）	4/24（土）	5/5（日）	4/15（月）	4/27（水）	5/9（木）	4/20（金）	5/1（土）
7/1	5/22（木）	6/3（金）	5/14（日）	5/25（月）	6/6（火）	5/16（水）	5/28（金）	閏5/9（土）	5/20（日）	6/1（月）
8/1	6/23（日）	7/4（月）	6/16（水）	6/26（木）	閏6/7（金）	6/18（土）	6/29（月）	6/10（火）	6/21（水）	7/3（木）
9/1	7/25（水）	8/6（木）	7/18（土）	7/28（日）	7/9（月）	7/19（火）	8/1（木）	7/12（金）	7/23（土）	8/4（日）
10/1	8/25（金）	9/6（土）	8/18（月）	8/29（火）	8/10（水）	8/20（木）	9/2（土）	8/12（日）	8/23（月）	9/4（火）
11/1	9/26（月）	10/7（火）	9/19（木）	10/1（金）	9/11（土）	9/22（日）	10/4（火）	9/14（水）	9/24（木）	10/6（金）
12/1	10/27（水）	11/8（木）	10/20（土）	11/1（日）	10/12（月）	10/22（火）	11/4（木）	10/14（金）	10/25（土）	11/6（日）
備考		旧3/1＝新4/2		旧9/1＝新10/3			旧7/1＝新8/2			旧4/1＝新5/3

新暦＼西暦	1936年	1937年	1938年	1939年	1940年	1941年	1942年	1943年	1944年	1945年
1/1	12/7（水）	11/19（金）	11/30（土）	11/11（日）	11/22（月）	12/4（水）	11/15（木）	11/25（金）	12/6（土）	11/18（月）
2/1	1/9（土）	12/20（月）	1/2（火）	12/13（水）	12/24（木）	1/6（土）	12/16（日）	12/27（月）	1/7（火）	12/19（木）
3/1	2/8（日）	1/19（月）	1/30（火）	1/11（水）	1/23（金）	2/4（土）	1/15（日）	1/25（月）	2/7（水）	1/17（木）
4/1	3/10（水）	2/20（木）	3/1（金）	2/12（土）	2/24（月）	3/5（火）	2/16（水）	2/27（木）	3/9（土）	2/19（日）
5/1	閏3/11（金）	3/21（土）	4/2（日）	3/12（月）	3/24（水）	4/6（木）	3/17（金）	3/27（土）	4/9（月）	3/20（火）
6/1	4/12（月）	4/23（火）	5/4（水）	4/14（木）	4/26（土）	5/7（日）	4/18（月）	4/29（火）	閏4/11（木）	4/21（金）
7/1	5/13（水）	5/23（木）	6/4（金）	5/15（土）	5/26（月）	6/7（火）	5/18（水）	5/29（木）	5/11（土）	5/22（日）
8/1	6/14（土）	6/25（日）	7/6（月）	6/16（火）	6/28（木）	閏6/9（金）	6/20（土）	7/1（日）	6/13（火）	6/24（水）
9/1	7/16（火）	7/27（水）	閏7/8（木）	7/18（金）	7/29（日）	7/10（月）	7/21（火）	8/2（水）	7/14（金）	7/25（土）
10/1	8/16（木）	8/27（金）	8/8（土）	8/19（日）	9/1（火）	8/11（水）	8/21（木）	9/3（金）	8/15（日）	8/26（月）
11/1	9/18（日）	9/29（月）	9/10（火）	9/20（水）	10/2（金）	9/13（土）	9/23（日）	10/4（月）	9/16（水）	9/27（木）
12/1	10/18（火）	10/29（水）	10/10（木）	10/21（金）	11/3（日）	10/13（月）	10/23（火）	11/4（水）	10/16（金）	10/27（土）
備考			旧2/1＝新3/2		旧8/1＝新9/2			旧6/1＝新7/2		

1956年	1955年	1954年	1953年	1952年	1951年	1950年	1949年	1948年	1947年	1946年
11/19（日）	12/8（土）	11/27（木）	11/16（木）	12/5（火）	11/24（月）	11/13（日）	12/3（土）	11/21（木）	12/10（水）	11/28（火）
12/20（水）	1/9（火）	12/28（月）	12/18（日）	1/6（金）	12/25（木）	12/15（水）	1/4（火）	12/22（日）	1/11（土）	12/30（金）
1/19（木）	2/7（火）	1/26（木）	1/16（日）	2/6（土）	1/24（木）	1/13（水）	2/2（火）	1/21（月）	2/9（土）	1/28（金）
2/21（日）	3/9（金）	2/28（木）	2/18（水）	3/7（火）	2/25（日）	2/14（土）	3/3（金）	2/22（木）	閏2/10（火）	2/29（月）
3/21（火）	閏3/10（日）	3/29（土）	3/18（金）	4/8（木）	3/26（火）	3/15（月）	4/4（日）	3/23（土）	3/11（木）	4/1（水）
4/23（金）	4/11（水）	5/1（火）	4/20（月）	5/9（日）	4/27（金）	4/16（木）	5/5（水）	4/24（火）	4/13（日）	5/2（土）
5/23（日）	5/12（金）	6/2（木）	5/21（水）	閏5/10（火）	5/27（日）	5/16（土）	6/6（金）	5/25（木）	5/13（火）	6/3（月）
6/25（水）	6/14（月）	7/3（日）	6/22（土）	6/11（金）	6/29（水）	6/18（火）	7/7（月）	6/26（日）	6/15（金）	7/5（木）
7/27（土）	7/15（木）	8/5（水）	7/23（火）	7/12（月）	8/1（土）	7/19（金）	閏7/9（木）	7/28（水）	7/17（月）	8/6（日）
8/27（月）	8/16（土）	9/5（金）	8/24（木）	8/13（水）	9/1（月）	8/20（日）	8/10（土）	8/29（金）	8/17（水）	9/7（火）
9/29（木）	9/17（火）	10/6（月）	9/25（日）	9/14（土）	10/3（木）	9/22（水）	9/11（火）	10/1（月）	9/19（土）	10/8（金）
10/29（土）	10/18（木）	11/7（水）	10/25（火）	10/15（月）	11/3（土）	10/22（金）	10/12（木）	11/1（水）	10/19（月）	11/8（日）
旧11/1＝新12/2		旧4/1＝新5/3			旧7/1＝新8/3			旧9/1＝新10/3		

新暦＼西暦	1957年	1958年	1959年	1960年	1961年	1962年	1963年	1964年	1965年	1966年
1/1	12/1（火）	11/12（水）	11/22（木）	12/3（金）	11/15（日）	11/25（月）	12/6（火）	11/17（木）	11/29（金）	12/10（土）
2/1	1/2（金）	12/13（土）	12/24（日）	1/5（月）	12/16（水）	12/27（木）	1/8（金）	12/18（土）	12/30（月）	1/11（火）
3/1	1/30（金）	1/11（土）	1/22（日）	2/4（火）	1/15（水）	1/25（木）	2/6（金）	1/18（日）	1/28（月）	2/10（火）
4/1	3/2（月）	2/13（火）	2/24（水）	3/6（金）	2/16（土）	2/27（日）	3/8（月）	2/19（水）	2/30（木）	3/11（金）
5/1	4/2（水）	3/13（木）	3/24（金）	4/6（日）	3/17（月）	3/27（火）	4/8（水）	3/20（金）	4/1（土）	閏3/11（日）
6/1	5/4（土）	4/14（日）	4/25（月）	5/8（水）	4/18（木）	4/29（金）	閏4/10（土）	4/21（月）	5/2（火）	4/13（水）
7/1	6/4（月）	5/15（火）	5/26（水）	6/8（金）	5/19（土）	5/30（日）	5/11（月）	5/22（水）	6/3（木）	5/13（金）
8/1	7/6（木）	6/16（金）	6/27（土）	閏6/9（月）	6/20（火）	7/2（水）	6/12（木）	6/24（土）	7/5（日）	6/15（月）
9/1	8/8（日）	7/18（月）	7/29（火）	7/11（木）	7/22（金）	8/3（土）	7/14（日）	7/25（火）	8/6（水）	7/17（木）
10/1	閏8/8（火）	8/19（水）	8/29（木）	8/11（土）	8/22（日）	9/3（月）	8/14（火）	8/26（木）	9/7（金）	8/17（土）
11/1	9/10（金）	9/20（土）	10/1（日）	9/13（火）	9/23（水）	10/5（木）	9/16（金）	9/27（日）	10/9（月）	9/19（火）
12/1	10/10（日）	10/21（月）	11/2（火）	10/13（木）	10/24（金）	11/5（土）	10/16（日）	10/28（火）	11/9（水）	10/19（木）
備考	旧2/1＝新3/2		旧9/1＝新10/2			旧6/1＝新7/2			旧3/1＝新4/2	

1977年	1976年	1975年	1974年	1973年	1972年	1971年	1970年	1969年	1968年	1967年
11/12（土）	12/1（木）	11/19（水）	12/8（火）	11/27（月）	11/15（土）	12/25（金）	11/24（木）	11/13（水）	12/2（月）	11/21（日）
12/14（火）	1/2（日）	12/21（土）	1/10（金）	12/28（木）	12/17（火）	1/6（月）	12/25（日）	12/15（土）	1/3（木）	12/22（水）
1/12（火）	2/1（月）	1/19（土）	2/8（金）	1/27（木）	1/16（水）	2/5（月）	1/24（日）	1/13（土）	2/3（金）	1/21（水）
2/13（金）	3/2（木）	2/20（火）	3/9（月）	2/28（日）	2/18（土）	3/6（木）	2/25（水）	2/15（火）	3/4（月）	2/22（土）
3/14（日）	4/3（土）	3/20（木）	4/10（水）	3/29（火）	3/18（月）	4/7（土）	3/26（金）	3/15（木）	4/4（水）	3/22（月）
4/15（水）	5/4（火）	4/22（日）	閏4/11（土）	5/1（金）	4/20（木）	5/9（火）	4/28（月）	4/17（日）	5/6（土）	4/24（木）
5/15（金）	6/5（木）	5/22（日）	5/12（月）	6/2（日）	5/21（土）	閏5/9（木）	5/28（水）	5/17（火）	6/6（月）	5/24（土）
6/17（月）	7/6（日）	6/24（金）	6/14（木）	7/3（水）	6/22（火）	6/11（日）	6/29（土）	6/19（金）	7/8（木）	6/25（火）
7/18（木）	8/8（水）	7/26（月）	7/15（日）	8/5（土）	7/24（金）	7/12（水）	8/1（火）	7/20（月）	閏7/9（日）	7/27（金）
8/19（土）	閏8/8（金）	8/26（水）	8/16（火）	9/6（月）	8/24（日）	8/13（金）	9/2（木）	8/20（水）	8/10（火）	8/28（日）
9/20（火）	9/10（月）	9/28（土）	9/18（金）	10/7（木）	9/26（水）	9/14（月）	10/3（日）	9/22（土）	9/11（金）	9/29（水）
10/21（木）	10/10（水）	10/29（月）	10/18（日）	11/7（土）	10/26（金）	10/14（水）	11/3（火）	10/22（月）	10/12（日）	10/30（金）
		旧11/1＝新12/3		旧4/1＝新5/3			旧7/1＝新8/2			旧11/1＝新12/2

1987年	1986年	1985年	1984年	1983年	1982年	1981年	1980年	1979年	1978年	西暦／新暦
12/2（木）	11/21（水）	11/11（火）	11/29（日）	11/18（土）	12/7（金）	11/26（木）	11/14（火）	12/3（月）	11/22（日）	1/1
1/4（日）	12/23（土）	12/12（金）	12/30（水）	12/19（火）	1/8（月）	12/27（日）	12/15（金）	1/5（木）	12/24（水）	2/1
2/2（日）	1/21（土）	1/10（金）	1/29（木）	1/17（火）	2/6（月）	1/25（日）	1/15（土）	2/3（木）	1/23（水）	3/1
3/4（水）	2/23（火）	2/12（月）	3/1（日）	2/18（金）	3/8（木）	2/27（水）	2/16（火）	3/5（日）	2/24（土）	4/1
4/4（金）	3/23（木）	3/12（水）	4/1（火）	3/19（日）	4/8（土）	3/27（金）	3/17（木）	4/6（火）	3/24（月）	5/1
5/5（月）	4/24（日）	4/13（土）	5/2（金）	4/20（水）	閏4/10（火）	4/29（月）	4/19（日）	5/7（金）	4/26（木）	6/1
6/6（水）	5/25（火）	5/14（月）	6/3（日）	5/21（金）	5/11（木）	5/30（木）	5/19（火）	6/8（日）	5/26（土）	7/1
閏6/7（土）	6/26（金）	6/15（木）	7/5（水）	6/23（月）	6/12（日）	7/2（土）	6/21（金）	閏6/9（水）	6/28（火）	8/1
7/9（火）	7/27（月）	7/17（日）	8/6（土）	7/24（木）	7/14（水）	8/4（火）	7/22（月）	7/10（土）	7/29（金）	9/1
8/9（木）	8/28（水）	8/17（火）	9/7（月）	8/25（土）	8/15（金）	9/4（木）	8/23（水）	8/11（月）	8/29（日）	10/1
9/10（日）	9/29（土）	9/19（金）	10/9（木）	9/27（火）	9/16（月）	10/5（日）	9/24（土）	9/12（木）	10/1（水）	11/1
10/11（火）	10/30（月）	10/20（日）	閏10/9（土）	10/27（木）	10/16（水）	11/6（火）	10/24（月）	10/12（土）	11/2（金）	12/1
	旧11/1＝新12/2		旧2/1＝新3/3			旧6/1＝新7/2			旧9/1＝新10/2	備考

1998年	1997年	1996年	1995年	1994年	1993年	1992年	1991年	1990年	1989年	1988年
12/3（木）	11/22（水）	11/11（月）	12/1（日）	11/20（土）	12/9（金）	11/27（水）	11/16（火）	12/5（月）	11/24（日）	11/12（金）
1/5（日）	12/24（土）	12/13（木）	1/2（水）	12/21（火）	1/10（月）	12/28（土）	12/17（金）	1/6（木）	12/25（水）	12/14（月）
2/3（日）	1/22（土）	1/12（金）	2/1（水）	1/20（火）	2/9（月）	1/27（日）	1/15（金）	2/5（木）	1/24（水）	1/13（火）
3/5（水）	2/24（火）	2/14（月）	3/2（土）	2/21（金）	3/10（木）	2/29（水）	2/17（月）	3/6（日）	2/25（土）	2/15（金）
4/6（金）	3/25（木）	3/14（水）	4/2（月）	3/21（日）	閏3/10（土）	3/29（金）	3/17（水）	4/7（火）	3/26（月）	3/16（日）
5/7（月）	4/26（日）	4/16（土）	5/4（木）	4/22（水）	4/12（火）	5/1（月）	4/19（土）	5/9（金）	4/28（木）	4/17（水）
閏5/8（水）	5/27（火）	5/16（月）	6/4（土）	5/23（金）	5/12（木）	6/2（水）	5/20（月）	閏5/9（日）	5/28（土）	5/18（金）
6/10（土）	6/28（金）	6/17（木）	7/5（火）	6/24（月）	6/14（日）	7/3（土）	6/21（木）	6/11（水）	6/30（火）	6/19（月）
7/11（火）	7/30（月）	7/19（日）	8/7（金）	7/26（木）	7/15（水）	8/5（火）	7/23（日）	7/13（土）	8/2（金）	7/21（木）
8/11（木）	8/30（水）	8/19（火）	閏8/7（日）	8/26（土）	8/16（金）	9/6（木）	8/24（火）	8/13（月）	9/2（日）	8/21（土）
9/13（日）	10/2（土）	9/21（金）	9/9（水）	9/28（火）	9/18（月）	10/7（日）	9/25（金）	9/14（木）	10/3（水）	9/22（火）
10/13（火）	11/2（月）	10/21（日）	10/9（金）	10/29（木）	10/1（水）	11/8（火）	10/26（日）	10/15（土）	11/4（金）	10/23（木）
	旧9/1＝新10/2			旧11/1＝新12/3		旧4/1＝新5/3			旧7/1＝新8/2	

新暦＼西暦	1999年	2000年	2001年	2002年	2003年	2004年	2005年	2006年	2007年	2008年
1/1	11/14（金）	11/25（土）	12/7（月）	11/18（火）	11/29（水）	12/10（木）	11/21（土）	12/2（日）	11/13（月）	11/23（火）
2/1	12/15（月）	12/26（火）	1/9（木）	12/20（金）	1/1（土）	1/11（日）	12/23（火）	1/4（水）	12/14（木）	12/25（金）
3/1	1/14（月）	1/26（水）	2/7（木）	1/18（金）	1/29（土）	2/11（月）	1/21（金）	2/2（水）	1/12（木）	1/24（土）
4/1	2/14（木）	2/27（土）	3/8（日）	2/19（月）	2/30（火）	閏2/12（木）	2/23（金）	3/4（土）	2/14（日）	2/25（火）
5/1	3/16（土）	3/27（月）	4/9（火）	3/19（水）	4/1（木）	3/13（土）	3/23（日）	4/4（月）	3/15（火）	3/26（木）
6/1	4/18（火）	4/29（木）	閏4/10（金）	4/21（土）	5/2（日）	4/14（火）	4/25（水）	5/6（木）	4/16（金）	4/28（日）
7/1	5/18（木）	5/30（土）	5/11（日）	5/21（月）	6/2（火）	5/14（木）	5/25（金）	6/6（土）	5/17（日）	5/28（火）
8/1	6/20（日）	7/2（火）	6/12（水）	6/23（木）	7/4（金）	6/16（日）	6/27（月）	7/8（火）	6/19（水）	7/1（金）
9/1	7/22（水）	8/4（金）	7/14（土）	7/24（日）	8/5（月）	7/17（水）	7/28（木）	閏7/9（金）	7/20（土）	8/2（月）
10/1	8/22（金）	9/4（日）	8/15（月）	8/25（火）	9/6（水）	8/18（金）	8/28（土）	8/10（日）	8/21（月）	9/3（水）
11/1	9/24（月）	10/6（水）	9/16（木）	9/27（金）	10/8（土）	9/19（月）	9/30（火）	9/11（水）	9/22（木）	10/4（土）
12/1	10/24（水）	11/6（金）	10/17（土）	10/27（日）	11/8（月）	10/20（水）	11/1（木）	10/11（金）	10/22（土）	11/4（月）
備考		旧6/1＝新7/2			旧12/1＝新1/3 旧3/1＝新4/2		旧10/1＝新11/2			旧6/1＝新7/3

2019年	2018年	2017年	2016年	2015年	2014年	2013年	2012年	2011年	2010年	2009年
11/26（火）	11/15（月）	12/4（日）	11/22（金）	11/11（木）	12/1（水）	11/20（火）	12/8（日）	11/27（土）	11/17（金）	12/6（木）
12/27（金）	12/16（木）	1/5（水）	12/23（月）	12/13（日）	1/2（土）	12/21（金）	1/10（水）	12/29（火）	12/18（月）	1/7（日）
1/25（金）	1/14（木）	2/4（水）	1/23（火）	1/11（日）	2/1（土）	1/20（金）	2/9（木）	1/27（火）	1/16（月）	2/5（日）
2/26（月）	2/16（日）	3/5（土）	2/24（金）	2/13（水）	3/2（火）	2/21（月）	3/11（日）	2/28（金）	2/17（木）	3/6（水）
3/27（水）	3/16（火）	4/6（月）	3/25（日）	3/13（金）	4/3（木）	3/22（水）	4/11（火）	3/29（日）	3/18（土）	4/7（金）
4/28（土）	4/18（金）	5/7（木）	4/26（水）	4/15（月）	5/4（日）	4/23（土）	閏4/12（金）	4/30（水）	4/19（火）	5/9（月）
5/29（月）	5/18（日）	6/8（土）	5/27（金）	5/16（水）	6/5（火）	5/23（月）	5/13（日）	6/1（金）	5/20（木）	閏5/9（水）
7/1（木）	6/20（水）	閏6/10（火）	6/29（月）	6/17（土）	7/6（金）	6/25（木）	6/14（水）	7/2（月）	6/21（日）	6/11（土）
8/3（日）	7/22（土）	7/11（金）	8/1（木）	7/19（火）	8/8（月）	7/26（日）	7/16（土）	8/4（木）	7/23（水）	7/13（火）
9/3（火）	8/22（月）	8/12（日）	9/1（土）	8/19（木）	9/8（水）	8/27（火）	8/16（月）	9/5（土）	8/24（金）	8/13（木）
10/5（金）	9/24（木）	9/13（水）	10/2（火）	9/20（日）	閏9/9（土）	9/28（金）	9/18（木）	10/6（火）	9/25（月）	9/15（日）
11/5（日）	10/24（土）	10/14（金）	11/3（木）	10/20（火）	10/10（月）	10/29（日）	10/18（土）	11/7（木）	10/26（水）	10/15（火）
旧6/1＝新7/3			旧7/1＝新8/3			旧11/1＝新12/3		旧5/1＝新6/2		

新暦＼西暦	2020年	2021年	2022年	2023年	2024年	2025年	2026年	2027年	2028年	2029年
1/1	12/7（水）	11/18（金）	11/29（土）	12/10（日）	11/20（月）	12/2（水）	11/13（木）	11/24（金）	12/5（土）	11/17（月）
2/1	1/8（土）	12/20（月）	1/1（火）	1/11（水）	12/22（木）	1/4（土）	12/14（日）	12/25（月）	1/6（火）	12/18（木）
3/1	2/7（日）	1/18（月）	1/29（火）	2/10（水）	1/21（金）	2/2（土）	1/13（日）	1/23（月）	2/6（水）	1/17（木）
4/1	3/9（水）	2/20（木）	3/1（金）	閏2/11（土）	2/23（月）	3/4（火）	2/14（水）	2/25（木）	3/7（土）	2/18（日）
5/1	4/9（金）	3/20（土）	4/1（日）	3/12（月）	3/23（水）	4/4（木）	3/15（金）	3/25（土）	4/7（月）	3/18（火）
6/1	閏4/10（月）	4/21（火）	5/3（水）	4/13（木）	4/25（土）	5/6（日）	4/16（月）	4/27（火）	5/9（木）	4/20（金）
7/1	5/11（水）	5/22（木）	6/3（金）	5/14（土）	5/26（月）	6/7（火）	5/17（水）	5/27（木）	閏5/9（土）	5/20（日）
8/1	6/12（土）	6/23（日）	7/4（月）	6/15（火）	6/27（木）	閏6/8（金）	6/19（土）	6/29（日）	6/11（火）	6/21（水）
9/1	7/14（火）	7/25（水）	8/6（木）	7/17（金）	7/29（日）	7/10（月）	7/20（火）	8/1（水）	7/13（金）	7/23（土）
10/1	8/15（木）	8/25（金）	9/6（土）	8/17（日）	8/29（火）	8/10（水）	8/21（木）	9/2（金）	8/13（日）	8/24（月）
11/1	9/16（日）	9/27（月）	10/8（火）	9/18（水）	10/1（金）	9/12（土）	9/22（日）	10/4（月）	9/15（水）	9/25（木）
12/1	10/17（火）	10/27（水）	11/8（木）	10/19（金）	11/1（日）	10/12（月）	10/23（火）	11/4（水）	10/16（金）	10/26（土）
備考			旧2/1＝新3/3		旧9/1＝新10/3			旧7/1＝新8/2		

	2040年	2039年	2038年	2037年	2036年	2035年	2034年	2033年	2032年	2031年	2030年
	11/17（日）	12/7（土）	11/26（金）	11/15（木）	12/4（火）	11/22（月）	閏11/11（日）	12/1（土）	11/19（木）	12/8（水）	11/28（火）
	12/19（水）	1/9（火）	12/28（月）	12/17（日）	1/5（金）	12/23（木）	12/13（水）	1/2（火）	12/20（日）	1/10（土）	12/29（金）
	1/19（木）	2/7（火）	1/26（月）	1/15（日）	2/4（土）	1/22（木）	1/11（水）	2/1（火）	1/20（月）	2/8（土）	1/27（金）
	2/20（日）	3/8（金）	2/27（木）	2/16（水）	3/5（火）	2/23（日）	2/13（土）	3/2（金）	2/21（木）	3/10（火）	2/29（月）
	3/21（火）	4/9（日）	3/27（土）	3/16（金）	4/6（木）	3/24（火）	3/13（月）	4/3（日）	3/22（土）	閏3/10（木）	3/29（水）
	4/22（金）	5/10（水）	4/29（火）	4/18（月）	5/7（日）	4/25（金）	4/15（木）	5/5（水）	4/24（火）	4/12（日）	5/1（土）
	5/22（日）	閏5/10（金）	5/29（木）	5/18（水）	6/8（火）	5/26（日）	5/16（土）	6/5（金）	5/24（木）	5/12（火）	6/1（月）
	6/24（水）	6/12（月）	7/1（日）	6/20（土）	閏6/10（金）	6/28（水）	6/17（火）	7/7（月）	6/26（日）	6/14（金）	7/3（木）
	7/25（土）	7/13（木）	8/3（水）	7/22（火）	7/11（月）	7/29（土）	7/19（金）	8/8（木）	7/27（水）	7/15（月）	8/4（日）
	8/25（月）	8/14（土）	9/3（金）	8/22（木）	8/12（水）	9/1（月）	8/19（日）	9/9（土）	8/27（金）	8/15（水）	9/5（火）
	9/27（木）	9/15（火）	10/5（月）	9/24（日）	9/14（土）	10/2（木）	9/21（水）	10/10（火）	9/29（月）	9/17（土）	10/6（金）
	10/27（土）	10/16（木）	11/6（水）	10/25（火）	10/14（月）	11/2（土）	10/21（金）	11/10（木）	10/29（水）	10/17（月）	11/7（日）
			旧6/1＝新7/2			旧8/1＝新9/2					旧4/1＝新5/2

新暦＼西暦	2041年	2042年	2043年	2044年	2045年	2046年	2047年	2048年	2049年	2050年
1/1	11/29（火）	12/10（水）	11/21（木）	12/2（金）	11/14（日）	11/25（月）	12/6（火）	11/16（水）	11/27（金）	12/8（土）
2/1	1/1（金）	1/11（土）	12/22（日）	1/3（月）	12/15（水）	12/26（木）	1/7（金）	12/18（土）	12/29（月）	1/10（火）
3/1	1/29（金）	2/10（土）	1/20（日）	2/2（火）	1/13（水）	1/24（木）	2/5（金）	1/17（日）	1/28（月）	2/8（火）
4/1	3/1（月）	閏2/11（火）	2/22（水）	3/4（金）	2/14（土）	2/25（日）	3/7（月）	2/19（水）	2/29（木）	3/10（金）
5/1	4/2（水）	3/12（木）	3/22（金）	4/4（日）	3/15（月）	3/26（火）	4/7（水）	3/19（金）	3/30（土）	閏3/11（日）
6/1	5/3（土）	4/14（日）	4/24（月）	5/6（水）	4/16（木）	4/27（金）	5/8（土）	4/20（月）	5/2（火）	4/12（水）
7/1	6/4（月）	5/14（火）	5/25（水）	6/7（金）	5/17（土）	5/27（日）	閏5/9（月）	5/21（水）	6/2（木）	5/13（金）
8/1	7/5（木）	6/16（金）	6/26（土）	7/8（月）	6/19（火）	6/29（水）	6/10（木）	6/22（土）	7/3（日）	6/14（月）
9/1	8/6（日）	7/17（月）	7/28（火）	閏7/10（木）	7/20（金）	8/1（土）	7/12（日）	7/23（火）	8/5（水）	7/16（木）
10/1	9/7（火）	8/18（水）	8/29（木）	8/11（土）	8/21（日）	9/2（月）	8/12（火）	8/24（木）	9/5（金）	8/16（土）
11/1	10/8（金）	9/19（土）	9/30（日）	9/12（火）	9/23（水）	10/4（木）	9/14（金）	9/25（日）	10/6（月）	9/17（火）
12/1	11/8（日）	10/19（月）	11/1（火）	10/13（木）	10/23（金）	11/4（土）	10/15（日）	10/26（火）	11/7（水）	10/18（木）
備考	旧12/1＝新1/3 旧2/1＝新3/3		旧10/1＝新11/2			旧7/1＝新8/2			旧4/1＝新5/2	

2051年	2052年	2053年	2054年	2055年
11/19（日）	11/30（月）	11/12（水）	11/23（木）	12/4（金）
12/20（水）	1/1（木）	12/13（土）	12/24（日）	1/5（月）
1/19（木）	2/1（金）	1/11（土）	1/22（日）	2/4（月）
2/20（土）	3/2（月）	2/13（火）	2/24（水）	3/5（木）
3/21（月）	4/3（水）	3/13（木）	3/24（金）	4/5（土）
4/23（木）	5/5（土）	4/15（日）	4/25（月）	5/7（火）
5/23（土）	6/5（月）	5/16（火）	5/26（水）	6/7（木）
6/25（火）	7/7（木）	6/17（金）	6/28（土）	閏6/9（日）
7/26（金）	8/9（日）	7/19（月）	7/29（火）	7/10（水）
8/27（日）	閏8/9（火）	8/20（水）	9/1（木）	8/11（金）
9/28（水）	9/10（金）	9/21（土）	10/2（日）	9/13（月）
10/29（金）	10/11（日）	10/22（月）	11/3（火）	10/13（水）
	旧12/1＝新1/2		旧8/1＝新9/2	

※2025年～2055年の暦については、日外アソシエーツ編集部編『21世紀暦　曜日・干支・九星・旧暦・六曜』（日外アソシエーツ）より作成。

十二支早見表（西暦）１９２４年～２０５５年

年の区切りはあくまでも旧暦の１月１日となることに注意されたい。

【表の見方】

１９２４年（２／５）とは、旧暦１月１日が新暦では２月５日であることを示す。

子	1924年 2/5	1936年 1/24	1948年 2/10
丑	1925年 1/24	1937年 2/11	1949年 1/29
寅	1926年 2/13	1938年 1/31	1950年 2/17
卯	1927年 2/2	1939年 2/19	1951年 2/6
辰	1928年 1/23	1940年 2/8	1952年 1/27
巳	1929年 2/10	1941年 1/27	1953年 2/14
午	1930年 1/30	1942年 2/15	1954年 2/4
未	1931年 2/17	1943年 2/5	1955年 1/24
申	1932年 2/6	1944年 1/26	1956年 2/12
酉	1933年 1/26	1945年 2/13	1957年 1/31
戌	1934年 2/14	1946年 2/2	1958年 2/19
亥	1935年 2/4	1947年 1/22	1959年 2/8

2044年 1/30	2032年 2/11	2020年 1/25	2008年 2/7	1996年 2/19	1984年 2/2	1972年 2/15	1960年 1/28
2045年 2/17	2033年 1/31	2021年 2/12	2009年 1/26	1997年 2/8	1985年 2/20	1973年 2/3	1961年 2/15
2046年 2/6	2034年 2/19	2022年 2/1	2010年 2/14	1998年 1/28	1986年 2/9	1974年 1/23	1962年 2/5
2047年 1/26	2035年 2/8	2023年 1/22	2011年 2/3	1999年 2/16	1987年 1/29	1975年 2/11	1963年 1/25
2048年 2/14	2036年 1/28	2024年 2/10	2012年 1/23	2000年 2/5	1988年 2/18	1976年 1/31	1964年 2/13
2049年 2/2	2037年 2/15	2025年 1/29	2013年 2/10	2001年 1/24	1989年 2/6	1977年 2/18	1965年 2/2
2050年 1/23	2038年 2/4	2026年 2/17	2014年 1/31	2002年 2/12	1990年 1/27	1978年 2/7	1966年 1/22
2051年 2/11	2039年 1/24	2027年 2/7	2015年 2/19	2003年 2/1	1991年 2/4	1979年 1/28	1967年 2/9
2052年 2/1	2040年 2/12	2028年 1/27	2016年 2/8	2004年 1/22	1992年 2/4	1980年 2/16	1968年 1/30
2053年 2/19	2041年 2/1	2029年 2/13	2017年 1/28	2005年 2/9	1993年 1/23	1981年 2/5	1969年 2/17
2054年 2/8	2042年 1/22	2030年 2/3	2018年 2/16	2006年 1/29	1994年 2/10	1982年 1/25	1970年 2/6
2055年 1/28	2043年 2/10	2031年 1/23	2019年 2/5	2007年 2/18	1995年 1/31	1983年 2/13	1971年 1/27

昴宿
牛宮 [辰]
羊宮 [卯]
魚宮 [寅]
瓶宮 [丑]
摩羯宮 [子]
弓宮 [亥]
蠍宮 [戌]
秤宮 [酉]
女宮 [申]
獅子宮 [未]
蟹宮 [午]
男女宮 [巳]
昴 胃 婁 奎 壁 室 危 虚 女 斗 箕 尾 心 房 氐 亢 角 軫 翼 張 星 柳 鬼 井 参 觜 畢
命 親 友 壊 成 危 安 衰 栄 胎 親 友 壊 成 危 安 衰 栄 業 親 友 壊 成 危 安 衰 栄

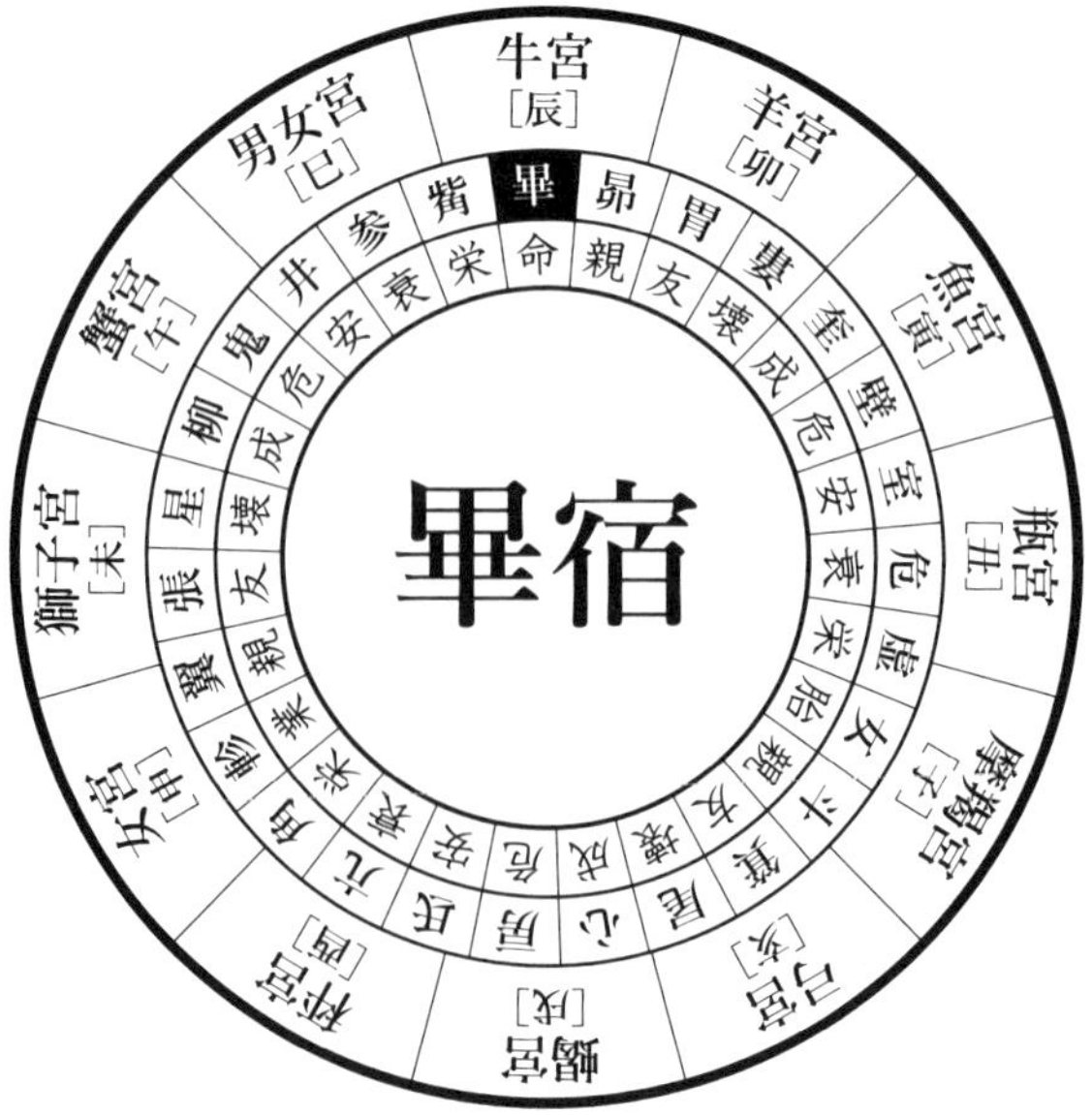
畢宿
牛宮 [辰]
羊宮 [卯]
魚宮 [寅]
瓶宮 [丑]
摩羯宮 [子]
弓宮 [亥]
蠍宮 [戌]
秤宮 [酉]
女宮 [申]
獅子宮 [未]
蟹宮 [午]
男女宮 [巳]
畢 昴 胃 婁 奎 壁 室 危 虚 女 斗 箕 尾 心 房 氐 亢 角 軫 翼 張 星 柳 鬼 井 参 觜
命 親 友 壊 成 危 安 衰 栄 胎 親 友 壊 成 危 安 衰 栄 業 親 友 壊 成 危 安 衰 栄

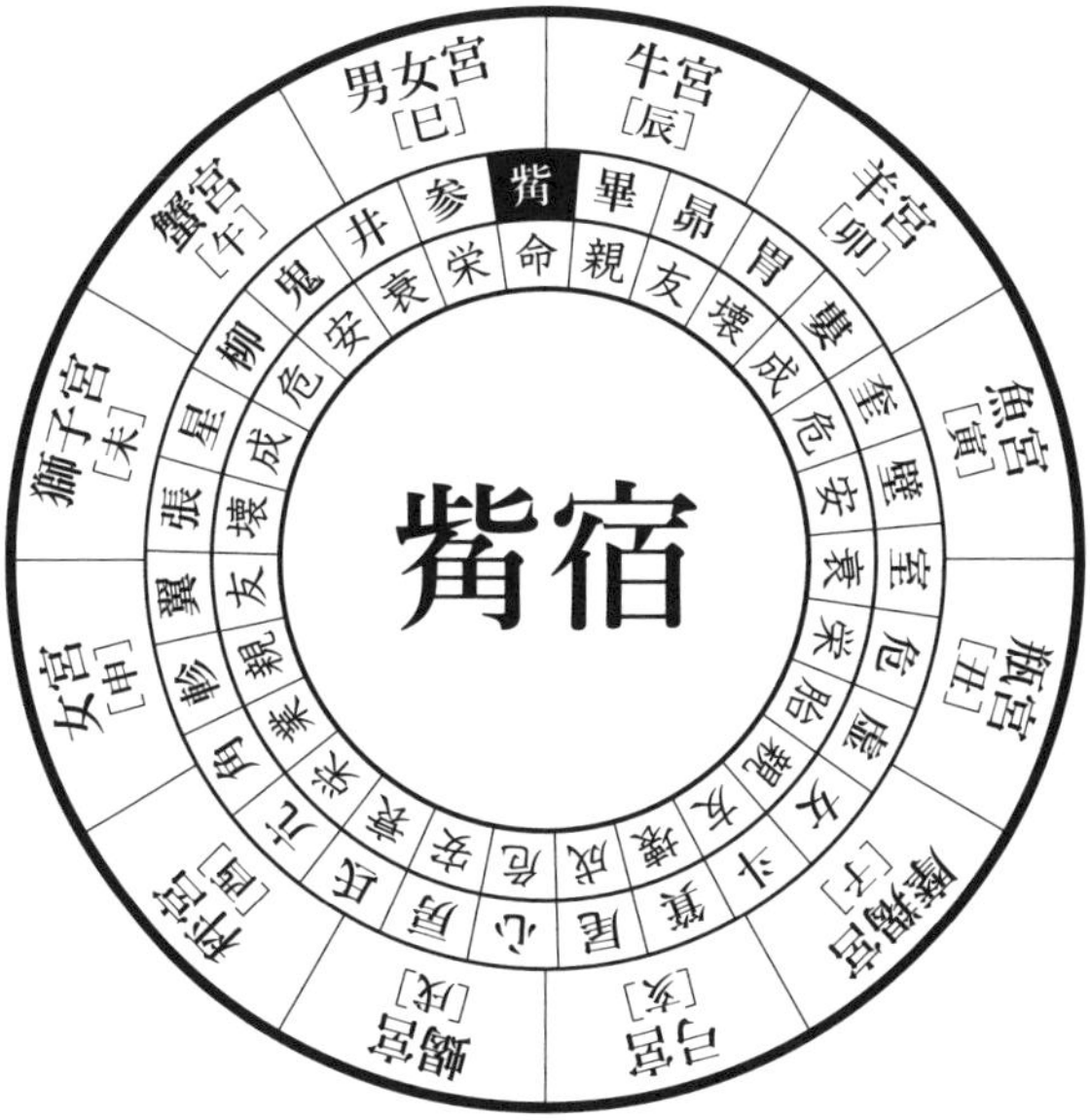
觜宿
男女宮 [巳]
牛宮 [辰]
羊宮 [卯]
魚宮 [寅]
瓶宮 [丑]
磨羯宮 [子]
弓宮 [亥]
蠍宮 [戌]
秤宮 [酉]
女宮 [申]
獅子宮 [未]
蟹宮 [午]
觜 畢 昴 胃 婁 奎 壁 室 危 虚 女 斗 箕 尾 心 房 氐 亢 角 軫 翼 張 星 柳 鬼 井 参
命 親 友 壊 成 危 安 衰 栄 胎 親 友 壊 成 危 安 衰 栄 業 親 友 壊 成 危 安 衰 栄

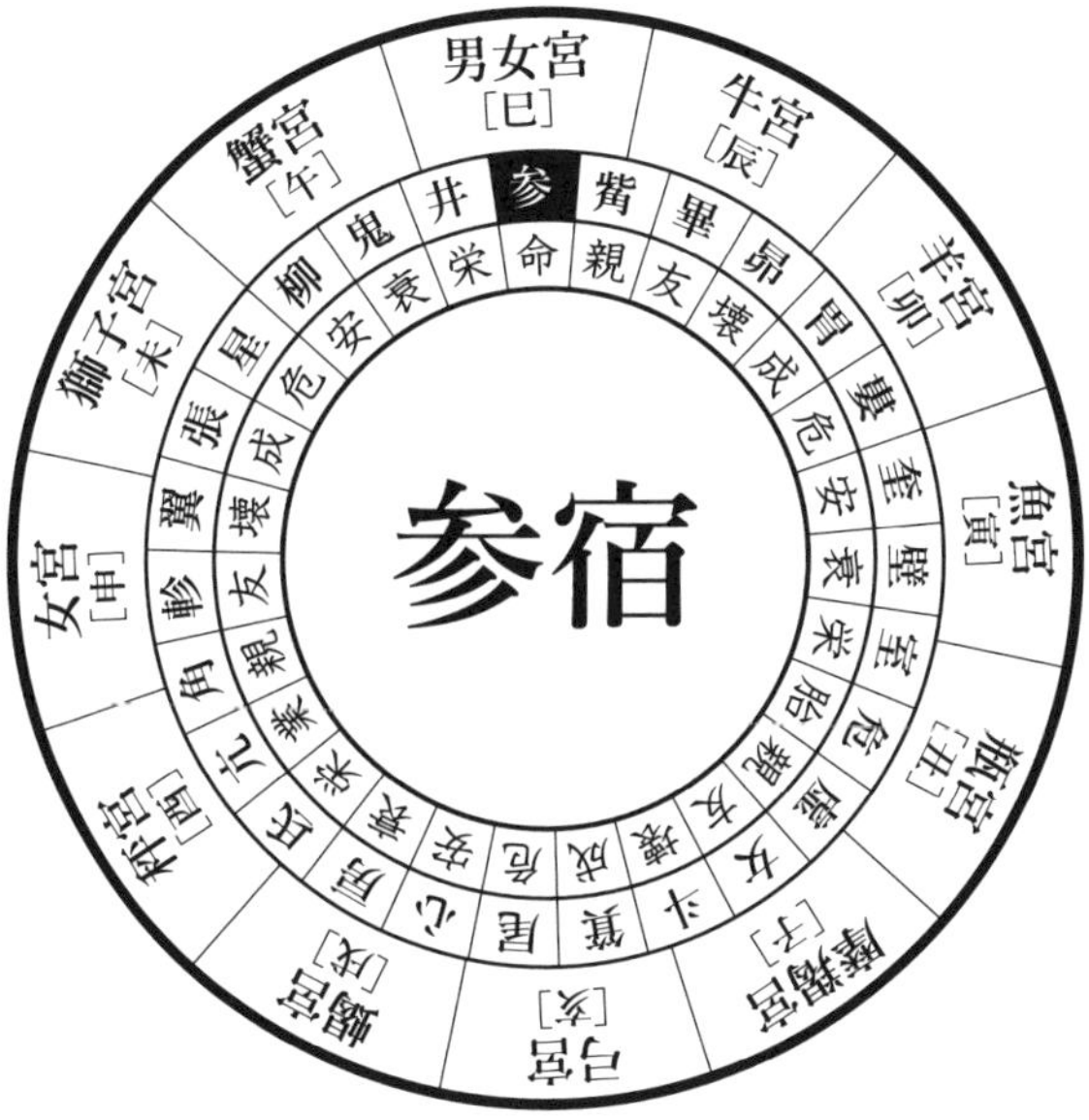
参宿
男女宮 [巳]
牛宮 [辰]
羊宮 [卯]
魚宮 [寅]
瓶宮 [丑]
磨羯宮 [子]
弓宮 [亥]
蠍宮 [戌]
秤宮 [酉]
女宮 [申]
獅子宮 [未]
蟹宮 [午]
参 觜 畢 昴 胃 婁 奎 壁 室 危 虚 女 斗 箕 尾 心 房 氐 亢 角 軫 翼 張 星 柳 鬼 井
命 親 友 壊 成 危 安 衰 栄 胎 親 友 壊 成 危 安 衰 栄 業 親 友 壊 成 危 安 衰 栄

井宿
男女宮［巳］
牛宮［辰］
羊宮［卯］
魚宮［寅］
瓶宮［丑］
磨羯宮［子］
弓宮［亥］
蠍宮［戌］
秤宮［酉］
女宮［申］
獅子宮［未］
蟹宮［午］
井 参 觜 畢 昴 胃 婁 奎 壁 室 危 虚 女 斗 箕 尾 心 房 氐 亢 角 軫 翼 張 星 柳 鬼
命 親 友 壊 成 危 安 衰 栄 胎 親 友 壊 成 危 安 衰 栄 業 親 友 壊 成 危 安 衰 栄

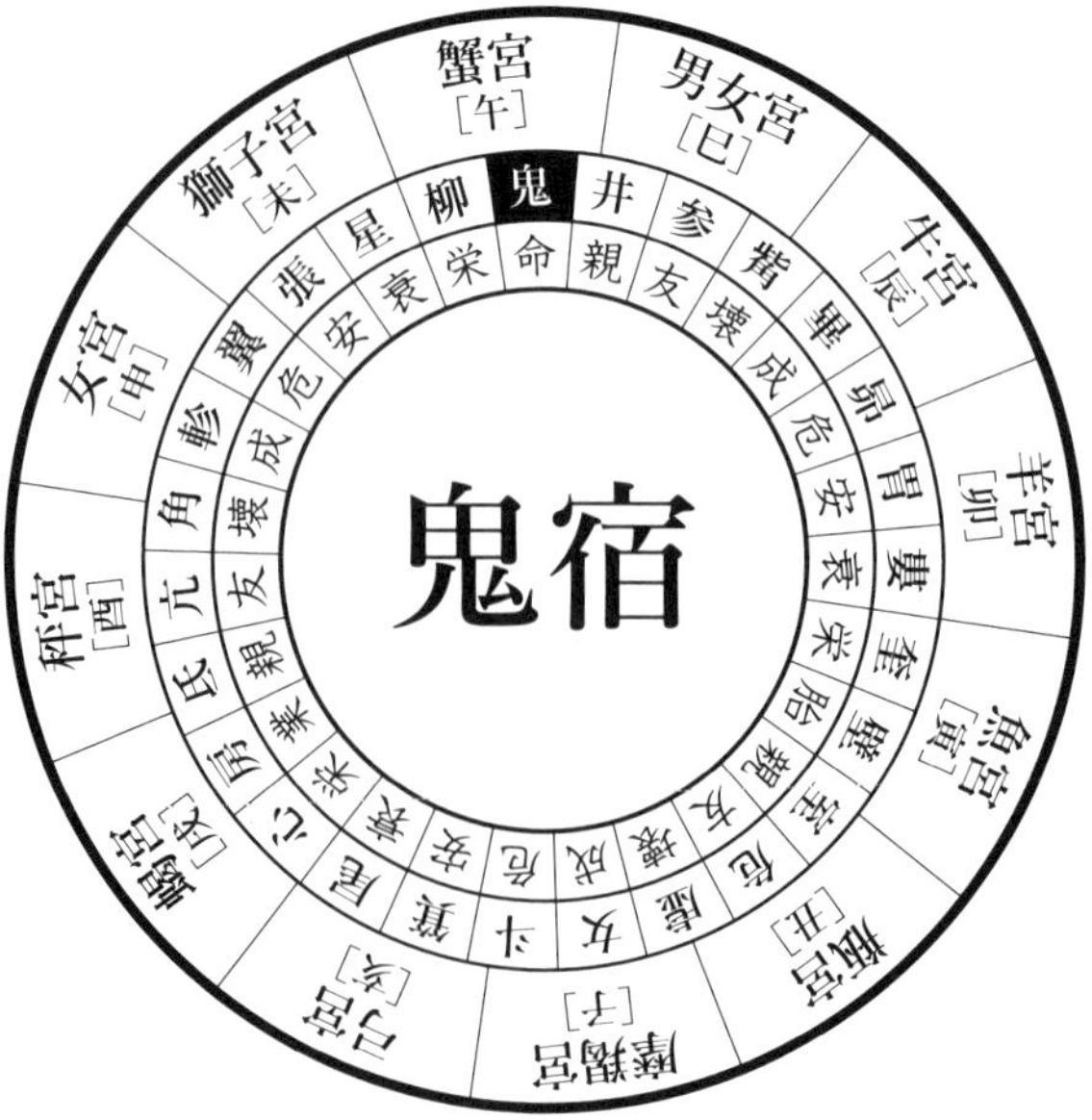
鬼宿
蟹宮［午］
男女宮［巳］
牛宮［辰］
羊宮［卯］
魚宮［寅］
瓶宮［丑］
磨羯宮［子］
弓宮［亥］
蠍宮［戌］
秤宮［酉］
女宮［申］
獅子宮［未］
鬼 井 参 觜 畢 昴 胃 婁 奎 壁 室 危 虚 女 斗 箕 尾 心 房 氐 亢 角 軫 翼 張 星 柳
命 親 友 壊 成 危 安 衰 栄 胎 親 友 壊 成 危 安 衰 栄 業 親 友 壊 成 危 安 衰 栄

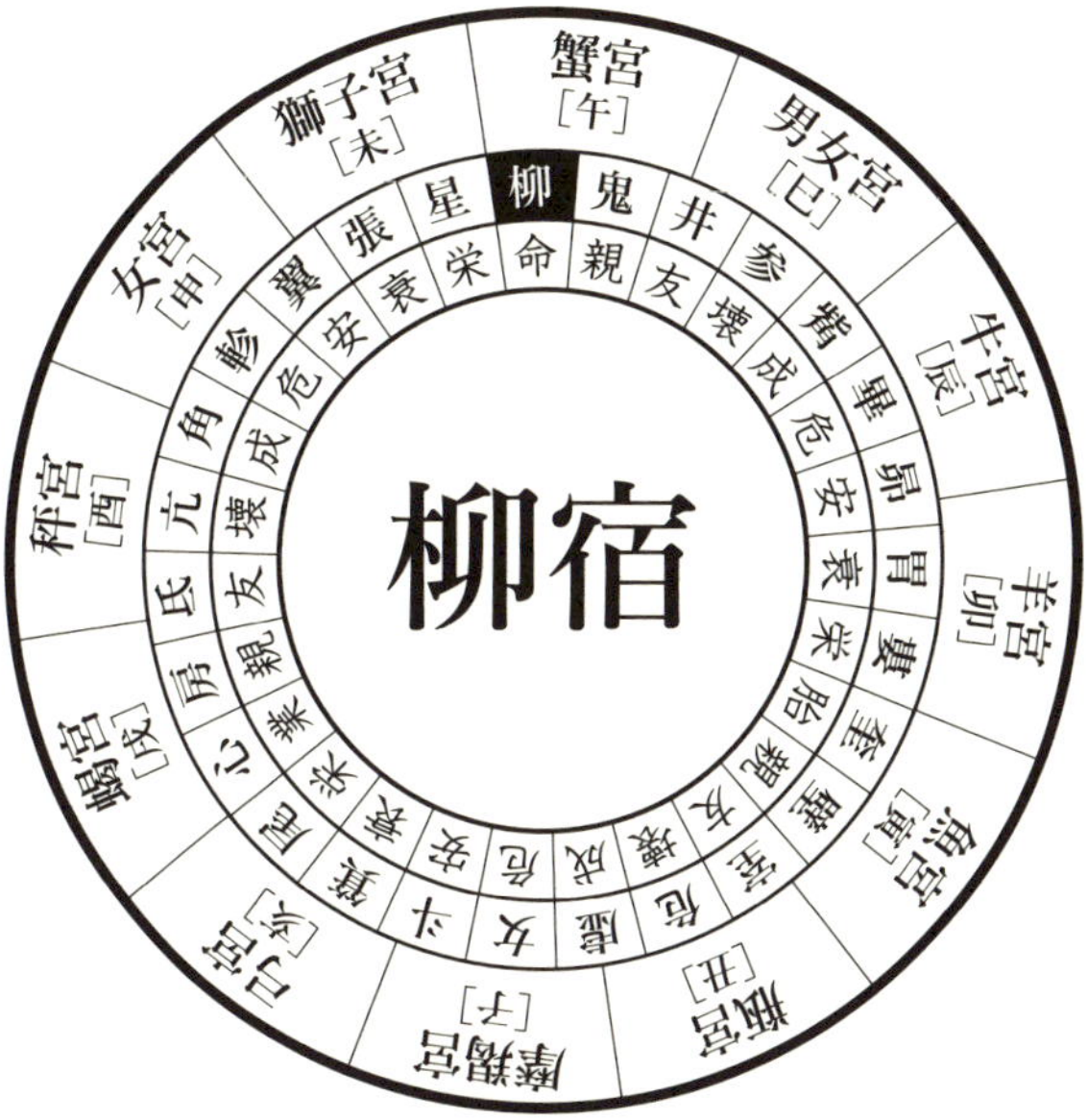
柳宿

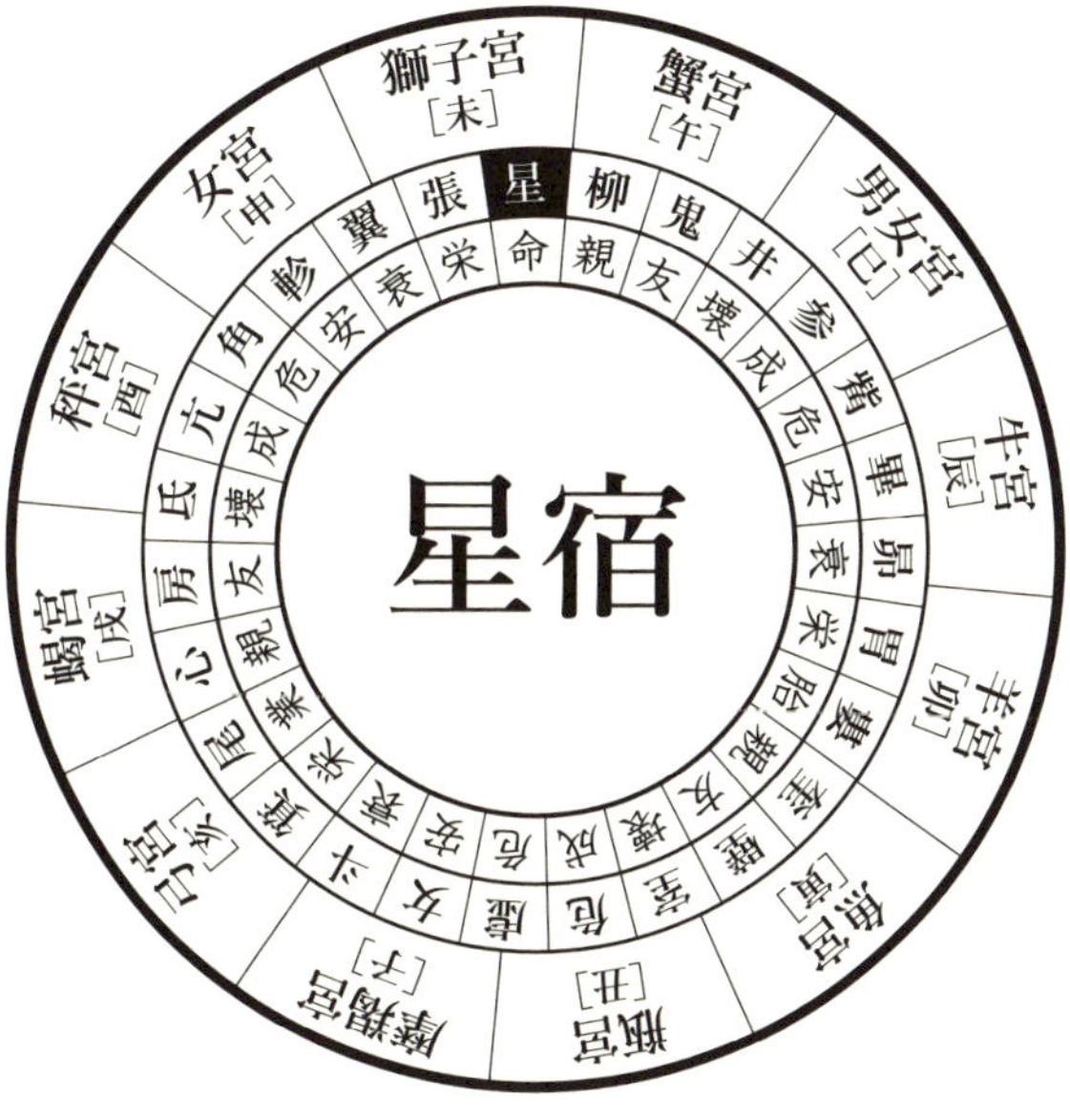
星宿

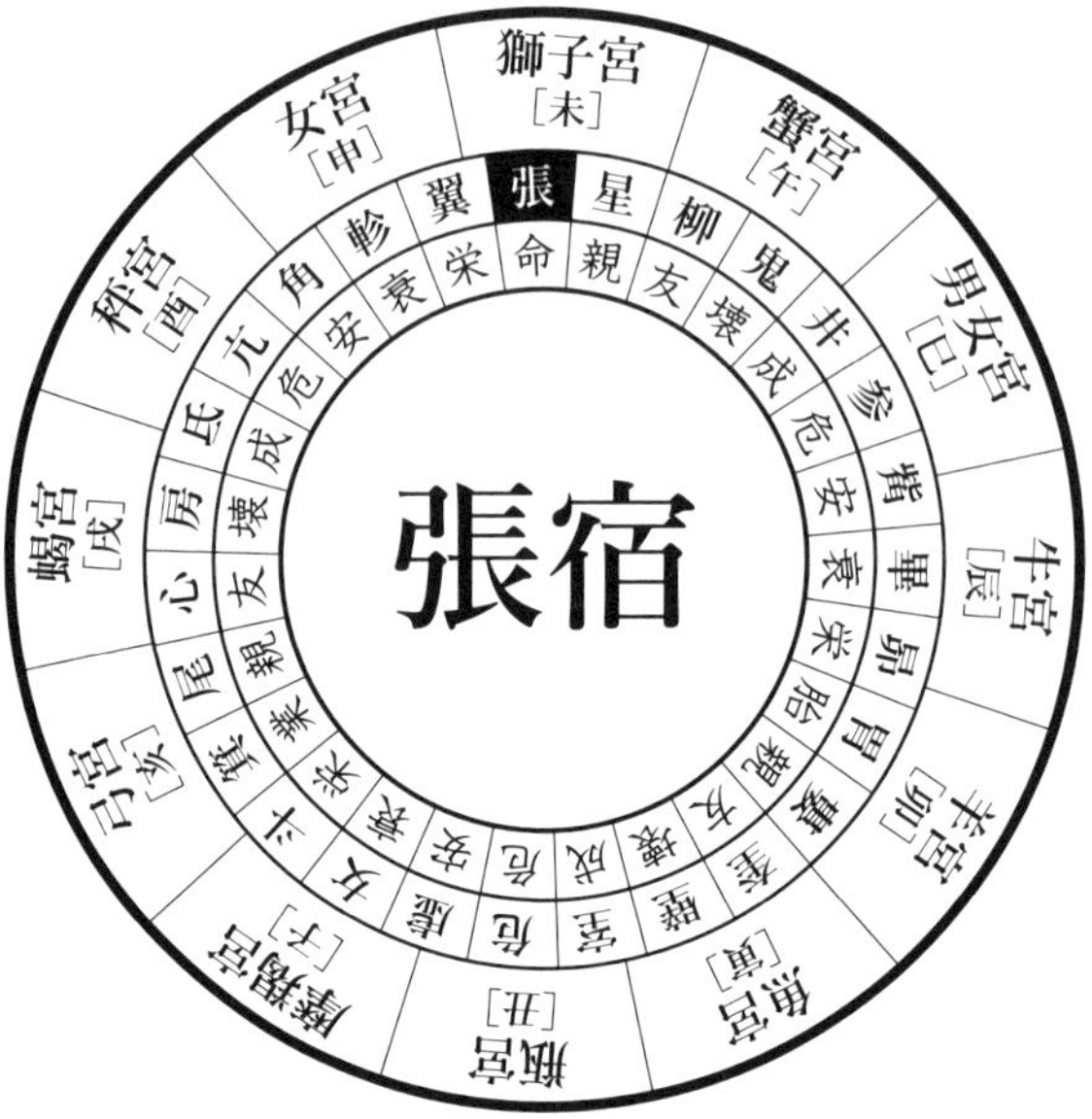
張宿
獅子宮［未］
蟹宮［午］
男女宮［巳］
牛宮［辰］
羊宮［卯］
魚宮［寅］
瓶宮［丑］
摩竭宮［子］
弓宮［亥］
蠍宮［戌］
秤宮［酉］
女宮［申］
張 星 柳 鬼 井 参 觜 畢 昴 胃 婁 奎 壁 室 危 虚 女 斗 箕 尾 心 房 氐 亢 角 軫 翼
命 親 友 壊 成 危 安 衰 栄 胎 親 友 壊 成 危 安 衰 栄 業 親 友 壊 成 危 安 衰 栄

翼宿
獅子宮［未］
蟹宮［午］
男女宮［巳］
牛宮［辰］
羊宮［卯］
魚宮［寅］
瓶宮［丑］
摩竭宮［子］
弓宮［亥］
蠍宮［戌］
秤宮［酉］
女宮［申］
翼 張 星 柳 鬼 井 参 觜 畢 昴 胃 婁 奎 壁 室 危 虚 女 斗 箕 尾 心 房 氐 亢 角 軫
命 親 友 壊 成 危 安 衰 栄 胎 親 友 壊 成 危 安 衰 栄 業 親 友 壊 成 危 安 衰 栄

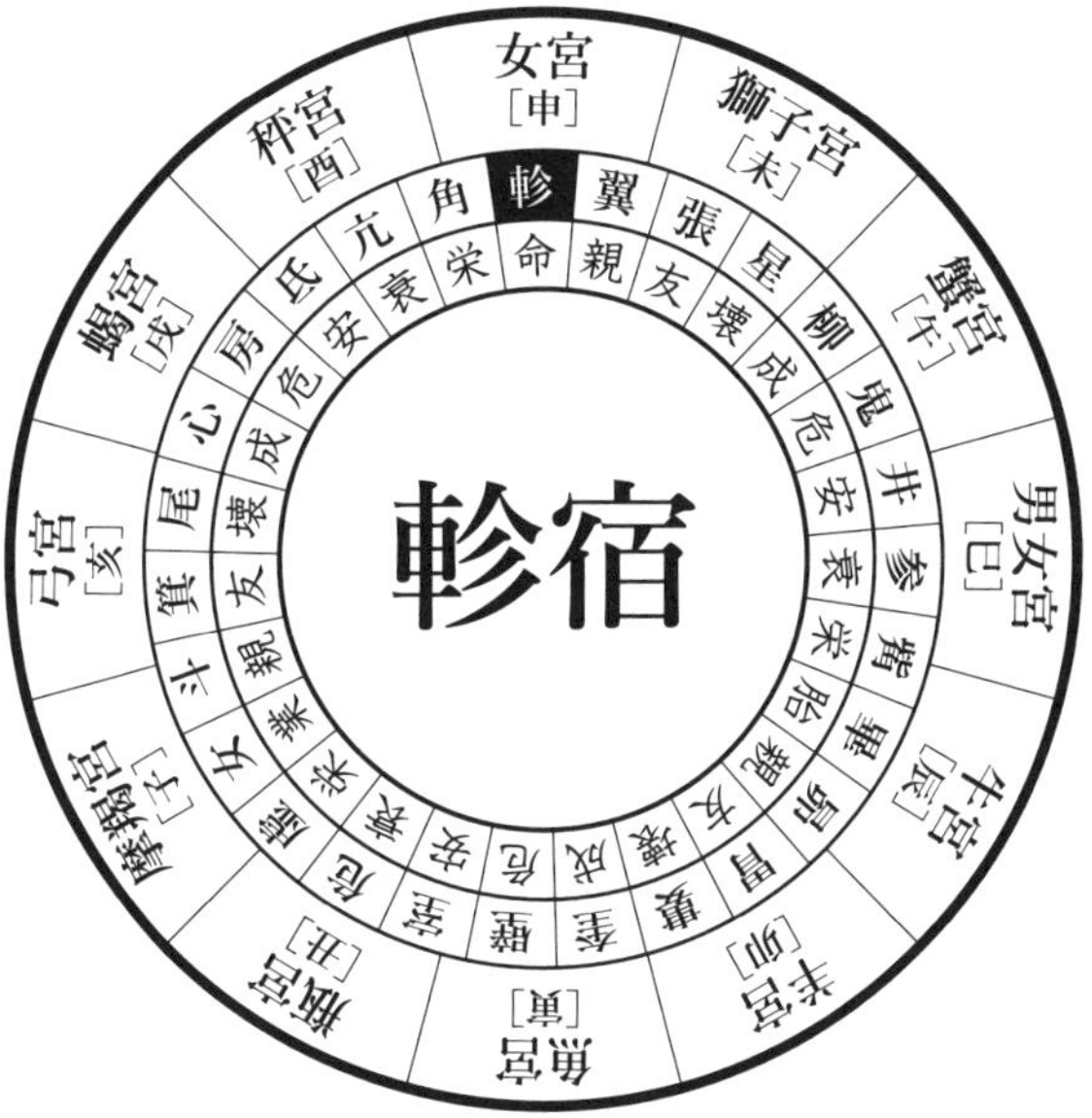
軫宿
女宮［申］
獅子宮［未］
蟹宮［午］
男女宮［巳］
牛宮［辰］
羊宮［卯］
魚宮［寅］
瓶宮［丑］
摩羯宮［子］
弓宮［亥］
蝎宮［戌］
秤宮［酉］

角宿
秤宮［酉］
女宮［申］
獅子宮［未］
蟹宮［午］
男女宮［巳］
牛宮［辰］
羊宮［卯］
魚宮［寅］
瓶宮［丑］
摩羯宮［子］
弓宮［亥］
蝎宮［戌］

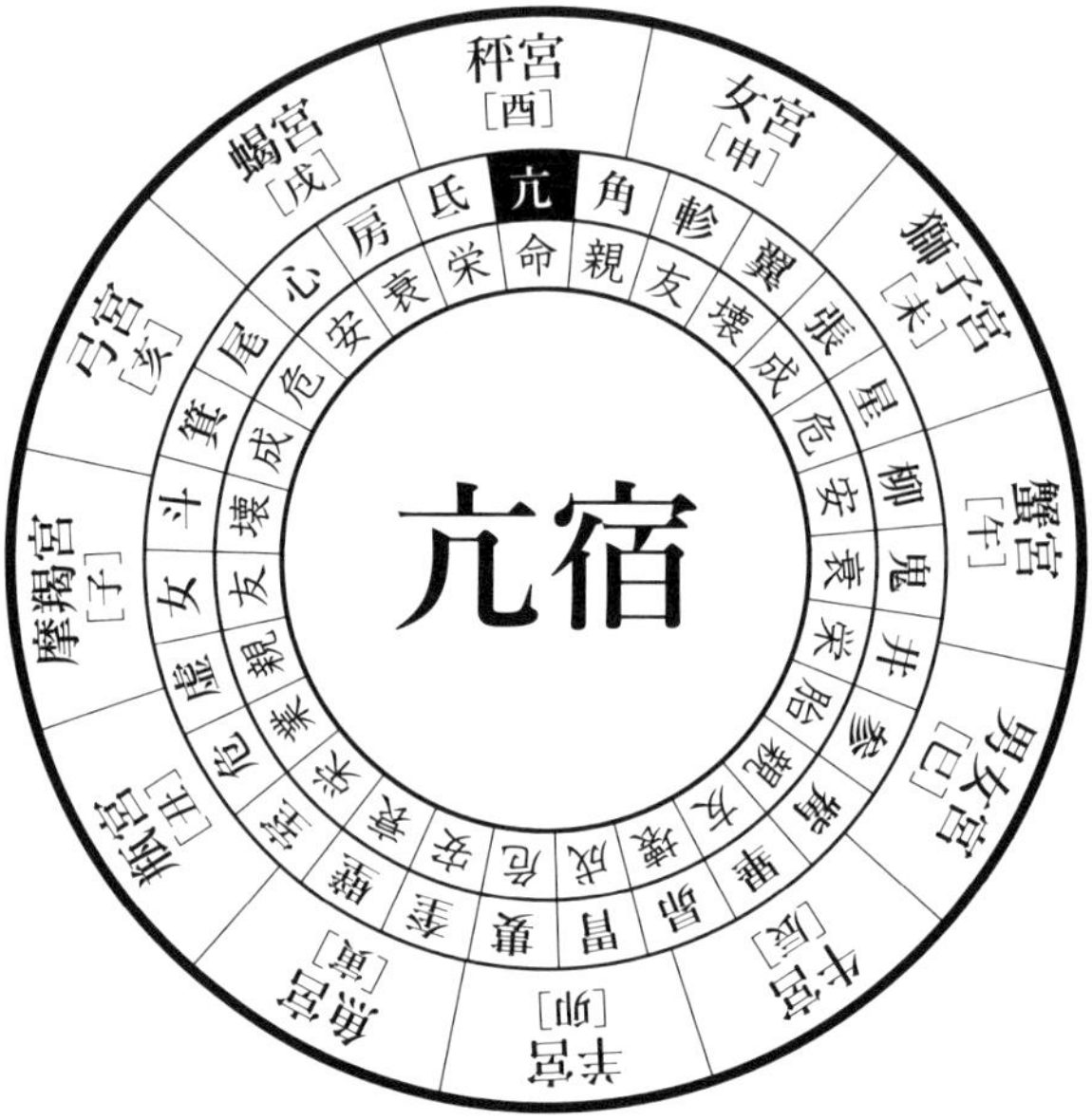
亢宿
秤宮 [酉]
女宮 [申]
獅子宮 [未]
蟹宮 [午]
男女宮 [巳]
牛宮 [辰]
羊宮 [卯]
魚宮 [寅]
瓶宮 [丑]
摩羯宮 [子]
弓宮 [亥]
蝎宮 [戌]

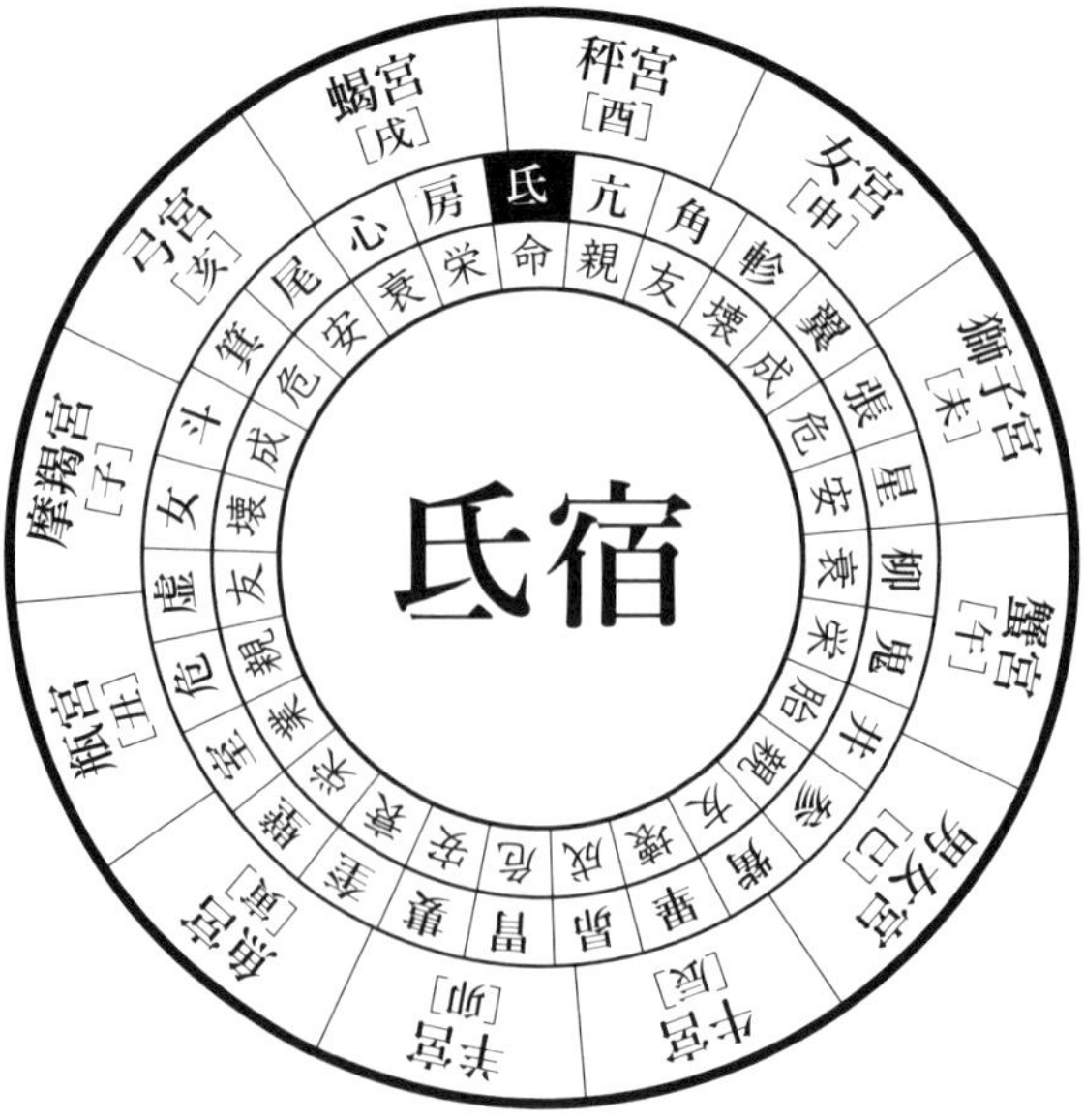
氐宿
秤宮 [酉]
女宮 [申]
獅子宮 [未]
蟹宮 [午]
男女宮 [巳]
牛宮 [辰]
羊宮 [卯]
魚宮 [寅]
瓶宮 [丑]
摩羯宮 [子]
弓宮 [亥]
蝎宮 [戌]

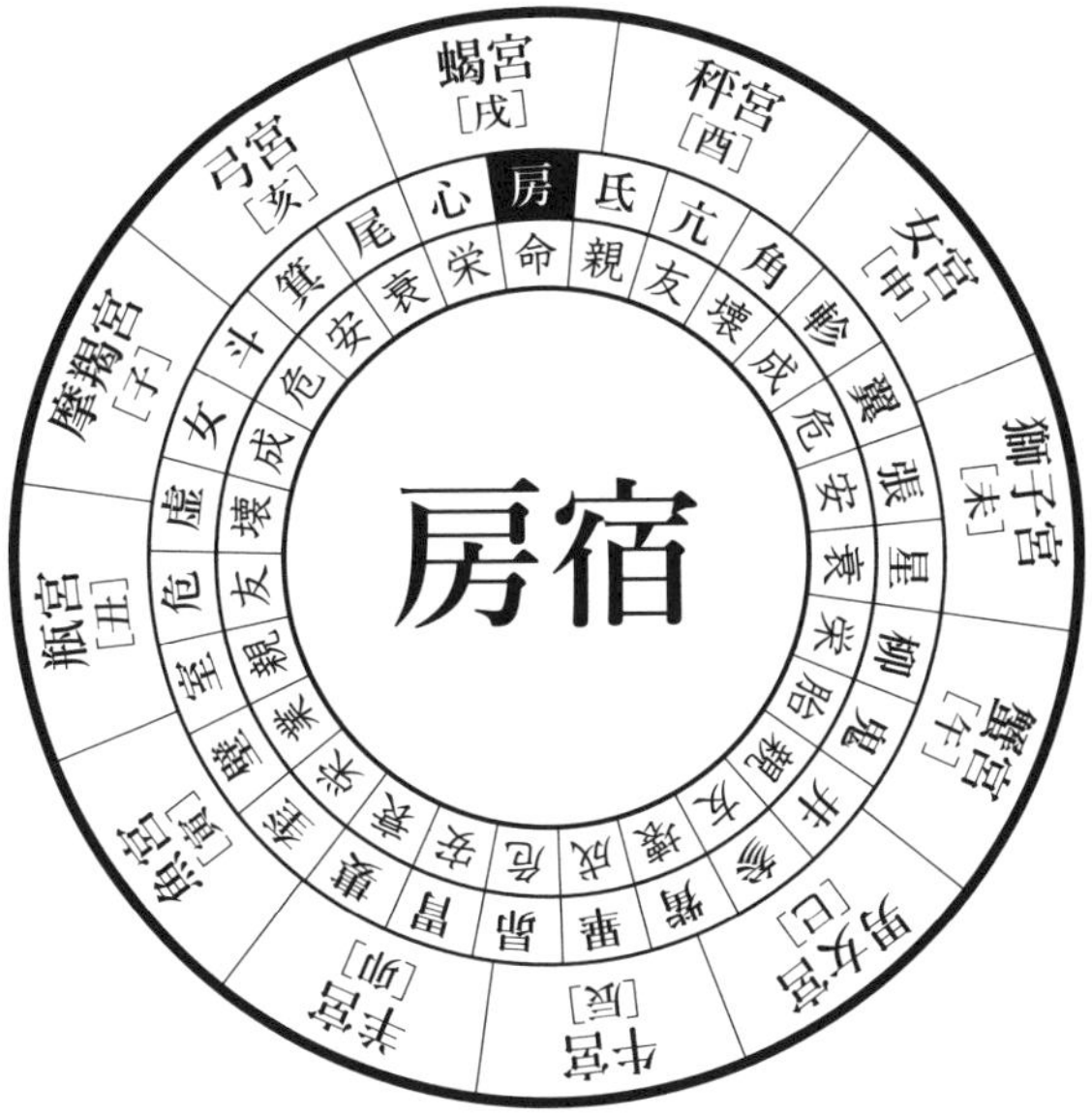
房宿
蝎宮 [戌]
秤宮 [酉]
女宮 [申]
獅子宮 [未]
蟹宮 [午]
男女宮 [巳]
牛宮 [辰]
羊宮 [卯]
魚宮 [寅]
瓶宮 [丑]
摩羯宮 [子]
弓宮 [亥]
房 氐 亢 角 軫 翼 張 星 柳 鬼 井 参 觜 畢 昴 胃 婁 奎 壁 室 危 虚 女 斗 箕 尾 心
命 親 友 壊 成 危 安 衰 栄 胎 親 友 壊 成 危 安 衰 栄 業 親 友 壊 成 危 安 衰 栄

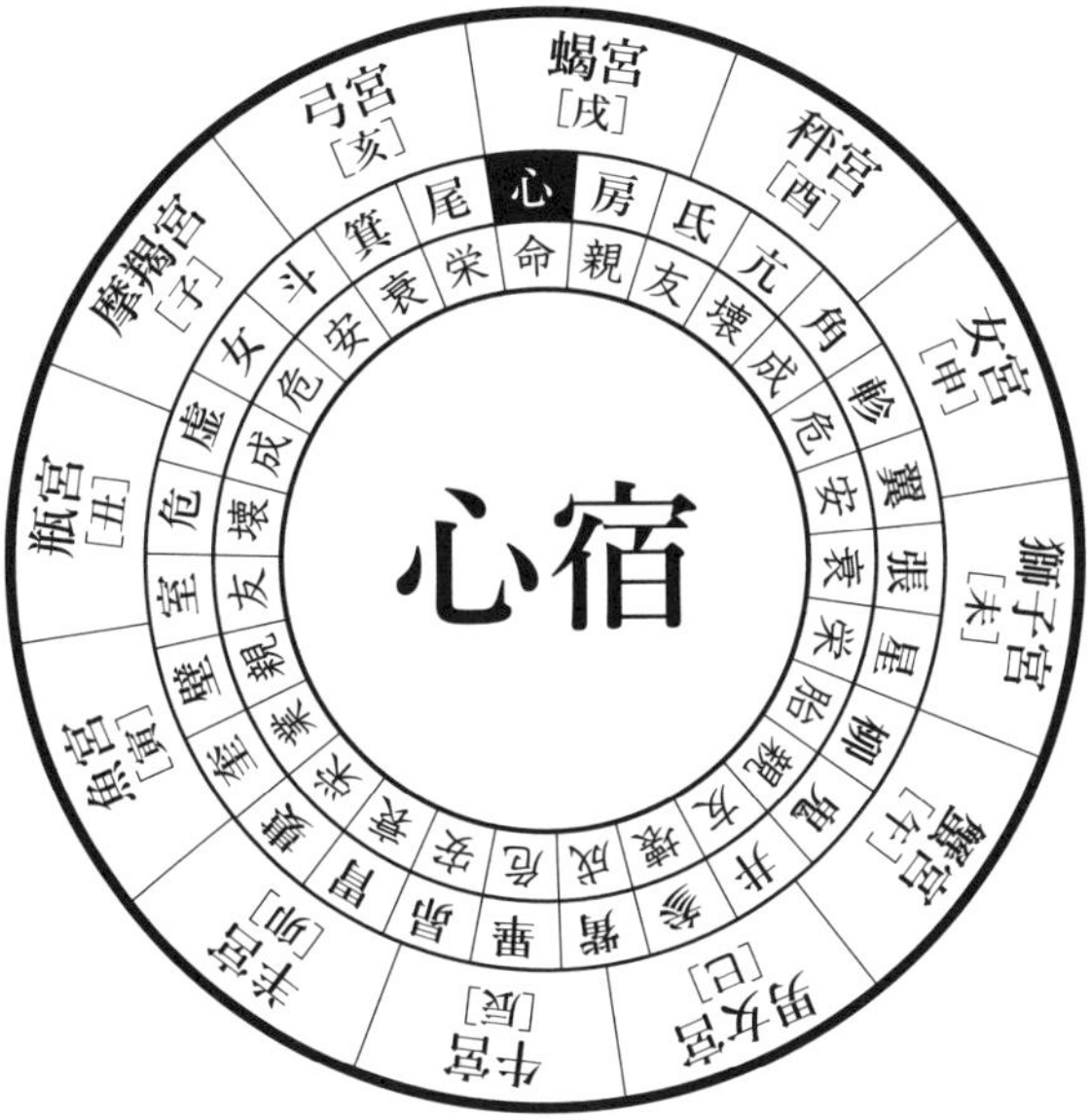
心宿
蝎宮 [戌]
秤宮 [酉]
女宮 [申]
獅子宮 [未]
蟹宮 [午]
男女宮 [巳]
牛宮 [辰]
羊宮 [卯]
魚宮 [寅]
瓶宮 [丑]
摩羯宮 [子]
弓宮 [亥]
心 房 氐 亢 角 軫 翼 張 星 柳 鬼 井 参 觜 畢 昴 胃 婁 奎 壁 室 危 虚 女 斗 箕 尾
命 親 友 壊 成 危 安 衰 栄 胎 親 友 壊 成 危 安 衰 栄 業 親 友 壊 成 危 安 衰 栄

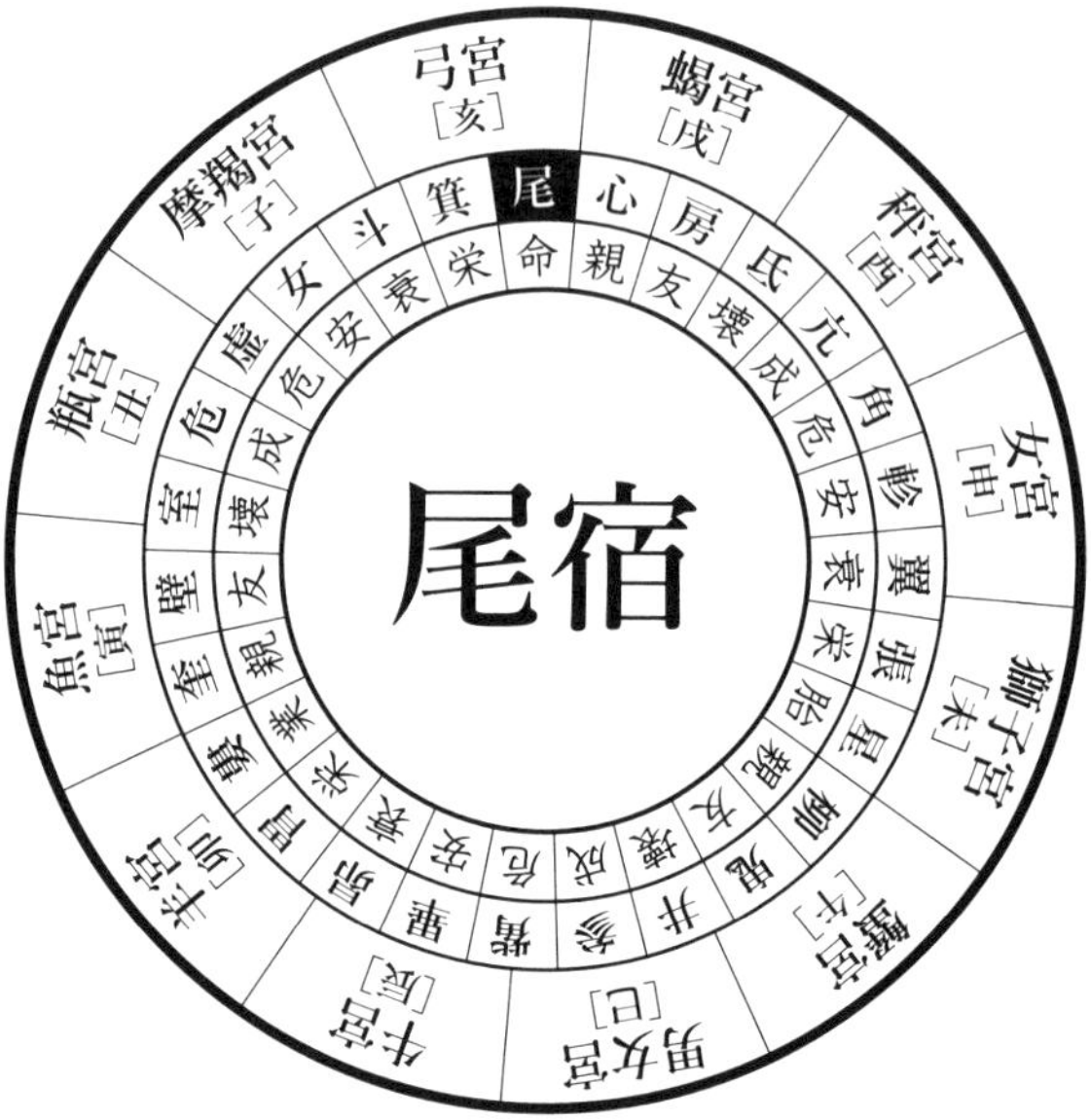
尾宿
弓宮［亥］
蝎宮［戌］
秤宮［酉］
女宮［申］
獅子宮［未］
蟹宮［午］
男女宮［巳］
牛宮［辰］
羊宮［卯］
魚宮［寅］
瓶宮［丑］
摩羯宮［子］
尾 心 房 氐 亢 角 軫 翼 張 星 柳 鬼 井 参 觜 畢 昴 胃 婁 奎 壁 室 危 虚 女 斗 箕
命 親 友 壊 成 危 安 衰 栄 胎 親 友 壊 成 危 安 衰 栄 業 親 友 壊 成 危 安 衰 栄

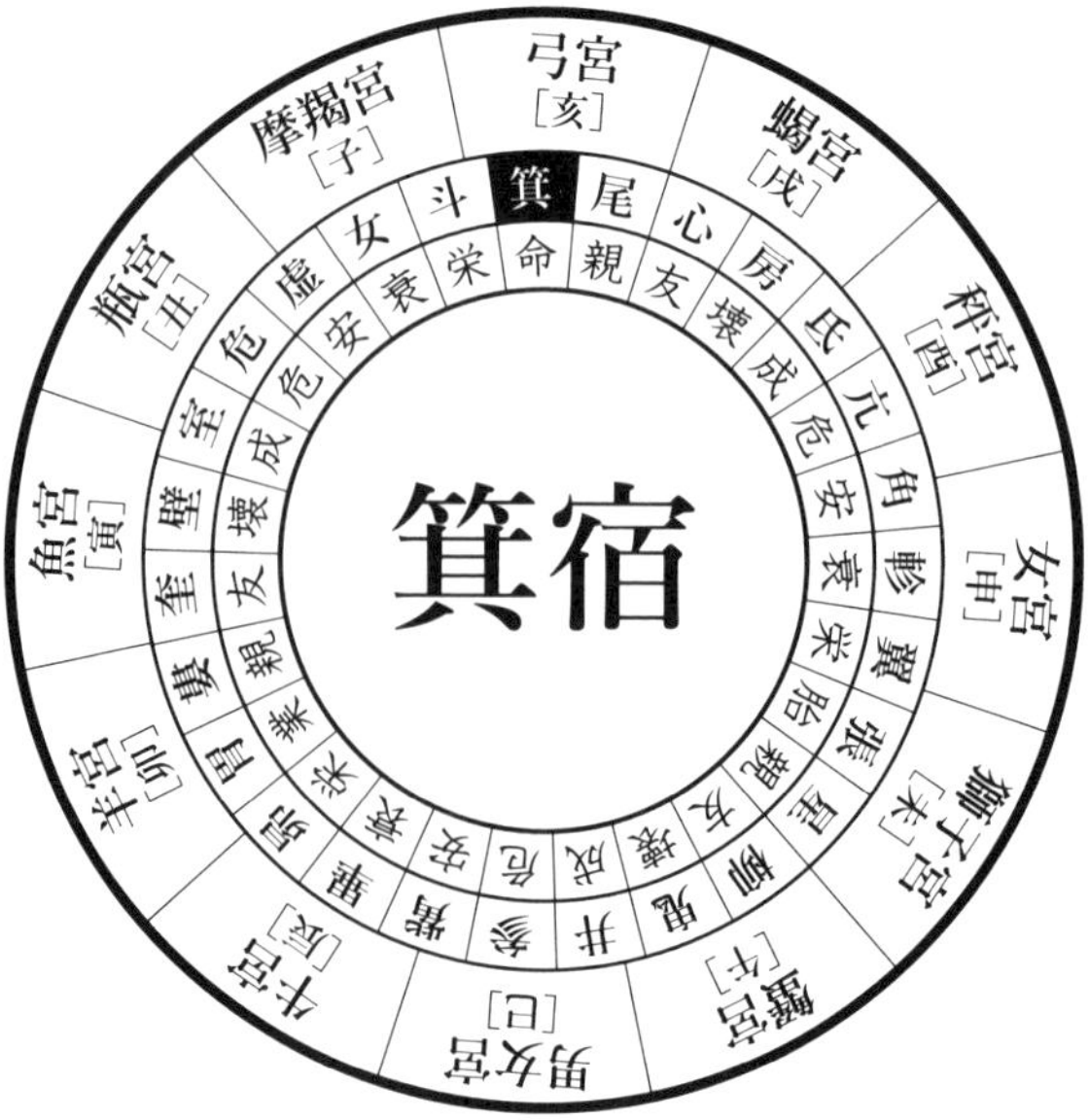
箕宿
弓宮［亥］
蝎宮［戌］
秤宮［酉］
女宮［申］
獅子宮［未］
蟹宮［午］
男女宮［巳］
牛宮［辰］
羊宮［卯］
魚宮［寅］
瓶宮［丑］
摩羯宮［子］
箕 尾 心 房 氐 亢 角 軫 翼 張 星 柳 鬼 井 参 觜 畢 昴 胃 婁 奎 壁 室 危 虚 女 斗
命 親 友 壊 成 危 安 衰 栄 胎 親 友 壊 成 危 安 衰 栄 業 親 友 壊 成 危 安 衰 栄

斗宿
摩羯宮 [子]
弓宮 [亥]
蠍宮 [戌]
秤宮 [酉]
女宮 [申]
蟹宮 [未]
獅宮 [午]
男女宮 [巳]
牛宮 [辰]
羊宮 [卯]
魚宮 [寅]
瓶宮 [丑]
斗 箕 尾 心 房 氐 亢 角 軫 翼 張 星 柳 鬼 井 参 觜 畢 昴 胃 婁 奎 壁 室 危 虚 女
命 親 友 壊 成 危 安 衰 栄 胎 親 友 壊 成 危 安 衰 栄 業 親 友 壊 成 危 安 衰 栄

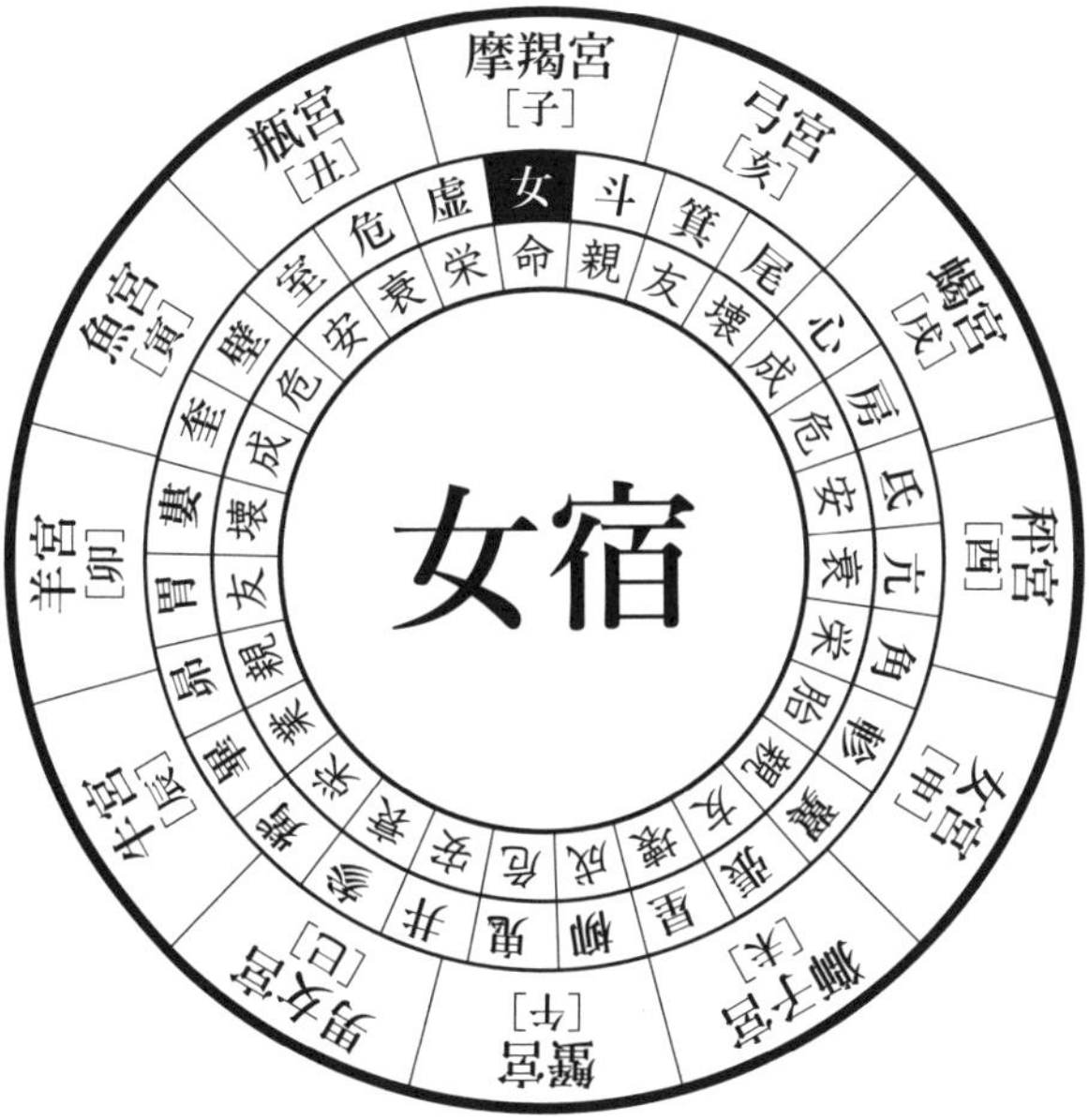
女宿
摩羯宮 [子]
弓宮 [亥]
蠍宮 [戌]
秤宮 [酉]
女宮 [申]
蟹宮 [未]
獅宮 [午]
男女宮 [巳]
牛宮 [辰]
羊宮 [卯]
魚宮 [寅]
瓶宮 [丑]
女 斗 箕 尾 心 房 氐 亢 角 軫 翼 張 星 柳 鬼 井 参 觜 畢 昴 胃 婁 奎 壁 室 危 虚
命 親 友 壊 成 危 安 衰 栄 胎 親 友 壊 成 危 安 衰 栄 業 親 友 壊 成 危 安 衰 栄

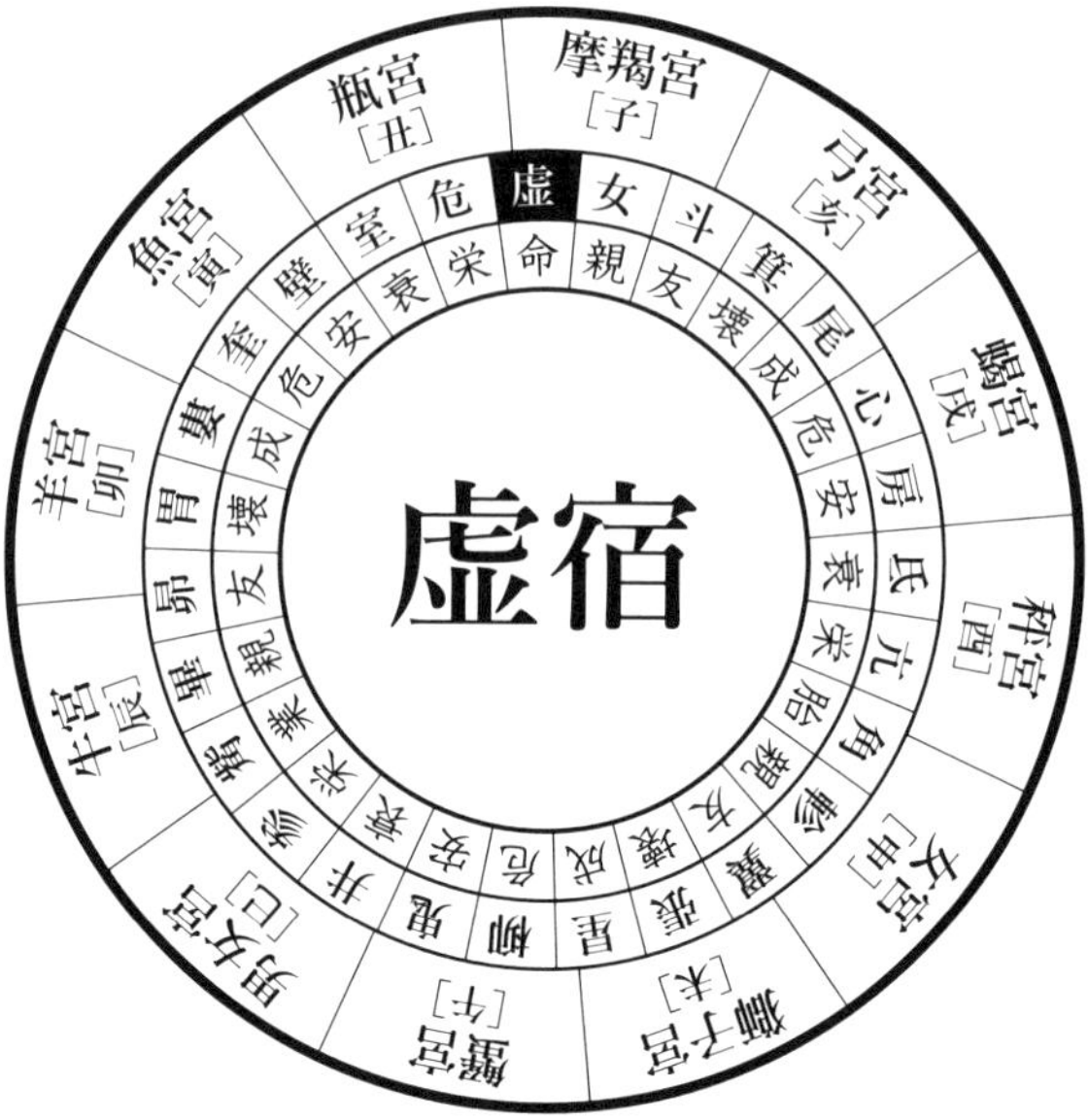
虚宿
摩羯宮［子］
弓宮［亥］
蠍宮［戌］
秤宮［酉］
女宮［申］
獅子宮［未］
蟹宮［午］
男女宮［巳］
牛宮［辰］
羊宮［卯］
魚宮［寅］
瓶宮［丑］
虚 女 斗 箕 尾 心 房 氐 亢 角 軫 翼 張 星 柳 鬼 井 参 觜 畢 昴 胃 婁 奎 壁 室 危
命 親 友 壊 成 危 安 衰 栄 胎 親 友 壊 成 危 安 衰 栄 業 親 友 壊 成 危 安 衰 栄

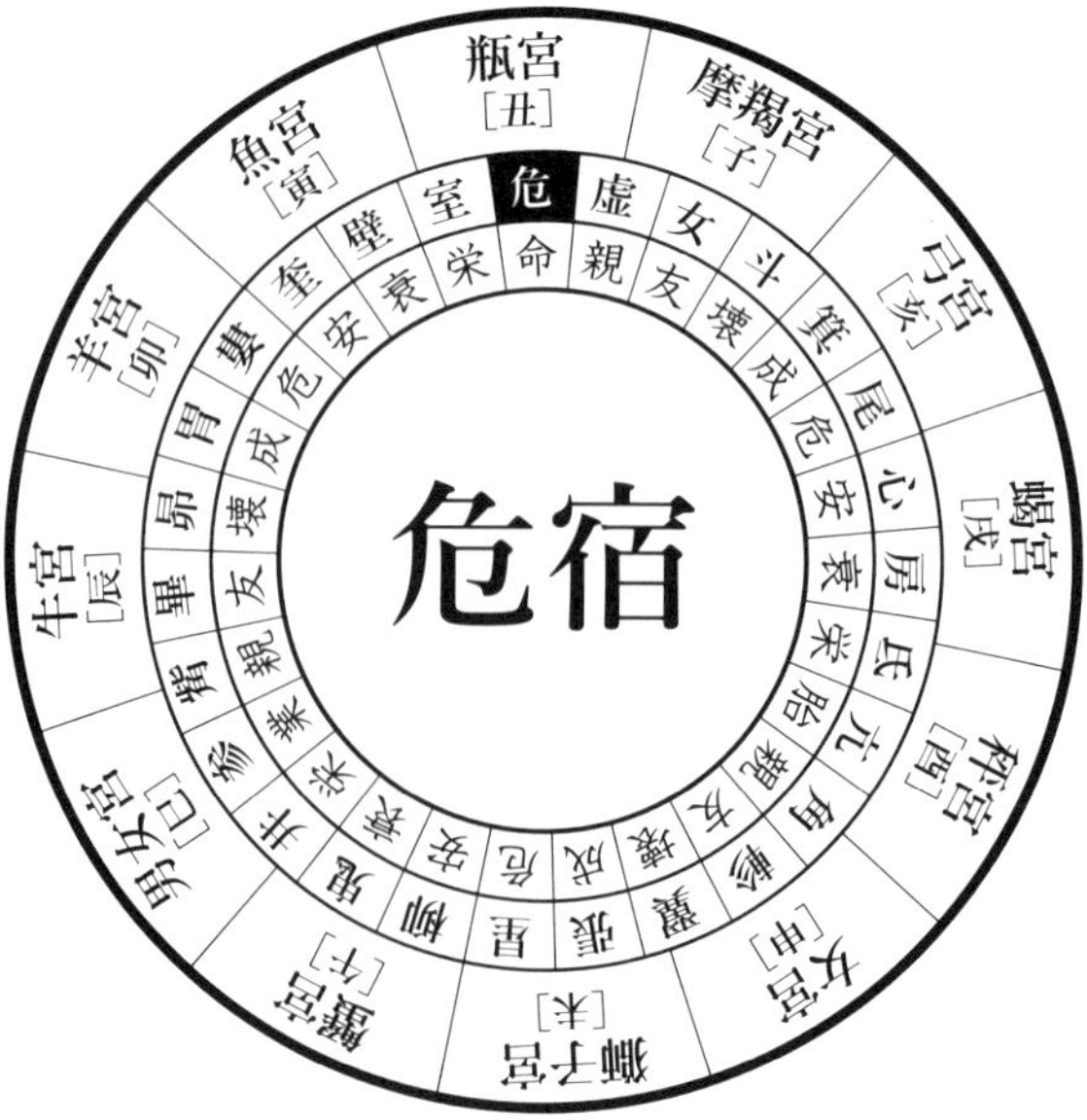
危宿
瓶宮［丑］
摩羯宮［子］
弓宮［亥］
蠍宮［戌］
秤宮［酉］
女宮［申］
獅子宮［未］
蟹宮［午］
男女宮［巳］
牛宮［辰］
羊宮［卯］
魚宮［寅］
危 虚 女 斗 箕 尾 心 房 氐 亢 角 軫 翼 張 星 柳 鬼 井 参 觜 畢 昴 胃 婁 奎 壁 室
命 親 友 壊 成 危 安 衰 栄 胎 親 友 壊 成 危 安 衰 栄 業 親 友 壊 成 危 安 衰 栄

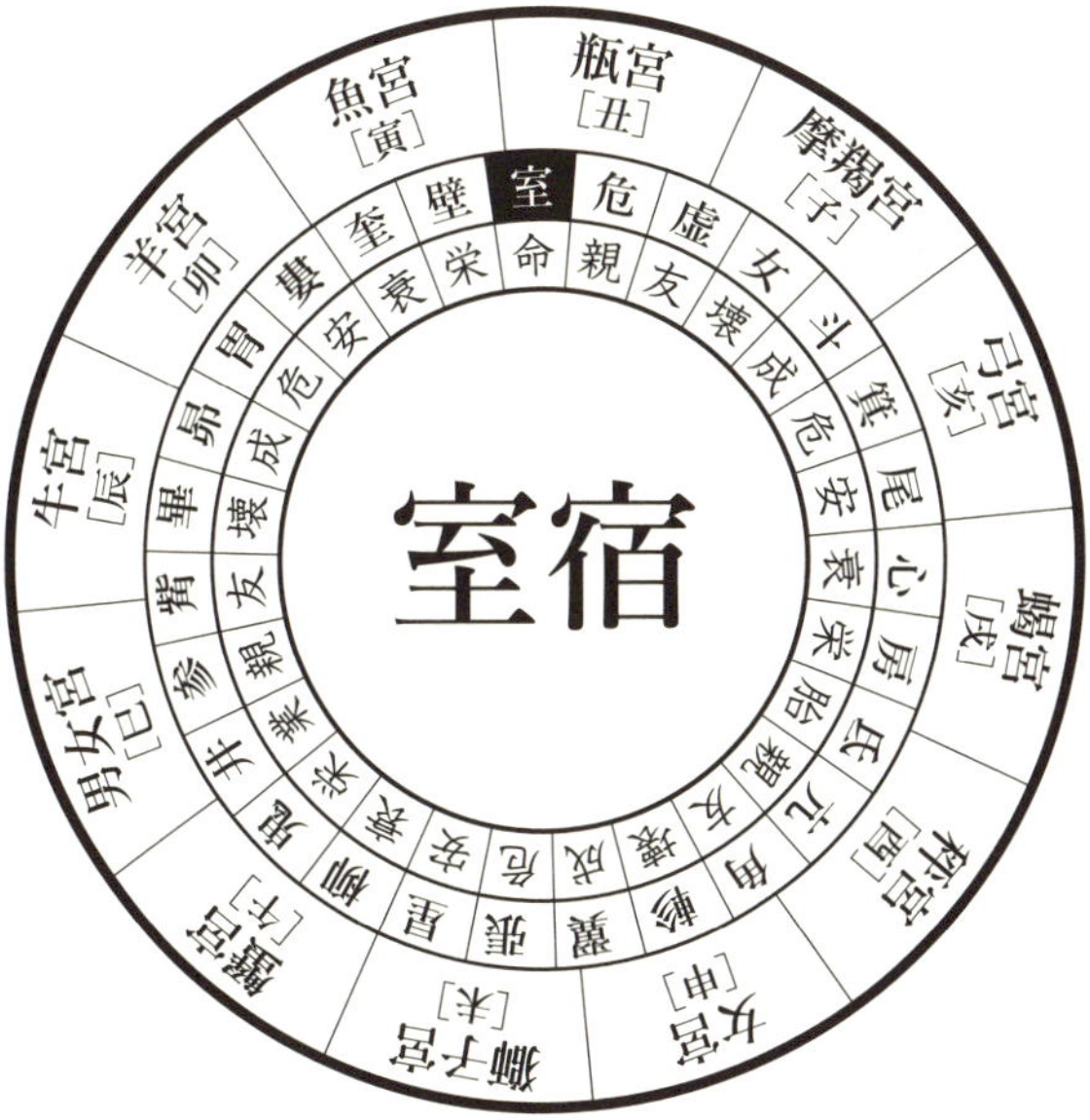
室宿
瓶宮［丑］
摩羯宮［子］
弓宮［亥］
蠍宮［戌］
秤宮［酉］
女宮［申］
獅子宮［未］
蟹宮［午］
男女宮［巳］
牛宮［辰］
羊宮［卯］
魚宮［寅］
室 危 虚 女 斗 箕 尾 心 房 氐 亢 角 軫 翼 張 星 柳 鬼 井 参 觜 畢 昴 胃 婁 奎 壁
命 親 友 壊 成 危 安 衰 栄 胎 親 友 壊 成 危 安 衰 栄 業 親 友 壊 成 危 安 衰 栄

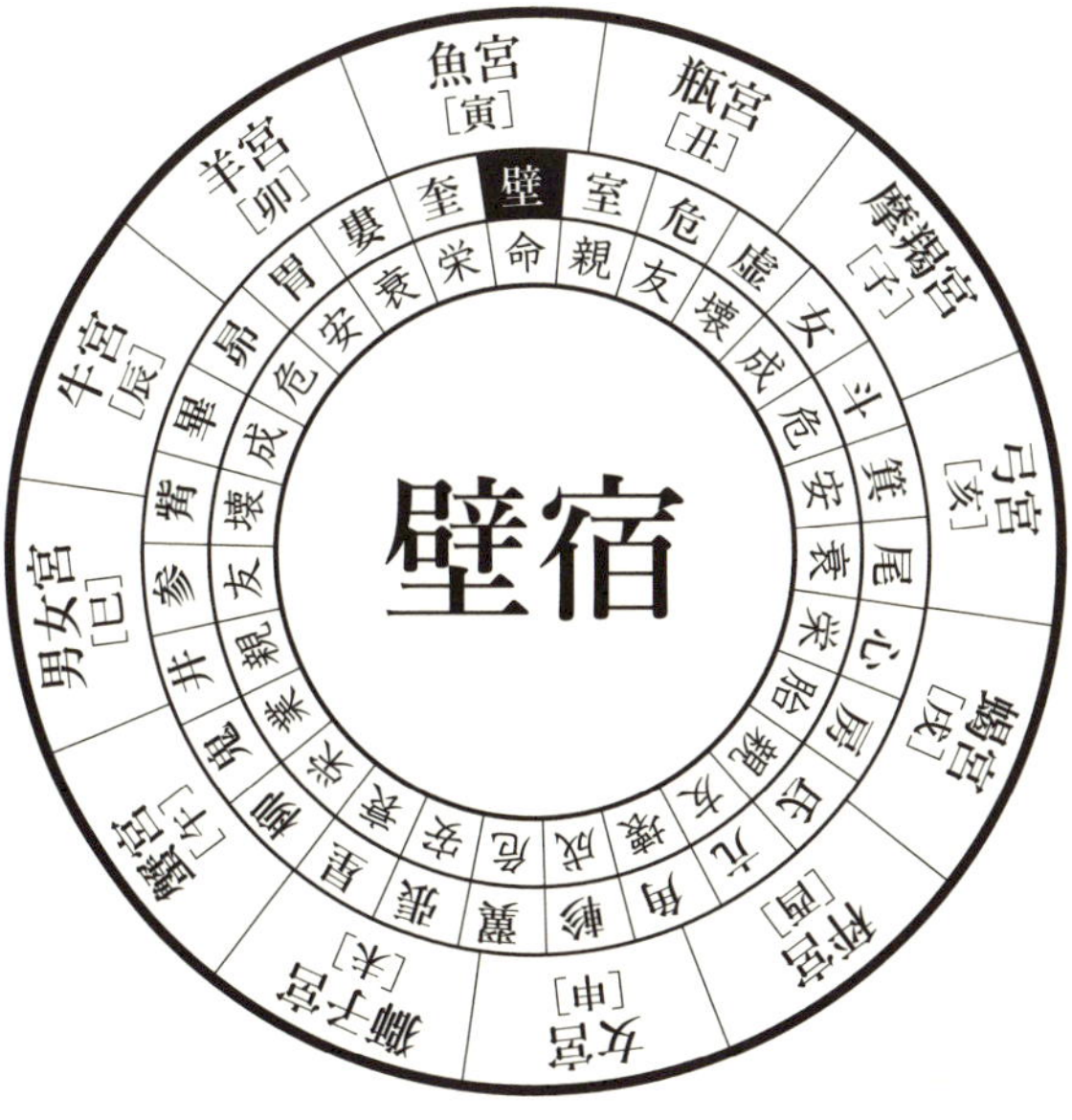
壁宿
魚宮［寅］
瓶宮［丑］
摩羯宮［子］
弓宮［亥］
蠍宮［戌］
秤宮［酉］
女宮［申］
獅子宮［未］
蟹宮［午］
男女宮［巳］
牛宮［辰］
羊宮［卯］
壁 室 危 虚 女 斗 箕 尾 心 房 氐 亢 角 軫 翼 張 星 柳 鬼 井 参 觜 畢 昴 胃 婁 奎
命 親 友 壊 成 危 安 衰 栄 胎 親 友 壊 成 危 安 衰 栄 業 親 友 壊 成 危 安 衰 栄

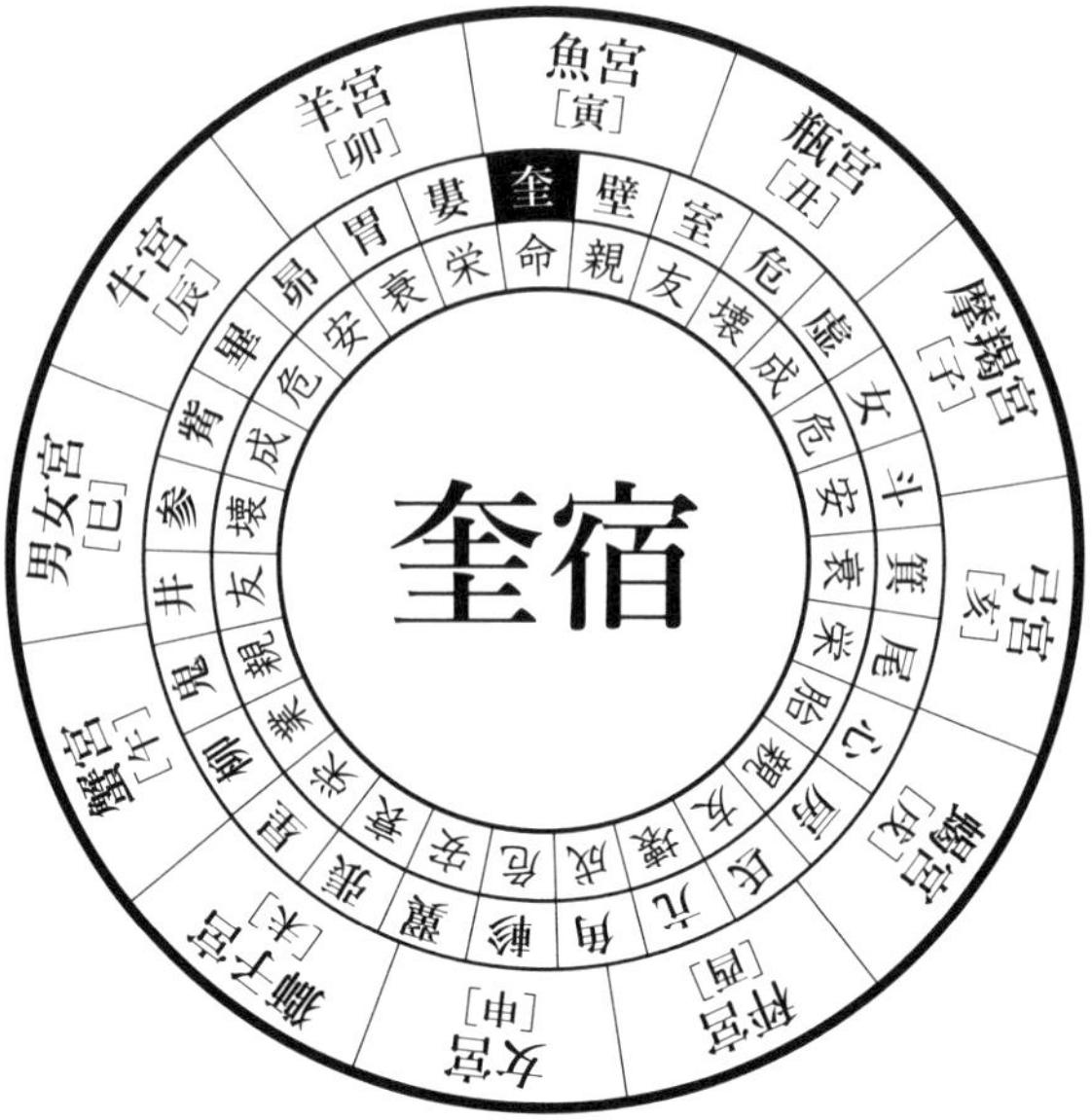
奎宿
魚宮［寅］
瓶宮［丑］
摩羯宮［子］
弓宮［亥］
蠍宮［戌］
秤宮［酉］
女宮［申］
獅子宮［未］
蟹宮［午］
男女宮［巳］
牛宮［辰］
羊宮［卯］
奎 壁 室 危 虚 女 斗 箕 尾 心 房 氐 亢 角 軫 翼 張 星 柳 鬼 井 参 觜 畢 昴 胃 婁
命 親 友 壊 成 危 安 衰 栄 胎 親 友 壊 成 危 安 衰 栄 業 親 友 壊 成 危 安 衰 栄

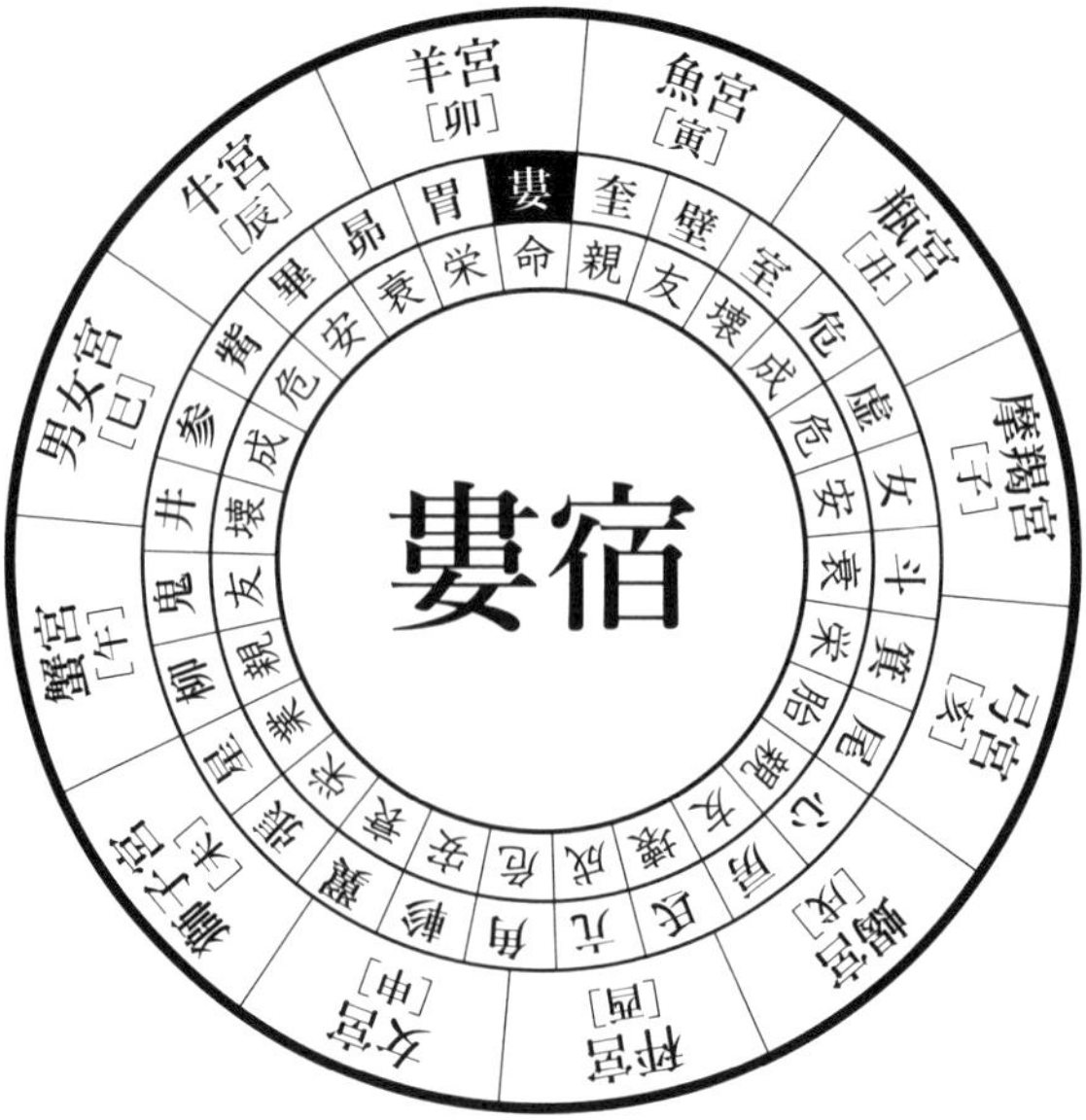
婁宿
羊宮［卯］
魚宮［寅］
瓶宮［丑］
摩羯宮［子］
弓宮［亥］
蠍宮［戌］
秤宮［酉］
女宮［申］
獅子宮［未］
蟹宮［午］
男女宮［巳］
牛宮［辰］
婁 奎 壁 室 危 虚 女 斗 箕 尾 心 房 氐 亢 角 軫 翼 張 星 柳 鬼 井 参 觜 畢 昴 胃
命 親 友 壊 成 危 安 衰 栄 胎 親 友 壊 成 危 安 衰 栄 業 親 友 壊 成 危 安 衰 栄

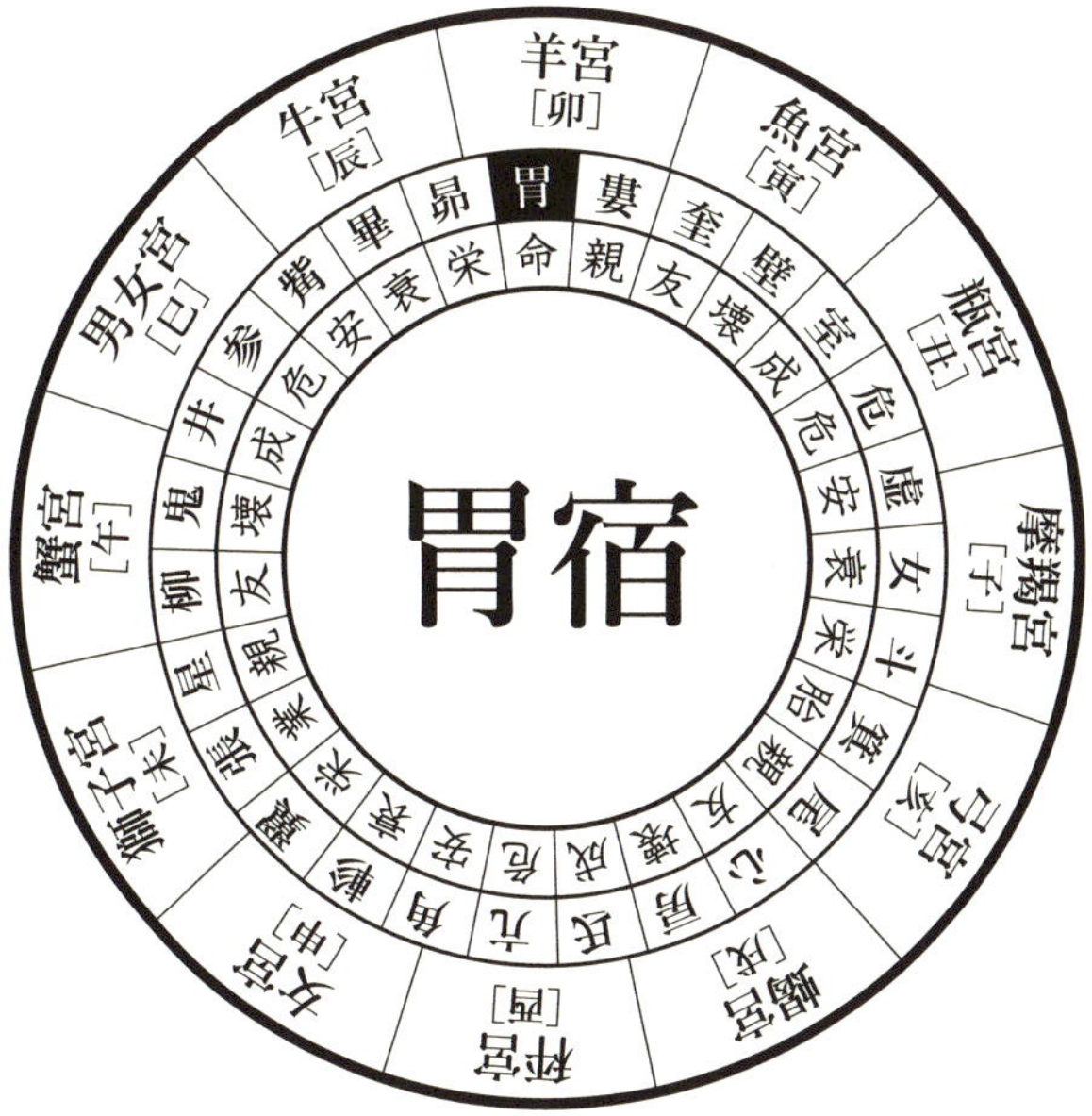
胃宿
羊宮［卯］
魚宮［寅］
瓶宮［丑］
摩羯宮［子］
弓宮［亥］
蠍宮［戌］
秤宮［酉］
女宮［申］
獅子宮［未］
蟹宮［午］
男女宮［巳］
牛宮［辰］
胃 婁 奎 壁 室 危 虚 女 斗 箕 尾 心 房 氐 亢 角 軫 翼 張 星 柳 鬼 井 参 觜 畢 昴
命 親 友 壊 成 危 安 衰 栄 胎 親 友 壊 成 危 安 衰 栄 業 親 友 壊 成 危 安 衰 栄

著者

脇　長央（わき・ちょうおう）

1962年、横浜に生まれる。横浜在住。天台寺門宗「蒼竜院」住職。密教・修験道の修行、占術の研究を重ね、羽田守快師より尊星王流の伝授を受け、皆伝に至る。
蒼竜院〈http://www.souryuin.com/〉
TEL：045（534）6192

監修者

羽田 守快（はねだ・しゅかい）

1957年、東京に生まれる。総本山園城寺学問所員。天台寺門宗「金翅鳥院」住職。密教の立場から、祈禱・占術の研究を重ねている。尊星王流宗家。著書に『実占宿曜経』（青山社）、『実践般若心経入門』（学研）、『江戸呪術研究本』（柏書房）、『修験道修行入門』（原書房）ほか多数。

完全詳解　**密教占星術奥義　破門殺**

発行日　2017年12月1日　初版発行
　　　　2021年7月23日　第2刷発行

著　者　脇　長央
監修者　羽田守快

発行者　酒井文人
発行所　株式会社説話社
　〒169-8077 東京都新宿区西早稲田 1-1-6
　電話／03-3204-8288（販売）03-3204-5185（編集）
　振替口座／00160-8-69378
　URL http://www.setsuwasha.com/
デザイン　染谷千秋
編集担当　高木利幸

印刷・製本　日経印刷株式会社
© Chouou Waki & Shukai Haneda　Printed in Japan 2017
ISBN 978-4-906828-38-8 C 2011

尊星王流®は羽田守快の登録商標です（登録番号　第4677136号）。
占星盤 ©Shukai Haneda 占星盤は羽田守快により意匠登録されております。

落丁本・乱丁本はお取り替えいたします。
購入者以外の第三者による本書のいかなる電子複製も一切認められていません。

本書は、羽田守快監修・脇長央著『密教占星法奥義　破門殺　はもんさつ　復刻版』（学研、2014年刊）に加筆・修正を加えて再編集したものです。

占星盤の作製法

厚紙のページを広げ、右端のキリトリ線に沿って切り取る（ハサミやカッターを使うときれいに切り取れます）。

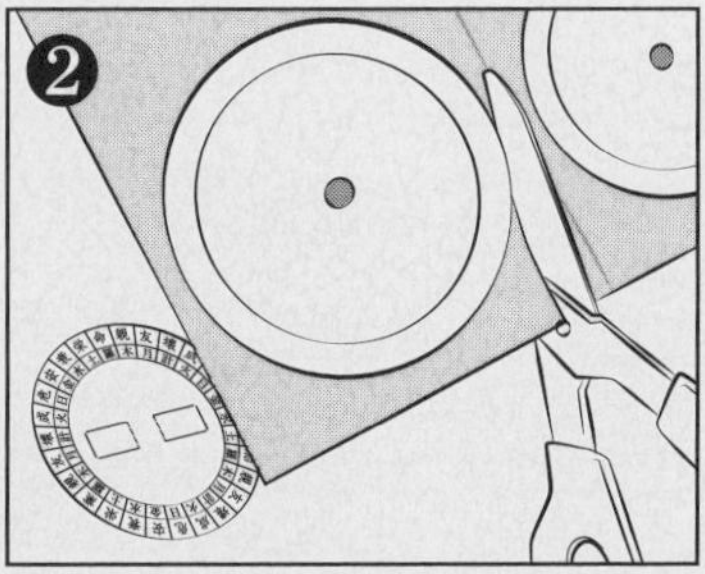

第一・二・三・四輪を、太線に沿ってきれいに切り抜く。

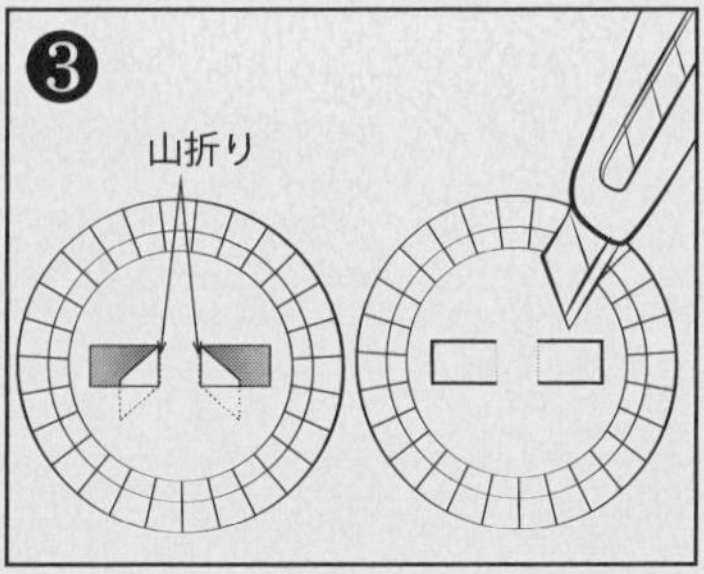

第一輪の中央部分に、コの字状の切れ目を向かい合うように２箇所作り、山折りにして留め足を２本作る。

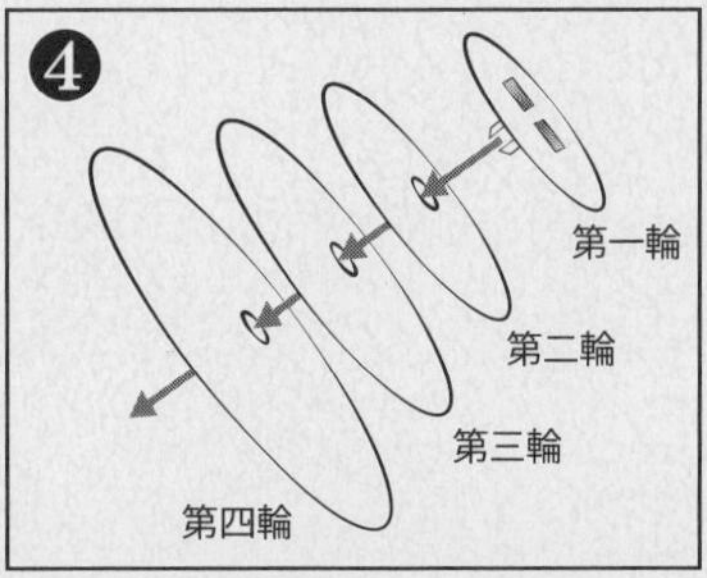

第一輪の留め足を第二輪の中心の穴に通し、さらに第三・四輪の穴にも順次通し、各輪を重ねていく。

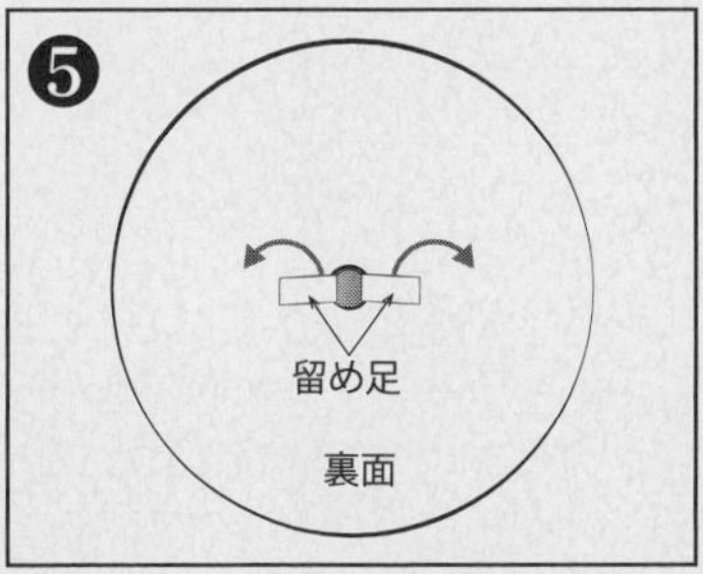

第四輪の下に出た第一輪の留め足を外側に折り広げ、盤を固定する。

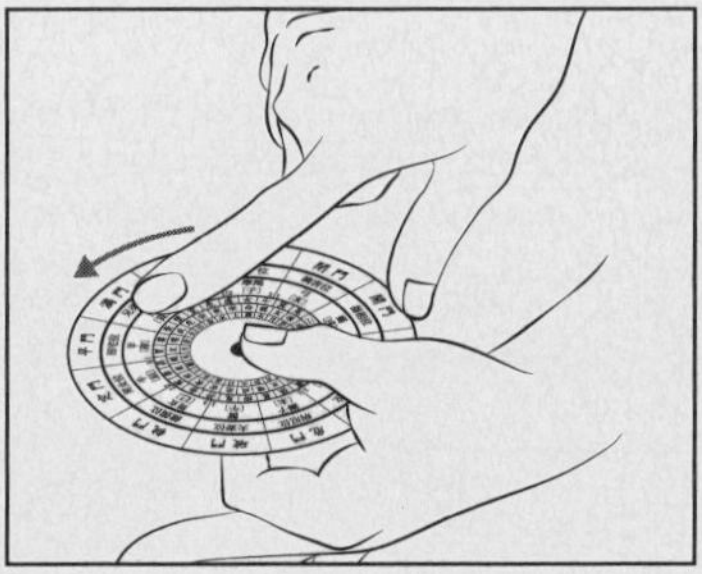

片手の親指と人さし指で盤の中央を軽く押さえるようにして、もう片方の手で盤を回すと、操作しやすくなります。

実占上の使用法は、本書 25 ページ以下を参照。